浙江文化艺术发展基金资助项目

PROJECTS SUPPORTED BY ZHEJIANG CULTURE
AND ARTS DEVELOPMENT FUND

亲历改革

与青年谈改革开放

迟福林 著

PERSONAL REFORM EXPERIENCES

TALKS WITH YOUNG PEOPLE ABOUT REFORM AND OPENING-UP

ZHEJIANG UNIVERSITY PRESS
浙江大学出版社
·杭州·

图书在版编目(CIP)数据

亲历改革：与青年谈改革开放 / 迟福林著. — 杭州 ：浙江大学出版社，2023.2(2023.4 重印)

ISBN 978-7-308-22195-5

Ⅰ. ①亲… Ⅱ. ①迟… Ⅲ. ①改革开放－成就－中国－青年读物 Ⅳ. ①D61-49

中国国家版本馆 CIP 数据核字(2023)第 028838 号

亲历改革:与青年谈改革开放

迟福林　著

出 品 人	褚超孚	
策　　划	张　琛　吴伟伟　陈佩钰	
责任编辑	陈佩钰　吴伟伟	
责任校对	闻晓虹　黄梦瑶	
封面设计	雷建军	
出版发行	浙江大学出版社	
	（杭州市天目山路 148 号　邮政编码 310007）	
	（网址：http://www.zjupress.com）	
排　　版	浙江时代出版服务有限公司	
印　　刷	杭州高腾印务有限公司	
开　　本	710mm×1000mm　1/16	
印　　张	24.5	
字　　数	328 千	
版 印 次	2023 年 2 月第 1 版　2023 年 4 月第 2 次印刷	
书　　号	ISBN 978-7-308-22195-5	
定　　价	88.00 元	

前　言

　　改革开放 40 余年来，我国发生了翻天覆地的变化：建立了充满活力的社会主义市场经济体制；从工业化初期进入到工业化后期；实现了经济现代化的历史性跨越；从短缺经济社会进入消费新时代。

　　2023 年，是我国改革开放 45 周年，也是我参加工作 55 周年。其中，从 20 世纪 80 年代初到现在的 40 年时间里，我的全部精力几乎都放在研究改革、建言改革上。特别是从 1991 年底至今，我参与创立并一直主持中国（海南）改革发展研究院（以下简称中改院）的全面工作已 31 年。31 年来，中改院以"建言中国改革为己任"，提交大量的改革政策建议和立法建议报告，在建言改革、服务改革决策中发挥积极作用，并产生重要影响。2021 年，在中改院建院 30 周年的晚会上，我就中改院为什么能坚守建言改革 30 年做了三句话的概括："家国情怀、执着精神"是中改院的"魂"；坚持"以改革的办法办院"是中改院的"本"；立足海南是中改院的"根"。这 31 年走过来真的不容易。我深深体会到，只有把自己的价值追求同国家改革开放的命运联系在一起，才有责任，才会坚守。

浙江大学出版社希望我写一本面向青年人讲述亲历改革的书。说实话，这是我用的时间最长、花费的精力最多的一本书。从年初到现在用了大半年时间，并且数十次与同事们讨论。为什么自己最熟悉的内容却要用这么长的时间、花这么大的精力完成？这本书是面向青年人的，按照出版社的要求，要让读者看得懂；既要以自己的亲身经历讲改革开放，又要客观反映改革开放的历程。这两条，看似简单，真正动笔写下来真的有难度。当然，更难的还是如何把历史与现实相融合，既要客观反映历史，又要符合现实需求。但是，这项工作又特别有意义。在回顾历史中寻找前进的方向，这是一种全新的尝试，也是我的一份责任。好在在同事们的帮助下，我终于完成这本《亲历改革：与青年谈改革开放》。能不能使广大青年读者看懂，是不是能够比较客观地反映改革开放的重要历程，我还是惴惴不安。

与共和国几乎同龄的我，经历了国家在艰难中曲折前进的全过程，也见证了改革开放 40 多年来的全过程。我深深体会到，改革开放是中国发展的必由之路，改革开放是决定国家前途命运的关键一招。应当说，我们这一代人与改革开放有缘，改革开放是我一生的追求、一生的"魂"。

正是基于此，当听到出版社要出这本面向青年人的书时，我很高兴，甚至还有些兴奋。我深知，中国改革开放尚未完成，下一步继续推进改革开放需要青年人。青年人了解改革开放史，就会为全面深化改革开放注入生机活力。我相信，中国改革开放一定会在青年人的手中有新的作为、新的突破、新的成就。

　　本书的编辑出版得到我的同事陈薇、张飞、匡贤明、郭达、方栓喜、郭文芹、马禹、张娟、刘铁奇、陈所华等的辛苦协助，得到浙江大学出版社的大力支持，在此一并表示谢意！

　　谨以此书献给改革开放 45 周年！

迟福林

2022 年 10 月

目　录

绪　论

改革开放做对了什么？

——从我的亲身经历说起

自 1978 年到 2023 年,我国改革开放即将走过 45 年的伟大历程。40 多年来,我国经济社会发展取得了举世瞩目的成就。过去不敢想象、难以想象的事,如今很多都已成为现实,并成为全社会习以为常的事。

　　今天,回过头来看,20 世纪 70 年代末我国为什么要选择改革开放？原因有很多,但归根结底是一句话——改革开放是"逼"出来的。1976 年"文化大革命"结束时,整个国民经济几乎到了崩溃的边缘,老百姓收入下降(1976 年全民所有制单位职工年均工资比 1957 年还少了 49 元),就业困难,生活困难。发展经济成为人们普遍、迫切的期盼。向何处去？怎么改变贫穷落后的面貌？需要党和国家做出历史抉择。

　　正是在这个特定背景下,1978 年党的十一届三中全会做出改革开放的伟大决策,实现了新中国成立以来党的历史上具有深远意义的伟大转折。改革开放 40 多年的历史证明,在党的领导下,我国构建起了充满活力的社会主义市场经济体制,实现了走向经济现代化的历史性跨越,创造了世界罕见的经济持续快速增长的奇迹。

今天,围绕改革开放有不同的认识。例如,有人将社会上存在的某些问题归咎于改革开放,由此质疑改革开放。有的青年人会问,我们生下来就很好,为什么要改革?还有人认为,改革开放的历史任务已经完成。我从自己40多年的改革亲历中深切地感受到,没有改革开放哪有今天国家和人民生活的历史性变化?没有改革开放哪有今天老百姓的幸福生活?没有改革开放哪有日益提升的国际影响力?改革开放是我国的基本国策,是推动经济社会发展的根本动力,是形成和发展中国特色社会主义的理论之源。我国要实现第二个百年奋斗目标,也同样离不开改革开放。

青年是未来。全面深化改革开放需要一代代青年人。过去几年来,在与青年人的交流中,我越来越迫切地感受到青年人客观学习、了解改革开放史的重要性、紧迫性。向青年人讲讲改革开放的历史,给当今青年人鼓鼓劲,从回顾历史中找到前进的方向,是我们这代人的重要责任,也是我写这本书的初衷。以中青年人为主力,将改革进行到底,构建高水平社会主义市场经济体制、推进高水平对外开放,才能全面解决14亿多人的大国不平衡不充分的发展问题,才能更好地彰显中国特色社会主义制度的生命力,并由此实现中华民族的伟大复兴。

一、从我的经历说起:为什么我们要选择改革开放?

出生于20世纪50年代的我们这一代人,经历了新中国社会主义建设、"文化大革命"、改革开放,亲身感受到国家的历史性变迁,对改革开放有着特殊的情感。为此,从 20 世纪 80 年代初到现在的近 40 年时间里,我的追求与目标就是 4 个字——"改革开放"。1984 年,我在中共中央党校学习时选择投身改革开放研究;1986 年,被抽调到中央政治体制改革研讨小组办公室从事改革研究;1987 年底,脱去穿了 20 年的军装,投身海南,主持省体制改革、政策研究机构的工作;1991 年,又参与创办中国改革智库——中改院,专心搞改革研究。建院第二年选择"自己改自己",中改院不要级别、不要编制、不吃"皇粮",坚持 30 多年来建言改革。

其实,我的人生选择只是我们这一代人投身改革开放的一个小小缩影。我深深体会到:改革开放决定国家未来。这里,我从自己的亲身经历讲起。

(一)何去何从？从我的青年之问说起

1."生在新中国,长在红旗下"

1951 年,我出生于黑龙江肇东的一个普通家庭。16 岁以前,我在小学、中学阶段接受的就是"做革命的接班人"的社会主义教育。1968 年 1 月,我参军入伍,自此开始了长达 20 年的军旅生涯。20 年的军队经历,不仅磨炼了我的意志,更深深凝聚了我对党和国家的忠诚与热爱。刚进部队两年多,我就加入了中国共产党。如今,我已是一名有 50 多年党龄的党员。

我和那个年代出生的很多人一样,生长在新中国,立志要建设新中国。无论是少时成长中,还是参军、入党后,我都深深地将为党和国家的事业做贡献作为自己人生的目标。可以说,"国家兴亡,匹夫有责""位卑未敢忘忧国"早已深深地印在我的脑海中。我时时刻刻想着国家的发展、民族的复兴,并自觉地将其变成自己的人生追求。用当时的话讲，"融化在血液中，落实在行动上"。似乎我这一生就是这么过来的。

2. 不解：老师怎么成了"坏人"？

曾有记者采访时问我："您少年时代的教育，主要得益于家庭还是学校？"从小，父母教我很多做人的道理。从小学到中学，我沐浴着至今难忘的师恩，受到了老师莫大的关爱和启蒙。

记得刚上小学一年级，班主任王老师如慈母般地关爱我、教育我，她还多次家访。小学三年级到六年级的两位老师对我关爱有加，他们不仅在学习上给我个别指导，给了我良好的启蒙教育，还时常把我带到家里，有时还留我在家吃饭。到了中学，几位老师利用业余时间指导我如何阅读、如何写文章，自费为我订阅当时全国有名的文学杂志《萌芽》。从小学到中学，老师们看我勤奋好学，都一再鼓励我"以后要上大学"。应当说，无论在小学还是中学，我都是老师眼中的"好学生"。举个例子，1967年的一天，一个同学拿根烟让我试试，正巧被三位老师看到，她们很吃惊地说，"你这样的好学生也拿起烟让我们痛心"。其中，一位姓王的老师还为此伤心地流了眼泪。当时，我几乎含着热泪向几位老师说，"我这一辈子都不会吸烟"。如今50多年过去了，无论在何种情况下，我都做到了自己的承诺，从不吸一口烟。

从小受师恩，我十分尊重自己的老师。但是在"以阶级斗争为纲"的年代，有的老师接连遭遇变故，也给我留下了深刻的记忆。记得大概是1957年的夏天，我还没上学，正在家门口纳凉，突然目睹我家的邻居、一位师范学校的年轻老师从附近的水井口跳了下去。一会儿工夫，人们把他打捞上来，但人已经走了。这位老师的博才多艺给我留下了很深的印象。他为什么会自杀？一问才知道，他刚刚被学校打成"右派"。我问父母，什么叫"右派"。他们告诉我，"右派"就是"坏人"。我想不通的是，这样的老师怎么成了"坏人"？

"文化大革命"开始后，一夜间有的老师就成了"反革命"。例如，给我订《萌芽》杂志的老师，一天突然被押上车游街示众，身上挂一个"现行反革命"的大牌子。目睹了这一过程的我，真的感到不解至极。我的中学校长是位教化学的女老师，姓刘，曾为了指导学生做化学实验被炸瞎了一只眼睛，即便这样，她还是坚持教学。没想到的是，在"文化大革命"中她被打成"走资派"。刘老师性格耿直，不服气。这样，批斗时她被斗得就更厉害了。作为她的学生，我实在难以理解，这么敬业、正直的女老师，怎么一夜间就成了"走资派"？看着老师被批斗，当班长的我与几位同学商量，成立了"造反团"来保护老师。班上60多位同学一呼而应，当时全校不到70位老师，有60多位老师加入我当"团长"的"造反团"中，并且得到"支左"部队的支持。后来，我们接管了学校的"大权"，并且利用这个"权力"，在1967年秋季就开始"复课闹革命"。在我所在的地区，我们学校是第一个恢复上课的。

3. 疑问：为什么事业单位和集体单位差别这么大？

上小学前，我的家境还算可以，父母、哥嫂、姐姐都有工作。即便三年困难时期，我家的情况也略好一点。

但是，后来上小学三年级时，我的家庭连遭变故，一下陷入了困境。一天晚上，我父亲在工作单位值守夜班，突发急性胃溃疡穿孔，病得很重，动了两次手术。母亲为了照顾父亲，停工了半年,集体企业将她按自动辞职处理了。在这样的情况下,全家一下子陷入因病致贫的窘境。为了减轻家庭负担,我开始冬天拾粪、夏天拾柴,挣些钱补贴家用。黑龙江的冬天,早上至少零下二三十度,凌晨4点左右天还未亮,我套着外套,拿着手电筒就出门了。夏天我就到二三十公里外拾柴。那时候我个头还很小,别人和我说:"只见堆满柴火的车在走,看不见小孩的身影。"

不巧的是,同一年我的哥哥也因病住了院。由于父亲在集体合作性质企业工作,医药费只能报销一部分,而且病休半年后,工资也不能全额发放。母亲遭辞退后,工资一分钱都没有。而我的哥哥在事业单位工作,不仅医药费全报,工资也照拿。我很不理解,为什么事业单位和集体单位的职工,待遇差别竟然这么大?这使我感到困惑。

4. 苦闷:为什么不正之风盛行?

1968年,到了部队以后,因为我的文笔还可以,所以在部队被称为"小笔杆子"。1970年底,我告别了在长白山不到一年的侦听工作岗位,到在大连的部队政治处做新闻宣传干事,并且在1971年初被送到《旅大日报》(现在的《大连日报》)学习半年多。从山沟里走出来的我,开始接触新闻、接触社会。例如,我以曾辉煌一时的瓦房店纺织厂、瓦房店轴承厂为题材,与其他人合写了通讯稿。也就是从那个时候起,我开始了对国家命运、对社会未来的思考。

为了寻找答案,全年无论是否节假日,我都抓紧学习。特别是20世纪70年代担任新闻宣传干事以后,我沾部队首长的"光",看了几部西方领导人的传记,如《拿破仑传》《约瑟夫·史迪威传》，还有德国的《康拉德·阿登纳传》等。我至今还记得《拿破仑传》里的一句名言："智慧和性格要成正方形。"

那一时期，"文化大革命"尚未结束，许多积累已久的社会问题显露出来，天天在讲"以阶级斗争为纲"，天天宣传"批林批孔"，现实生活中不正之风盛行。例如，我曾受部队委托，去首长家接一位十二三岁的孩子当兵，快到部队前，在火车的厕所里换上军装。应当说，20 世纪 70 年代初这样的不正之风比比皆是。针对"走后门"等不正之风，我还写了相关的文章。从那时起，我开始读马列著作，特别是列宁的一些学说给了我某些启发。我开始感觉到，这些不正之风，是党和国家面对的重大现实问题。

5. 求解：国家何去何从？

1976 年 1 月 8 日，周恩来总理逝世。我一大早在沈阳军区参加新闻工作会议。当时，我们住在沈阳军区第一招待所，习惯了每天早上打开收音机听早晨 6 点半的新闻，突然听到广播里传来周恩来总理逝世的消息，我一下从床上摔了下来。那天的新闻工作会议，头半个小时大家都在流泪痛哭。

同年 9 月 9 日，毛主席逝世，举国悲痛，我也陷入了对国家前途命运未卜的迷茫之中。国家面临那么多问题，到底何去何从？国家和社会的希望在哪？有一天，我一个人在山上折了一根树枝，在折断了的树枝上，我看到了绿色的嫩芽，这使我感到了一丝希望，春天是否即将来临？

（二）改革开放发出时代的召唤

1. 亲历大事变

毛主席逝世后，1976 年 10 月初，我到北京出差，住在在《人民日报》总编室工作的姑姑家,姑父曾担任国务院原副总理兼中共中央农村工作部部长邓子恢的秘书。有一天凌晨 4 点左右,姑父从国务院总值班室回来,把姑姑和我叫起来,神色凝重,要我们以党性保密这则党和国家正在发生的大事:"四人帮"被捕! 这一事件使我很震惊。听到粉碎"四人帮"的消息后,我彻夜未眠,当天晚上写了一篇很长的日记。

凑巧的是,同年 10 月中旬,我被部队从沈阳军区调入国防大学(当时称军政大学)。说起调入国防大学,还是个偶然的机会。当时国防大学的教员都是高等军事学院等机构出来的干部,年龄普遍比较大(平均接近 50 岁),需要一批年轻军人来给学校增添活力,于是决定从全军抽调一批 25—35 岁的营团两级干部。

10 月,我正式到北京报到。

10 月 21 日,北京 150 万军民举行了声势浩大的庆祝粉碎"四人帮"游行。国防大学也自发组织了去天安门广场的庆祝游行。当时,萧克上将是国防大学校长,游行队伍由他亲自带队。我在游行队伍里,就跟在萧克校长的后面。没有人组织,各个部委、各个大学,各行各业,都自发地去游行、去庆祝。参加游行时,我深切地感觉到,国家即将发生重大的改变,顿觉春天就要来了!

2. 时代呼唤"真理标准"

1977 年 2 月 7 日,《人民日报》《红旗》杂志、《解放军报》发表的社论《学好文件抓住纲》提出,"凡是毛主席作出的决策,我们都坚决维护,凡是毛主席的指示,我们都始终不渝地遵循"。我很不解,如果按照"两个凡是","文化大革命"是不是就不能否定了? 一桩桩冤假错案是不是就不能平反了? 经济社会发展严重徘徊甚至停滞不前的现状又如何解决？

正当"两个凡是"乌云压顶之际，1977 年 4 月 10 日，邓小平同志一封致华国锋主席、叶剑英副主席和党中央的信在全党印发。这封信也传达到了国防大学的各个教研室。信中提出，"我们必须世世代代地用准确的完整的毛泽东思想来指导我们全党、全军和全国人民"。这句话提出用"准确的完整的"毛泽东思想来指导我们，这个颇具智慧的词语，不正是回应了"两个凡是"吗？当我看到这封信时，感觉又有了希望。

1978 年 5 月 11 日，《光明日报》发表了特约评论员文章《实践是检验真理的唯一标准》。当天新华社全文转发这篇文章，第二天《人民日报》《解放军报》转载。"真理标准"一文的发表是时代呼唤出来的。几乎是与"真理标准"一文酝酿成稿同时，时任中央党校副校长胡耀邦同志在中央党校让 1000 多名中高级干部和党校教师讨论真理标准问题，认为"分清路线是非的唯一标准是实践"。当时的我，也陷入了对真理标准的思考之中，想要追求真理的想法也愈发强烈。

3. 主动从"香饽饽"到"冷板凳"，投身研究马列主义

当时，国防大学有外军教研室、战略教研室、战役教研室等。由于我学过两年日文，被分到了外军教研室，它的全称是外国军队战略教研室。这个教研室在当时可是个热门的"香饽饽"。第一，战争时期的余热仍存，军事研究是一门"显学"，能专门研究"外军作战学"，多少人梦寐以求！第二，彼时已经初步实行了改革开放的一些政策，所以在大学生中，带"外""国际"等字眼的专业都十分热门。

虽然外军教研室很吃香，但我一直在思考：为什么过去错了？错在哪？如何变革？国家正从"十年浩劫"中走出来，百废待兴，需要变革，尤其是理论需要突破。我意识到自己应当从事理论研究。于是，在外军教研室工作半年后，我向教研室的主任请求，推荐我到马列教研室做教学与研究工作。他理解并支持了我。于是，我先在政治部做了一年多的宣传干事，后被调到马列教研室当教员，开始比较系统地学习和研究科学社会主义。

到了马列教研室后，我有幸结识了哲学界的老前辈李唯一老师①。他热心指导我学习哲学，给我讲了过去理论战线的许多争论，并带着我去拜访我国著名哲学家、中央党校原书记兼校长杨献珍。当时杨老已是 80 多岁高龄，但头脑十分清醒。他对我学习哲学要坚持原则的鼓励和教诲，至今我依然清楚地记得。这段时期，我迸发出极大的学习热情，国防大学的同事说："小迟的办公室总是灯亮到深夜。"经历了"文化大革命"，我感到耽误了太多学习时间，不得不争分夺秒！

4. 自学高考，系统学习

2017 年，我给东北大学研究生院中改院分院毕业的博士生授予学位时，还没讲几句话，眼泪差点就流下来。我想起了自己曲折的求学之路，想到我的"大学梦"，想到对我产生终身影响、有着深厚师恩的老师们，一时难以控制自己的情感。

1966 年，"文化大革命"开始，全国取消了高考，直到 1970 年后大学才重新开始招生，实行"群众推荐、领导批准、学校复审"相

---

① 曾先后任抗日军政大学教员、志愿军总部宣传部部长、国防大学理论部主任。

结合的原则,后来人们把这些从工、农、兵中选拔的学生称为"工农兵学员"。到 1977 年恢复高考前,全国高等院校共招收了 94 万名基于推荐制的"工农兵大学生"。我曾经有幸得到成为工农兵学员的机会,没想到却告吹了。1972 年,部队给了我一个到吉林大学日语系学习的机会,后来经过部队政治部领导调整,改派我到黑龙江大学中文系学习。我很高兴,打好了背包,准备第二天早上出发。当天晚上,碰上喝醉了酒的一位主要领导,对我出言不逊,年轻气盛的我便顶了他几句。没想到第二天,我去黑龙江大学学习的机会就被取消了。直到 1976 年军政大学(即现在的国防大学)到我们部队调干,沈阳军区下发了通知。这次我生怕再有变故,一拿到调令立马就去北京报到。

1977 年 9 月,教育部在北京召开全国高等学校招生工作会议,决定恢复已经停止了 10 余年的全国高等院校招生考试,以"统一考试、择优录取"的方式选拔人才上大学。这次具有转折意义的全国高校招生工作会议,深深改变了我们一代人的命运,也深深影响了后世。

1977 年恢复高考以后,1978 年自学高考也开始招生。1978 年,国家颁布了《关于业余高等教育的考核办法》。因为我还在国防大学工作,我就选择自学高考。从这一年开始,我把自己的业余时间全部用来听辅导课和准备自学高考,无论刮风下雨,我都骑自行车去听辅导课。记得有一门课是晚上在全国政协礼堂授课,下了班我拿上一个馒头、骑上自行车去听课。2 个小时的课程,我来回骑自行车就要 3 个多小时。一年下来,我考了 6 门课,只有一门课给了 59 分,其他 5 门课(包括外语)都顺利拿到证书。

5. 与中国社科院研究生失之交臂

李唯一老师是一位 1936 年就入党的老党员。他在抗日军政大学当过教员。抗美援朝战争时期，他曾任志愿军政治部宣传部部长，先后荣获"八一勋章"、二级独立自由勋章、二级解放勋章和中国人民解放军二级红星功勋荣誉章。李老师知道我喜欢研究哲学和马列，就经常辅导我，节假日让我到他家，陪他喝几盅的同时，给我讲哲学原理、讲哲学中的思辨。

1978 年，中国社科院决定筹建研究生院，恢复招收研究生。经李唯一老师和林伯渠的女儿林利老师的推荐，我报考了中国社科院马列所的研究生。当时社科院马列所是于光远老师兼任所长，由于我会外语，各方面基础较好，又是国防大学马列教研室的教员，就被直接录取为中国社科院马列所研究生，这给了我极大的信心。可是我万万没想到，这么好的机会又失去了。

令我震惊的是教研室主要领导的反对。我的指导老师李唯一是老资格的革命家和著名哲学家杨献珍的大弟子，又是政治学院理论部主任。为支持我学习，李唯一老师直接找了萧克校长为我做工作。我后来才知道，李唯一老师从没因自己受冤一事找过萧克校长。但这次，他为了我直接找校长，这让我十分感动。萧克校长听到这件事，马上表示支持，并于当天下午找了教研室的领导。据说，这位领导对校长表态："这是好事，我回去商量一下，支持他学习。"结果回到教研室，他主持召开党支部会议，不同意我去学习。后来，听说他向萧克校长汇报，当年教研室的课程安排很紧，第二年再安排我学习。据说，萧克校长表态："你们要支持他学习。"然而，后来的情况却并不顺利。

6. 北大学习一年半，接触新思想

1979 年下半年，教研室的副主任告知我（主任因病休息一年），北京大学有一个进修学习的名额。这使我有幸进入北京大学进修，开始了在北大国际政治系一年半的学习生活。因为之前错失了成为中国社科院马列所研究生的机会，能得到这个机会，我真是倍加珍惜，拼了命一样地学习。在北大，老师们对我特别关照。在张汉清等教授的支持下，在北大一年半的时间里，我考过了 18 门课程。

记得我在北大学习期间，早上 7 点半上课。可是，国防大学餐厅早上 7 点才开门。食堂的王师傅为了照顾我，早上 6 点半左右允许我提前吃早饭。无论严寒酷暑，我从国防大学骑自行车去北大上课，都必须骑得飞快，一刻钟至 20 分钟要赶到。记得有两次我还被撞倒了，一次是摩托车撞飞了我，一次是化肥厂的大巴车把我撞到车底。大巴车司机吓坏了，赶紧下来问我怎么样。好在当时穿着厚厚的军大衣，又比较幸运的是从车的前盘压进去，人没受什么伤。我都顾不上说话，爬起来，把车轮校正，拍拍大衣赶紧上课去。

我在北大国际政治系学习，主要跟 1978 级、1979 级两个班。这两个班可谓人才济济，也非常活跃，比如，后来担任文化部部长的蔡武是 1978 级的党支部书记。北大的学习生涯，极大地开阔了我的视野。记得有一节选修课，是美国的政治学家讲地缘政治。那时候我们只讲阶级政治，连"地缘政治"这个专业名词都是第一次听说。这节课给了我很大的冲击。

但到 1980 年，我所在教研室突然下令要我停止学习，回去工

15

作。北大国际政治系的系主任张汉清和党委书记张映清两位老教授一听说此事,就骑着自行车,从北大骑到红山口,到国防大学为我说情。两位老教授说:"这个小伙子这么努力,他再学一年,就可以考完本科的大部分科目,可以拿到同等学力,这不是很好的事情吗?"好说歹说,教研室主要领导终于同意再给我半年学习时间,但同时提出一个条件:"不能脱产,必须边工作边读书!"就这样,我在半工半读的情况下,用了半年时间又参加了其余6门课程的考试。后来,北大破格给我发了本科同等学力证书。

我在北大的学习时间虽然不到两年,但无论是做人、做事,还是做学问,都深受北大精神影响。张汉清和张映清等几位老教授对我的帮助和教诲,我至今难以忘怀。直到今天,北大精神依然深深影响着我的改革研究工作。

(三)改革开放是一场伟大的全民觉醒

1. 迎来改革开放的春天

1978年12月18—22日,党的十一届三中全会在北京召开。这次大会全面纠正了"文化大革命"及其以前的"左"倾错误,彻底否定了"两个凡是"的错误方针,充分肯定了必须完整、准确地掌握毛泽东思想的科学体系,高度评价了关于真理标准问题的讨论,确定了解放思想、开动脑筋、实事求是、团结一致向前看的指导方针,果断停止使用"以阶级斗争为纲"的口号,做出了把党和国家工作重心转移到经济建设上来、实行改革开放的历史性决策。1981年6月27日,党的十一届六中全会通过了《关于建国以来党的若干历史问题的决议》,做出彻底否定"文化大革命"的重大决策,重新确立马克思主义的思想路线、政治路线、组织路线。

2."8·18"讲话向全军传达,开始思考:要改革!

1980 年 8 月 18 日,邓小平同志在中共中央政治局扩大会议上发表重要讲话,明确提出"党和国家领导制度的改革"这一重大战略课题,把制度问题提到全局性、战略性的高度,被称作"8·18"讲话,后来这篇讲话被收入《邓小平文选》,题为《党和国家领导制度的改革》。

这篇"8·18"讲话向全军传达,国防大学进行了内部传达学习。邓小平提出,现在面临的问题是制度安排问题,他认为有一个好的制度,可以防止坏人做坏事;没有一个好的制度,好人也难免做坏事。这使我深感震撼,我认真地思考,我们是不是做错了?错在了什么地方? 开始有了感觉。这也促使我开始关注体制改革的相关问题,想以此来寻求答案。

回顾新中国成立以来我国民主建设的经验教训,我感到邓小平同志从党和国家政治生活的历史经验出发所阐明的从改革党和国家政治制度和领导制度着手,建设高度的社会主义民主的思想的重大意义。历时 10 年之久的动乱结束了,可是怎样避免这样的历史悲剧再次发生? 我开始思索:要改革! 1984 年,我写了一篇文章《从改革制度着手建设高度的社会主义民主》,在当年的《社会主义研究》上发表,得出一个初步的总结就是"制度问题是带有根本性的问题"。这是我早期对改革的思考。

3. 进入中央党校读研究生,踏上改革研究之路

1981 年开始,中央党校招收研究生。教研室的其他年轻同志一个接着一个报考,我却没被允许报考。在这样的情况下,我没有办法,只有在马列教研室坚持自学苦读,每天晚上点灯熬油,就这么过了几年。那个年代，总感觉自己需要多读书、多学习，对知识的渴望从来没有因为外界的影响而减弱。

1984 年 4 月初，情况有了改观。当时，受国防大学指派，我正在海淀区法院参加"严打"工作，做主审法官。教研室刘副主任急急忙忙找到我说："小迟，主任办理离休了。与其他几位领导商量，支持你赶快报考中央党校研究生！"

可是这时我面临两个困难：一是中央党校报名截止时间已过了一天。没办法，我又到北大求他们找到中央党校负责招生的主任，说明客观情况，才被破格允许报上名。二是报名后不到 20 天就要考试，可我当时还在海淀区法院工作。因为"严打"，法院的工作很忙，经常需要加班加点到下半夜。为了能有复习的时间，有领导给我出了个主意——"病号"。我当时确实有胃病，于是国防大学医院给我办理了住院手续。白天我就在医院住院，晚上回到宿舍熬夜复习。这样，过了不久，大概 4 月 25 日前后，我参加了中央党校的入学考试。由于前些年我一直坚持自学，最后成绩在 200 多个考生里还是名列前茅的。

1984 年 9 月，中央党校正式开学。我记得新生开学典礼大概在 8 月底。新生们在党校礼堂前的广场照相，时任中共中央总书记胡耀邦同志来与大家合影留念。尽管是炎热的夏天，有几百号新生，但胡耀邦同志还是与大家握手，至少与排在队伍前面的新生握手。我当时在前排。走到我跟前时，胡耀邦同志说："小伙子，你还戴墨镜？我都没戴墨镜，我就不和你握手了。走吧，你和我一起到礼堂去吧！"我也是哭笑不得，因为戴着变色近视镜，刺眼的阳光下眼镜变成了墨色。

胡耀邦同志当时已经担任中共中央总书记,真的令我感觉到国家领导人的亲切感。随后,我和他一路走过去,到了礼堂。我看他走上台后,两只鞋子一脱,盘着腿就坐上了藤椅,做了一个小时的讲话。后来,我在中南海工作期间,遇到过胡耀邦同志,他总是很亲切地打招呼。我感觉到,他真是一个平易近人的好领导。

4. 不改革就没有出路:接触改革,投身改革

经过前期在部队和北大的学习与思考,到中央党校学习之时,我已经有了一定的积累和积淀。可以说,到党校学习时,我的角色一下子就变了,与其说是学生,不如说是冲在改革前线的一名"战士"。

考入中央党校以后,我对改革的研究才真正开始起步。从那时起,我开始专注于经济改革的一些重大理论研究,较为系统地学习了马克思主义经济学理论,关注党和国家的改革开放政策,为我从事改革研究奠定了重要的理论功底。

1984年是中央党校自1977年复校以来在校师生人数最多的一年。刚入校不到两个月,中央党校就召开了一次关于改革开放的理论研讨会。我记得这个研讨会是在西边大教室举行,会上王珏教授作为教师代表第一个讲话,他当时参加了党的十二届三中全会决定的起草,做了以"有计划的商品经济"为主题的发言。早在1980年,王珏教授就在全国党校系统经济学年会上提出社会主义经济应该是有计划的商品经济的观点。当时,他的这一观点在经济理论界引起了很大反响。

王珏教授作为教师代表发言后,我作为学生代表发言,提出"从改革制度入手,建立社会主义民主制度"。我讲完,掌声还不

小。发言结束以后，王珏教授就找到我，这是我第一次见王珏老师。他说，"福林，你研究得很好，以后多关注改革，尤其是经济体制改革"。这一番话使我受到了很大的鼓舞，也对我产生了深远的影响。当时，听到王珏教授谈的有计划的商品经济，我受益良多，获得很大启示。没过几天，我被推选为中央党校理论部学术组组长，开始专门探讨、研究改革问题。从那时起，我开始将改革研究作为责任、目标和未来人生的方向。

在中央党校，老一辈经济学家严谨的治学态度对我影响深远。比如，王珏教授关于商品经济的理论、关于重建个人所有制的理论、关于股份合作制的理论研究，都给了我很大的启示。受其影响，我在那个时候开始更多地关注经济改革的基础理论和重大现实问题。后来，杜润生、安志文等老一辈改革家把理论的严肃性和情感的社会性相结合，坚持自己观点的学术风格和治学精神，也让我受用一生。

1985年夏天，在中央党校理论部（后来的研究生院）的支持下，我们组织200多位研究生利用暑假时间，到全国20个市、县做调查，搞了一次全国性的中国经济体制现状调查。8月底，同学们带着调查成果陆续返校。在进行调查成果汇总基础上，我们先是组织了四个调查报告起草组，然后我与几位同事共同执笔起草了一份总的研究报告。

后来，我开始研究邓小平改革思想，并且在中央党校做了与改革相关的讲座和研讨。那时候，中央党校学术氛围很活跃，作为学员，搞改革专题讲座，可以发海报请大家来听，这在当时也差不多是独一无二了。记得1985年下半年，我做了一场改革讲座，没想到场面十分火爆，来听讲座的人络绎不绝，有的领导干部没有座位就干脆坐到水泥台阶上。1986 年 7 月，我们还在中央党校召开了大型改革研讨会，会后出版了第一本关于体制改革的文集。这部文集由华夏出版社正式出版。

当时中央党校的改革研讨小组十分活跃，引起多方面关注。时任中宣部部长朱厚泽带着理论局副局长贾春峰到党校理论部办公楼开座谈会，让我做发言。发言结束后，朱厚泽部长就问我："你是哪里的？小贾，加强和小迟联系。"过不久，朱厚泽约我到中宣部，希望我毕业后能到中宣部工作。

1986 年 10 月，我还在中央党校读书时，突然接到中央办公厅通知，抽调我到中央政治体制改革研讨小组办公室从事改革研究工作。有了前期的理论学习、调查研究等相关铺垫和准备，这时我的研究视野全面打开，开始了国家层面上的体制改革研究。我的硕士毕业论文《试论我国社会主义初级阶段的民主政治建设》刊载于《中国社会科学》1988 年第 1 期。文中，我就社会主义初级阶段民主政治建设的几个问题展开论述，阐述了我国社会主义民主政治建设的近期目标和远期目标，并对如何健全与完善党内民主制度问题提出了见解。

当时，我真的是全身心投入工作。从 1986 年 10 月到 1987 年年底这一年多时间，我一周只回家一次，其余时间都在加班加点，干劲十足。那时候一到办公室，一屁股坐下去就钻研问题。有一次去和同事打篮球，由于长时间没锻炼，没想到一下子运动过猛，我在球场上晕了过去。那时，我对邓小平同志讲的一句话印象深刻："不改革就没有出路。"我们这一代人是自觉地把改革作为自己的人生追求。当时,我们白天做研究、找各方面开会、下基层调查,晚上还经常彻夜不眠地研讨问题。现在回想起来,真是一段"改革激情燃烧的岁月"。

(四)投身海南:更大的特区、更大的"试验田"

"我们正在搞一个更大的特区,这就是海南岛经济特区。""海南岛好好发展起来,是很了不起的。"1987 年 6 月,改革开放总设计师邓小平在会见外宾时首次向世人宣布了这一重大决策。10 个月后,1988 年 4 月 13 日,七届全国人大一次会议正式批准设立海南省,划定海南岛为经济特区。由此,海南成为中国最年轻的省份和最大的经济特区,获得了前所未有的发展机遇。

在此期间,我有幸参与了海南建省办经济特区的整个过程,并在此之后始终扎根这片热土,如今已是我来海南的第 35 个年头了。回首往昔,不禁感慨良多。

1. 从北京来到海南岛,不到一天从军人变成老百姓

1987 年 11 月底,党的十三大闭幕后,我迎来了人生的又一个重要选择。

海南的改革开放,是在 20 世纪 80 年代我国改革开放向纵深推进的大背景下起步的。中央做出海南建省办经济特区的战略决策,就是要将海南推到国际市场上去,让海南实行比其他经济特区还"特"的经济政策,经过若干年的奋发努力,将海南岛的经济好好发展起来。当时,作为国防前哨的海南岛,在全国发展大局中还是一块洼地,与香港、台湾等地区相比,经济发展差距甚大。要在短期内实现较大的发展,唯一的选择就是加快改革开放的步伐,坚定不移地实行"大开放"方针,以大开放促进大改革、大发展，这符合海南作为一个岛屿经济体的实际。

1987 年 10 月，时任海南建省筹备组组长许士杰在北京找到我，希望我去海南工作。结识许士杰书记，源于 1985 年我到广东调研，时任广州市委书记的许士杰请了一顿饭。当时，我不假思索，便痛快地答应了许书记，真的是"说了就做"！还记得我上午从国防大学办理转业手续，下午 3 点多就拿到了户口本，脱下穿了整整 20 年的军装。为了去海南岛，不到一天，就从军人变成老百姓。

这样，我从中央机关转调海南工作。在当时，这还是一个不小的新闻。有的领导同志还劝我，说："福林，你想好啊，你现在还没脱军装，还是团级干部，为什么不在中央机关把职务解决了再到海南去？现在海南工作生活的条件还比较困难，你要不在中央机关待两年再到海南去？"可是，我当时真的没想那么多，我说"我已经答应许书记了"，就毅然决然地去了。我的想法很明确：海南是我国改革开放的"试验田"，在这张白纸上可以绘出最美的画卷、写就最好的文章。

记得是 1987 年 12 月 25 日，在海南建省办经济特区之前，我带着中央办公厅和中央组织部的调函，到了海南。可是刚到海口时，许书记和梁湘省长到三亚接待中央领导。建省筹备组的一位领导及省委组织部的一位副部长接待了我，对我说："主要领导都不在，许书记离开之前也没有和我们打过招呼，不知道你是干嘛来的，难以安排。这样，你是不是先回去？"我一听，简直像被泼了一头冷水。不过，我留了一手，把随身的行李交给许书记的警卫员，又回到了北京。回到北京以后，许书记很快来京找到我，让我一起回海南。这样,我很快又第二次踏上海南这片热土,筹建海南省委政策研究室和省体制改革办公室。

从 1988 年到 1992 年,我作为海南省委政研室、省体改办的主要负责人,参与了海南建省初期改革开放的若干实践。在这一段经历中,我把军人的作风带到了地方,我在体改办加班加点是常态。

2. 参与海南建省初期的市场化改革

在中央机关工作期间,我一直从事研究工作。我很希望能在一个地方把研究成果、研究积累付诸实践。这也是我来海南的一个重要原因。在主持省委政研室和省体改办工作期间,我起草了海南省第一次党代会报告《放胆发展生产力 开创海南特区建设的新局面》,推进"小政府、大社会"改革,并且主持海南经济特区"企业股份制改革"和"社会保障制度改革"的研究与实践,主持创立"个人账户与社会共济相结合"的社会保障海南模式,为海南经济特区率先进行行政体制改革、企业股份制改革和社会保障制度改革努力工作。特别是在当时,"建立特别关税区"成为海南上上下下关切的问题,我主持进行了"海南特别关税区"课题研讨,形成上、中、下三个总体方案和可行性研究报告。

3. 建言国际旅游岛

到了 20 世纪 90 年代中期,我主持琼台农业项下自由贸易研究课题,形成《关于实行琼台农业项下自由贸易的建议报告》,引起中央有关领导的高度关注。我坚持洋浦自由港区研究,多次向海南省委、省政府提交关于洋浦自由港区建设的研究报告和建议报告,为中央相关部委和海南省委、省政府的洋浦经济开发区建设发展决策提供了智力支持。

2000年我国"入世"在即,我主持海南经济特区"以产业开放拉动产业升级"研究,首次提出建设海南国际旅游岛的建议,相继组织中改院研究团队形成《建立海南国际旅游岛可行性研究报告》《推进海南国际旅游岛建设(总体方案)》《海南国际旅游岛建设行动计划》《海南国际旅游岛政策需求与体制安排》等报告。2009年12月31日,国务院发布《关于推进海南国际旅游岛建设发展的若干意见》,海南国际旅游岛从学者建言上升到了国家战略决策的层面。

4. 逐梦自由贸易港

2017年6月16日,我和我的同事形成了《打造海南国际旅游岛升级版——从服务贸易项下的产业开放走向自由贸易区(研究框架)》报告,并向省委、省政府主要领导做了专题汇报。2017年7月18日,又向省委提交汇报了《以更大的开放办好最大的经济特区——关于海南全面深化改革的建议》,其中明确提出了"建立海南自由港的重大战略选择"这个建议。到了8月3日这天,是我66岁的生日,我们形成了《建立海南自由港——方案选择与行动建议(16条)》报告,报送到省委。此后,根据省委的建议,又增加了4条,形成了《建立海南自由港——方案选择与行动建议(20条)》报告。

2018年春节前后,根据我的了解,关于建立海南自由贸易港,大家有不同的看法。比如,有的从技术层面认为,海南的条件还不太具备,建设自由贸易港的时机不太成熟。有的质疑,海南的干部队伍能承担起这个艰巨任务吗？还有的发问,海南经济基础差，在这样一个欠发达地区、外向度低的省份建立开放程度最高的自由贸易港，能行吗？针对当时不同的疑虑，我真是忧心忡忡，海南不能再失去这一次机遇了。于是，我决定向中央提交一份内参。2月8日，在接受新华社采访时，我提出，落实党的十九大报告精神，"探索建立自由贸易港"，海南当仁不让。如何从国家战略全局分析判断建立海南自由贸易港，是讨论这件事的大前提。为此，我提出"跳出海南看海南"，建设海南自由贸易港的几条建议。

2018年4月13日下午，习近平总书记在庆祝海南建省办经济特区30周年大会上的讲话中郑重宣布，"党中央决定支持海南全岛建设自由贸易试验区，支持海南逐步探索、稳步推进中国特色自由贸易港建设，分步骤、分阶段建立自由贸易港政策和制度体系"①。我当时就在会场，全场响起热烈掌声。崭新的国家使命担当，让海南这块面积最大的"试验田"，再次站在了新时期中国改革开放的最前列。

讲真的，我在中央机关工作时，主动申请从北京到海南，就是要投身到海南走向大开放的实践中来。我为这件事情坚持了30多年，亲眼见证和参与了海南探索"大开放"的历程，其中的辛酸苦辣鲜有人知。我和我的同事们也深感到，这30多年的辛苦没有白费，在推动海南自由贸易试验区和中国特色自由贸易港上升为国家战略过程中，发挥了一定作用。一个字：值！

---

① 在庆祝海南建省办经济特区30周年大会上的讲话[N].人民日报，2018-04-14.

二、实现走向经济现代化的历史性跨越：改革开放做对了什么？

《中共中央关于党的百年奋斗重大成就和历史经验的决议》指出，改革开放是党的一次伟大觉醒，是中国人民和中华民族发展史上一次伟大革命。改革开放和社会主义现代化建设的伟大成就举世瞩目，我国实现了从生产力相对落后的状况到经济总量跃居世界第二的历史性突破，实现了人民生活从温饱不足到总体小康、奔向全面小康的历史性跨越，推进了中华民族从站起来到富起来的伟大飞跃。

从我自身经历来看，自 1984 年开始从事改革研究至今已有 40 个年头。40 年来，我围绕改革进程中的重大理论和实践问题提出的相关观点和建议，有的直接为中央决策采纳，有的被用作制定政策和法规的参考材料。于我而言，能够为国家的改革开放做一点贡献、出一份力，既是我一生的价值追求，也是对我坚持建言改革的鼓励与认可。站在改革开放 40 多年新的历史起点上，我将继续以更高质量的改革研究成果奉献社会、奉献改革，继续为这个时代最有价值的改革开放事业做出自己的努力。

改革开放 40 周年前后，很多机构包括中央相关部门请我讲改革开放 40 年的历程和经验，多家出版机构让我组织编撰改革开放历史图书。今天，我们又将迎来改革开放 45 周年，回过头来看，改革开放做对了什么？

(一)今天幸福的生活哪里来?

很多青年人对改革开放并不是很理解。不少"90后""00后",他们出生与成长的环境,就是中国经济的快速增长,就是消费品的不断丰富,就是零花钱的不断增加。为什么要改革开放?在他们的认知中并不是那么明确。

仅从一组数据来看。从40多年经济发展水平来看,1978年我国GDP不足4000亿元,2000年GDP突破10万亿元,2012年GDP突破50万亿元,2020年GDP首度突破百万亿元大关,人均GDP超1万美元。从比较来看,1978年,美国GDP是中国的15倍,人均GDP是中国的30倍;到2020年,美国GDP是中国的1.5倍,人均GDP是中国的6倍。

从中国对世界经济增长的贡献看。改革开放的中国深刻影响了世界,2006年以来,中国连续多年对世界经济增长的平均贡献率超过了30%,已经成为全球经济增长的主要引擎。这些年我10余次去欧洲交流,他们高度重视中国大市场,高度重视中国对外开放。实践充分证明,中国的改革开放创造了世界发展史的奇迹,这一结论符合实际、符合历史。

说到这里,我想起我小的时候,吃过榆钱子、拾过柴。即便参加工作后的最初几年,生活条件稍好一些,但能吃上一口花生米,也是感到相当惬意的事。今天,我们已经解决了吃饱的问题,解决了吃好的问题。现在青年人要吃的是特色,是打卡网红点。我记得20世纪90年代初北京开第一家麦当劳的时候,我排了整整两个小时的队。没有改革开放释放出来的活力,青年人怎么能享受到今天物质极大富裕的生活?

（二）关键是建立了充满活力的社会主义市场经济体制

高度集中的计划经济,尽管令国民经济取得了一定的发展,但是,由于没有充分调动各方的积极性,也严重束缚了经济发展。改革开放 40 多年,为什么我国能取得这么大的成就? 为什么迅速激发了经济发展的动力和活力? 主要在于建立了充满活力的社会主义市场经济体制,在于打开国门看世界、打开国门融入世界。

1. 建立有计划的商品经济,推进计划和市场相结合

1978 年,党的十一届三中全会提出,"应该坚决实行按经济规律办事,重视价值规律的作用";1982 年 9 月,党的十二大提出,"正确贯彻计划经济为主、市场调节为辅的原则,是经济体制改革中的一个根本性问题";1984 年,党的十二届三中全会提出"有计划的商品经济";1987 年,党的十三大提出"国家调节市场,市场引导企业"。

我第一次见到王珏教授时,就被他提出的"有计划的商品经济"所吸引,这打开了我的视野,至少商品经济与计划不是对立的,而是可以有机结合起来的。我在中央政治体制改革研讨小组办公室工作期间,也参与到党的十三大筹备工作中,"国家调节市场,市场引导企业"的提法在内部研讨时,得到了大家的一致认同。这从思路上理顺了政府、市场、企业、职工等之间的关系,为后来提出的社会主义市场经济奠定了重要的基础。

2. 建立社会主义市场经济体制,从市场的基础性作用到决定性作用

1992 年,党的十四大提出,"市场在社会主义国家宏观调控下对资源配置起基础性作用";1997年,党的十五大提出,"进一步发挥市场对资源配置的基础性作用";2003年,党的十六届三中全会提出,"要在更大程度上发挥市场在资源配置中的基础性作用";2007年,党的十七大提出,"从制度上更好发挥市场在资源配置中的基础性作用";2012年,党的十八大提出,"要加快完善社会主义市场经济体制,更大程度更广范围发挥市场在资源配置中的基础性作用"。

2013年,党的十八届三中全会明确提出,"使市场在资源配置中起决定性作用和更好发挥政府作用"。党的十八届三中全会在我国经济体制改革历程中具有重大意义。正如《中共中央关于党的百年奋斗重大成就和历史经验的决议》指出的,党的十一届三中全会是划时代的,开启了改革开放和社会主义现代化建设新时期。党的十八届三中全会也是划时代的,实现改革由局部探索、破冰突围到系统集成、全面深化的转变,开创了我国改革开放新局面。

(三)把市场搞活,处理好政府与市场的关系

从改革开放的基本实践来看,我国较好地处理了政府与市场关系,促进了改革开放不断深入发展。

第一,价格改革:从计划决定价格到市场供求关系决定价格。改革开放以来,我国以价格改革为核心,逐步确立了供求决定市场价格的市场体系。重要的改革实践包括小商品和农副产品价格放开,发展农副市场,发展各类生产资料市场等。截至1997年,我国社会商品、工业生产资料、农副产品收购中,按市场价格交易的比重达到93.2%、81.6%和80.5%,分别比1978年提高了91.4个百

分点、81.6 个百分点和 73.1 个百分点。党的十九大以来，我国以"破""立""降"为重点的要素市场化配置改革进一步深化。

第二，民营企业：从"必要补充"到"重要组成部分"。党的十二大报告明确私营经济是"公有制经济必要的、有益的补充"；党的十五大把"公有制为主体、多种所有制经济共同发展"确立为我国的基本经济制度，明确提出"非公有制经济是我国社会主义市场经济的重要组成部分"，并于 1999 年正式写入宪法；党的十八届三中全会明确指出，"必须毫不动摇鼓励、支持、引导非公有制经济发展，激发非公有制经济活力和创造力"；党的十九大报告进一步提出，"全面实施市场准入负面清单制度，清理废除妨碍统一市场和公平竞争的各种规定和做法，支持民营企业发展，激发各类市场主体活力"。民营经济已成为我国国民经济的重要组成部分，民营企业在国民经济发展格局中的地位和作用可以概括为"56789"，即税收贡献超过 50％，国民生产总值、固定资产投资、对外直接投资均超过 60％，高新技术产业占比超过 70％，城镇就业超过 80％，对新增就业贡献达到 90％。

第三，国有企业改革：从放权让利到做强做优做大国有资本。我国国企改革从放权让利、扩大企业自主权开始。例如，20 世纪 80 年代中期，我国开始推行两步利改税，实行国企承包经营制，推进股份制改革试点等。在此基础上，党的十四届三中全会决定提出建立"产权清晰、权责明确、政企分开、管理科学"的现代企业制度；党的十六大报告提出"发展混合所有制经济"；党的十八届三中全会决定提出"以管资本为主加强国有资产监管"；党的十九大报告进一步提出"推动国有资本做强做优做大"。

第四，探索解决民营企业产权保护的问题。2007年，《中华人民共和国物权法》出台并实施，实现了对国家、集体和私人的物权实行平等保护。党的十八大以来，加强产权保护，尤其是民营企业产权保护，被提到更高层次。2016年11月，《中共中央　国务院关于完善产权保护制度依法保护产权的意见》发布并实施，特别强调要"抓紧甄别纠正一批社会反映强烈的产权纠纷申诉案件"。截至2018年1月30日，最高检督办的涉产权案件已办结12件、纠正7件；各省级检察机关共挂牌督办涉产权案件71件，已办结64件、纠正14件。2021年1月31日，中共中央办公厅、国务院办公厅印发《建设高标准市场体系行动方案》，再次强调"平等保护产权""健全产权执法司法保护"。

第五，从指令性计划管理到宏观调控的宏观体制。伴随着市场体系的建设和市场主体的形成，宏观体制改革经历了从指令性计划管理到宏观调控的重大改革历程。一是从改革初期财政"分灶吃饭"、调动地方积极性，到由于"两个比重"下降，推进分税制改革，再到建立现代财政制度；二是把金融从财政中剥离出来，加快发展金融市场体系；三是创新和完善宏观调控，确立区间调控的思路和方式。党的十九大报告进一步强调，"创新和完善宏观调控，发挥国家发展规划的战略导向作用，健全财政、货币、产业、区域等经济政策协调机制"。

（四）从工业化初期到工业化后期的历史性跨越

党的十三大的一个贡献就是明确提出了"社会主义初级阶段"，明确了我国的基本国情和社会主义的发展阶段。改革开放以来，从经济领域看，我国推进以处理好政府与市场关系为重点的市场化改革，积极融入全球市场，成功地实现了从工业化初期到工业化后期的历史性跨越，建成了体系完整、产能巨大的工业体系，成为世界制造业第一大国。这里有一系列的指标，比如人均 GDP、产业结构、城乡结构、就业结构等。

从人均 GDP 看，1978 年我国人均 GDP 为 228.7 美元；2021 年我国人均 GDP 达到 80976 元，按年平均汇率折算达到 12551 美元。

从产业结构看，1978 年我国三次产业比值为 27.7∶47.7∶24.6（符合第一产业占比大于 20％且第一产业占比低于工业占比的标准）；2021 年我国三次产业比值为 7.3∶39.4∶53.3，2021 年制造业增加值占比达到 27.4％，制造业增加值占商品增加值达到 58.0％。

从城乡结构看，1978 年我国人口城镇化率为 17.92％；2021 年人口城镇化率达到 64.72％。

从就业结构看，1978 年我国第一产业就业占比为 70.53％；2021 年第一产业就业占比为 23.60％。

从综合判定标准来看，按国内研究的最新判断，2020 年我国工业化综合指数达到 93，总体进入工业化后期，已基本实现了工业化。

尽管对于我国处于工业化的哪个阶段还有不同的看法，但研究经济的学者都认为，改革开放以来我国工业化已经取得了长足进展。现在我国已经建立了世界上门类最齐全的工业体系，不少工业品产量在全球居于第一位。这让我想起少年时期经历的"以钢为纲""钢铁挂帅"。记得小时候，为了大炼钢铁，我还把家里的一口锅端出去炼钢。现在回想起来，这是严重不符合经济规律的做法。结果是，我们举全国之力，1978年全国钢铁产量仅为3178万吨，不到2017年宝钢一年的产量。2017年，我国钢铁产量超过10.5亿吨，全行业面临去产能的新挑战。如果不是改革调动了社会资本的积极性，不是开放带来的巨大市场拓展，我国钢铁工业很难有如此快速的发展。

（五）从短缺经济时代到消费新时代的历史性跨越

2018年，我在中央电视台《中国经济大讲堂》讲座的题目是《如何迎接消费新时代？》。总的判断是，我国在释放市场活力的同时，注重协调利益关系和增强改革普惠性，实现了从短缺经济社会到消费新时代的历史性提升。经过40多年的改革开放，我国经济发展取得了巨大进步。城乡居民生存型、物质型需求得到很大程度的满足，全社会对品质消费、服务型消费的需求明显增长。

1978—2021年，我国城镇居民人均可支配收入由343元增加到47412元，增加137倍；我国农村居民人均可支配收入由134元增加到18931元，增加140倍。我国城乡居民恩格尔系数分别从1978年的57.5％、67.7％下降到2021年的28.6％、32.7％。此外，我国消费进入新时代，老百姓在健康、医疗等方面的服务型消费需求全面快速增长，成为人民对美好生活需要的主要内容。

这些数据看起来很枯燥。但是，如果我们看看普通居民这40多年的变化，就会有更直观的感受。在高度集中的计划经济年代，老百姓买东西需要凭票，大部分商品都是靠国家指令性计划配置。比如，20世纪70年代中后期，我在国防大学当教员，我的衣袋里至少有八九种票,像粉丝票、豆腐票等各种各样的票。国防大学每个职工一周有两块豆腐,凭豆腐票领,如果当天不去领就作废了。这些事情可能是现在的青年人无法想象的。当时市场的价格被严格限制,全部都由国家统一调配。比如豆油,当时东北的城市家庭里一个月一个人仅供应三两油,对家庭来说用油是一个大问题。

我还记得,1989 年 3 月我从海南坐飞机途经上海到无锡参加联合国开发计划署的一个会议,到了上海有 6 个小时停留时间,吃不上饭,兜里没带粮票。当时,海南建省后是全国唯一没有粮票的省份。我就向一位卖面包的老大妈说:"我忘带粮票了,多给点钱买个面包行吗?"她教育了我一番:"小伙子,这是国家政策问题,不是钱的问题。"没办法,我只好给当时的上海市委组织部的一位领导打了个电话,他接我到市委招待所吃了顿饭。

1978 年,我国农村生活在贫困线下的居民,按当年标准为2.5 亿人,按 2010 年标准为 7.7 亿人。当时一年到头能吃饱、吃上点猪油,那是很奢望的事。正是这样,直到今天,我们这一代人都不敢浪费一丁点粮食,剩下一点饭菜总是想办法吃完。虽然我的女儿总是对我说,这样并不健康,但饥饿给我们这代人留下的烙印太深了,这个习惯总也改不了。今天,我到农村去调研,一些地方吃住和城镇虽然有差距,但差距已经明显缩小了。有些地方的民宿,因其突出特色,价格丝毫不亚于城市的星级酒店。

再以"行"为例。改革开放之初,我国是一个自行车大国,但即便是自行车,在城市也是"四大件"之一。今天,我国已经成了汽车大国,汽车在城市可能连"几大件"都排不进去,成为城乡居民日常生产生活的基本工具。截至 2020 年末，全国城镇居民平均每百户拥有家用汽车 44.9 辆，全国农村居民平均每百户拥有家用汽车 26.4 辆。

我国成为消费大国，一个突出的方面是服务型消费的快速增长。改革开放之初，不要说农村，就是城镇要看一场电影，也是一次莫大的享受。我在青年时代就看过很多露天电影。而今天，我国居民包括电影在内的文化消费快速增长，2021 年中国电影总票房达 472.58 亿元，我国已成为电影消费大国。节假日带着家人去餐厅吃一顿饭，再去电影院看一场电影，是一个很好的度假享受。今天看电影的青年人，恐怕很难想象带着小马扎在农村露天看电影的情景了。

我每每看到这些数据，总是会想，如果没有改革开放，我们今天能成为一个消费社会吗？我们能享受如此丰裕的产品和服务吗？这是 40 多年来几代人不懈推进改革开放、不懈努力奋斗的成果。

（六）从封闭半封闭到全方位开放的历史性转折

对内搞活、对外开放，是 20 世纪 80 年代家喻户晓的一句话。改革开放 40 多年来，我国成功把握经济全球化浪潮所带来的历史机遇，始终坚持对外开放的基本国策，成功实现从封闭半封闭到全方位开放的重大转折。这不仅深刻改变了中国，推动了自身的较快发展，也深刻影响了世界，为全球经济可持续发展做出了重大贡献。

1. 坚持对外开放基本国策取得的巨大成就

第一，我国成为世界第一大货物贸易国。1978—2017 年，我国货物贸易总额由 206.4 亿美元增长到 4.1 万亿美元,年均增长 14.5%,占全球货物贸易的比重由 0.8% 提高到 11.8%。2013 年,中国超越美国成为货物贸易第一大国,进出口总额比美国高出 2500 亿美元。2021 年,我国进出口规模达到了 6.05 万亿美元,首次突破 6 万亿美元关口。

第二,我国成为吸引外资最多的发展中国家。1983—2017 年,我国每年吸引外商直接投资由 9.2 亿美元增长到 1310.4 亿美元,既是吸引外资最多的发展中国家,也是继美国之后全球第二大外资流入国。2021 年,我国外商直接投资高达 1735 亿美元。

第三,我国成为全球对外投资大国。2017 年,我国对外投资达 1250 亿美元,成为全球第三大对外投资国和发展中国家中最大的对外投资国。2021 年,我国对外直接投资 9366.9 亿元,同比增长 2.2%(折合 1451.9 亿美元,同比增长 9.2%)。

这些数据总体上刻画了我国抓住全球经济发展机遇所实现的快速发展局面。对外开放不仅释放了我国经济发展的活力,而且在很大程度上打开了我们的视野。从领导层看,20 世纪 70 年代末国家领导人密集出国访问,尤其是邓小平同志在日本、新加坡的访问,应当说对推动改革起到了极为重要的作用。对外开放让大家逐步知道了国际惯例,包括国际礼仪。

20 世纪 90 年代,我在主持海南省委政策研究室和体改办工作期间,几次出国考察。由于大家都没出过国,出了很多"洋相",在今天的青年人看来是不可思议的。比如,有一次,我作为一个比较高级别的体改系统团的成员去德国考察,对方安排了一个小提琴演奏会。结果在音乐会上,有一个成员打起呼噜,弄得我们特别难堪。再比如，有一次出国，有一个小伙子觉得飞机上的黄油很好，就把黄油放在衬衫的口袋中，没想到黄油化了，整个衬衫都黏糊糊的，弄得狼狈不堪。今天我们出国已经习以为常，这些"洋相"几乎没有了。没有对外开放，我们的普通国民，今天的视野，今天的想法，恐怕还是会明显受限。

2. 打开国门：构建开放型经济新体制

伴随对外开放进程的不断深入，我国逐步探索建立了开放型经济新体制，并由此走出一条以扩大开放倒逼改革、以深化改革促进扩大开放的路子。因此，如果总结改革开放40多年来我国取得巨大成就的成功经验，关键是"不断扩大开放"。我国40多年来改革开放带来的巨大成就都是在开放条件下取得的。

从构建和推进开放型经济新体制发展的基本实践来看，我国的对外开放以兴办经济特区为突破口，完成了由经济特区到沿海开放城市，再向内地扩展的多层次的探索和实践。党的十八大以来，我国提出并积极推进"一带一路"建设，坚持"引进来"与"走出去"并重，从设立自由贸易试验区到探索建设自由贸易港，加快构建开放型经济新体制，我国正加快由经济全球化的参与者、追随者向推动者、促进者转变。

第一，从"超国民待遇"到准入前国民待遇加负面清单。改革开放初期，我国主要依靠优惠政策吸引外资。随着外资规模的不断扩大，20世纪90年代前后，我国开始以不断调整《外商投资产业指导目录》为重点逐步拓宽外资的投资领域。2013年，上海自贸试验区设立，并公布了我国第一份外资准入负面清单，我国开启了"准入前国民待遇加负面清单"管理制度的实践。2017年6

月,我国首次形成了全国统一的外商投资准入负面清单。2017 年
10 月,党的十九大报告提出"探索建设自由贸易港"。

第二,产业开放重点逐步由制造业向服务业过渡。加入世界
贸易组织以来,为落实入世承诺,我国积极推进制造业与服务业
市场开放。到 2018 年 5 月,在制造业 31 个大类、179 个中类和
609 个小类中,中国完全对外资开放的产业已有 22 个大类、167
个中类和 585 个小类,分别占 71.0%、93.3%和 96.1%。服务业
对外开放正在加快推进。在世界贸易组织定义的 160 个服务贸
易行业中,中国入世时承诺开放 100 个,到 2018 年,我国已经开
放了 120 个。此后,我国宣布了包括逐步取消银行、保险、证券等
领域外资股比限制等一系列金融业开放举措。

第三,从"鼓励出口"到"主动扩大进口"。改革开放初期,我
国利用丰富的劳动力优势积极发展"三来一补",出台一系列政策
鼓励企业出口,以缓解外汇紧张的矛盾。此外,我国加快推进以
内外贸一体化为重点的外贸管理体制改革,扩大企业进出口自主
权。2004 年,将外贸经营权管理由审批制改为备案登记制,取消
外贸经营权的限制。我国促进经常项目收支平衡,标志着我国对
外贸易理念的根本性变化。

第四,"一带一路"建设,推进经济全球化的新动力。目前,全
球 100 多个国家、地区和国际组织积极支持和参与"一带一路"建
设,联合国大会、联合国安理会等重要决议也设立"一带一路"建
设内容。"一带一路"倡议已成为反对贸易保护主义,构建开放、
包容、普惠、平衡、共赢的经济全球化的新动力。2021 年,我国与
"一带一路"沿线国家货物贸易额达 11.6 万亿元,同比增长

23.6%,创8年来新高,占我国外贸总额的比重达29.7%。中欧班列全年开行1.5万列、运送146万标箱,同比分别增长22%和29%。

说起入世,有件事我印象极为深刻。入世协议签署的当天晚上,我向海南省委请示,把龙永图副部长请到中改院,给全省的厅级以上干部做一场报告。这场报告的信息量很大。应当说,当时能组织这么高层次的报告会,全国还不多见。

三、向青年人讲好改革开放史:为什么说改革开放只有进行时没有完成时?

从20世纪80年代初我就从事改革研究。我们这一代人既是理想主义者,也是现实主义者。我深深体会到,以经济建设为中心,全面深化改革开放是一条正确的路,一条富民强国的路。当前,我国处于全面建设社会主义现代化国家、全面推进中华民族伟大复兴的重要历史节点,仍然需要深化改革、扩大开放,仍然需要以全面深化改革开放促进经济社会发展。

(一)改革开放仍是解决发展问题的关键

从国内看,正处于迈上全面建设社会主义现代化国家新征程、向第二个百年奋斗目标进军的关键时刻;从国际上看,中国从大国走向强国正处于前所未有的关键历史阶段。如果抓住未来10—15年,到2035年左右中国达到中等发达国家水平,再用几十年的时间,我们就能够实现中华民族伟大复兴。这是一代人的使命。

1. 解决发展中的问题仍然需要经济增长

我国是一个拥有 14 亿多人口的发展中大国、转型大国。2022 年上半年,我在接受新华社记者内部采访时曾经说过,在国际经济政治格局复杂变化的大背景下,发展与冲突成为全球面临着的突出矛盾。总的看,"西边"的主要矛盾是冲突,"东边"的主要矛盾是发展。客观地看,我国是一个幅员辽阔的国家,发展仍然是主要矛盾。没有发展就没有安全,没有发展就没有根本。发展是解决我国一切问题的基础和关键,要发展就需要深化改革。李克强总理在 2020 年 5 月 28 日的两会闭幕后的记者会上说,中国是一个人口众多的发展中国家,我们人均年收入是 3 万元,但是有 6 亿人每个月的收入也就 1000 元。1000 元在一个中等城市可能连租房都困难,现在又碰到新冠疫情,疫情过后民生为要。怎么样保障那些困难群众和受疫情影响新的困难群众的基本民生,我们应该将其放在极为重要的位置。

2. 实现 5%—5.5% 的增长,离不开全面深化改革开放

由于受疫情等多种因素影响,近两年经济增长仍然面临巨大压力。国家统计局数据显示,2022 年上半年,国内生产总值达到562642 亿元,同比增长 2.5%,经济总体呈现稳定恢复态势。如以 2019 年为基数,过去两年的平均增速只有 5.2%。2021 年第三、四季度,增速呈下降趋势,分别只有 4.9% 和 4.0%。实现5.5% 的增长目标是十分艰巨的任务。未来 10—15 年,如果经济能实现 5%—5.5% 的增速,由此使 2035 年人均实际 GDP 水平达到 2020 年的 2.1 倍,从而完成翻一番的增长任务,就能为基本实现社会主义现代化打下坚实基础。

要实现这一目标，靠什么？靠改革，靠开放。我国处于社会主义初级阶段的基本国情没有变；我国大力解放和发展生产力的主要目标没有变；我国坚持以经济建设为中心的总路线没有变。因此，必须深化改革开放，用改革的办法不断破解发展中的矛盾和问题，为推动经济社会高质量发展提供强劲动力。

3. 结构转型实现高质量发展面临诸多重大任务

面对世界之变、时代之变、历史之变，抓住国内新发展阶段的重要发展机遇，关键要加快高质量发展进程，以高质量发展赢得内外主动。在未来10—15年实现高质量发展，到2035年基本实现社会主义现代化，要求推进产业结构、城乡结构、消费结构、贸易结构的改革攻坚。

作为14亿多人口的大国，我国有着发展的战略纵深，不缺经济增长点，这是应对内外挑战最大的战略底气。要看到，我国的产业结构、消费结构、科技结构、能源结构、城乡结构、贸易结构还有较大的转型升级空间，蕴藏着巨大的增长潜力和动能。这既是我国实现高质量发展与基本实现现代化的重要基础，也是推动形成中国与世界新关系的重要条件。而推动结构转型，需要按照中央部署，以问题为导向，尤其要将以制度型开放为重点的"二次开放"和国内结构性改革相结合，形成新发展动力。

(二)青年人学习了解改革开放史才不会误读历史

1. "资本家"之问：一次令我记忆深刻的青年对话

2021年9月的一天，我受邀为某大学做改革开放史的讲座，主题是"中华民族伟大复兴的关键抉择——改革开放与中国共产党",600多个位子,座无虚席。提问环节有一个学生说:"我们是生长在社会主义新时代的青年,为什么要给资本家打工?"我问他:"谁是资本家?"他回答:"民营企业家都是资本家。"令我意想不到的是,他的话音刚落,场内响起热烈掌声。

我开始意识到,青年学生不仅需要学习了解改革开放史,更需要在学习中对中国特色社会主义理论的形成发展有基本认识。当时,我讲四点:第一,经济发展是有规律的,不能把市场经济扣上资本主义,也不能把计划经济扣上社会主义。我们不能用"主义"来区分经济客观规律,这是人类文明的共同产物,否则我们就陷入思维固化。第二,我们过去的问题在哪里呢?把"一大二公"、单纯的公有制作为社会主义的基本特征、本质特征。后来我们发现错了,从中国实际出发,只讲"一大二公"老百姓是吃不饱肚子的。第三,我们讲公有制为主体、多种所有制经济共存的制度是社会主义初级阶段的基本特征;我们讲"两个毫不动摇",符合宪法,符合经济发展规律,符合社会主义初级阶段的基本国情。因此,不能把民营经济等同于资本主义,也不能把公有制简单等同于社会主义。第四,当前,我国的经济发展、共同富裕离不开民营经济,中小民营企业的发展是目前经济发展最需要解决的问题。否则哪有创新创业?哪有稳定就业?

讲座结束后,学校的党委书记和我说:"老迟,一方面我为青年人这种爱国主义热情所感染;另一方面也真的为他们这种不符合实际、不了解历史所产生的片面的甚至有些民粹的倾向感到担忧。"怎么全面、客观地学习改革开放史,怎么充分了解改革开放的历史性作用,理解党的十九届六中全会决议提出的"改革开放是决定当代中国前途命运的关键一招",牢牢树立改革开放精神,真的是一篇大文章。

但是,不光是青年大学生这样想,甚至有的领导同志也讲:"我们的民营企业就是资本家,不要羞羞答答,在这个阶段我们只能赎买。"我听了大为吃惊,也深深感到忧虑。党的赎买政策是20世纪50年代对资本主义工商业实行的社会主义改造。改革开放改变了这一条,宪法确立了社会主义基本经济制度,承认集体经济、个体工商户等民营经济是社会主义市场经济的重要组成部分,是社会主义基本经济制度的重要组成部分,这是在1999年就已经写入宪法的。当然,不只是民营经济,也有国有企业由于某些制度的不规范、不完善而产生腐败行为,但是,能拿它来否定社会主义初级阶段的基本经济制度吗?能拿它来否定民营经济发展的历史意义和历史作用吗?能拿它来否定企业家的价值和作用吗?

拿党在社会主义改造时期的赎买政策来分析改革开放后的民营企业,既不符合党章,也不符合宪法的精神。国有企业出了某些腐败分子的案例,难道国有企业就不能搞了?同样,我们也必须承认民营经济还有这样那样的问题。但是出现的问题要在制度完善、改革创新上加以解决,而不是不顾实际地全盘否定。当年,邓小平同志讲,让一部分地区、一部分人先富起来,逐步实现共同富裕;没有一部分地区、一部分人富起来就难以带动共同富裕。就像我们现在的区域协调发展,如果没有20世纪80年代初到90年代的区域不协调发展,哪有今天的区域协调发展?从区域不协调发展到区域协调发展,这需要一个历史发展的过程。

更何况我们的民营经济本身它也在不断地完善，比如从个体工商户到股份合作制，到股份制，再到混合所有制等。

2. 花生米的故事

20 世纪 70 年代，我在部队的时候，几个干事弄了点花生米。这花生米是什么花生米？是发了霉的花生米。把它用热水烫一下，从卫生队要了一点医用酒精，用茶缸子装点油一炸，喝点小酒，感到很香。那个年代，谁家请客吃饭能上一盘花生米很不容易，一个家庭一年可能就供应半斤八两。1971 年，我到大兴安岭为部队基建买木材，当地一个林业局局长（厂长）向我要花生米，我迅速让部队送去了 5 斤花生米，结果多装了 10 立方米的木头。由此可见，那个年代的花生米的能量真是不得了。

青年学生不解，那么多的花生米叫谁吃了？那个年代为什么吃不上花生米？2018 年，我给 52 个博士生上课，我也在学生中做了一个调研，52 人没有一人说对。主要有三种答案：一是榨油了；一是受灾了；一是出口了。他们不了解，在高度指令性计划经济下，花生是被严格限制种植面积的。

这两个故事，使我感觉到加强对青年人的改革开放史教育的重要性、紧迫性。今天的中国更迫切需要"强国一代"，今天的中国青年有着更强烈的自豪感。比起先辈，他们生活条件优渥，他们所见所闻广博，他们信息接收更接轨国际。未来中国的改革开放，未来中国在全球竞争中地位的提升，要靠青年。尤其今天，向广大青年人客观介绍改革开放史，十分重要。从实际情况看，不了解改革开放史，容易把现实中的某些差距、问题与改革开放画等号，由此导致对改革开放的某些质疑。青年人学习了解中国改革开放史，才能为全面深化改革开放注入生机活力。如果忘记历史怎么来的，不了解改革开放，甚至否定改革开放，那将是历史的悲哀。只有全面、客观地学习改革开放史，才能够充分了解改革开放的历史性作用，才能充分理解党的十九届六中全会提出的"改革开放是决定当代中国前途命运的关键一招"，才能牢牢树立改革开放精神，将改革进行到底。

（三）增强改革自信

习近平总书记强调，"改革开放是当代中国最鲜明的特色，也是我们党最鲜明的旗帜"①。我始终认为，要有改革自信。一次，我在一个座谈会上说："我们说道路自信、理论自信、制度自信、文化自信，但我认为，改革自信更为重要。这是因为改革开放使我们的各项制度更完善了，改革开放选择了一条符合国情的发展之路；改革开放是中国特色社会主义理论形成发展之源；改革开放弘扬了中华文化。"一位在场的中央领导同志说："全面深化改革的路子选对了，对全面深化改革的自信有了，其他自信就更自觉、更坚定。"

青年人处于大变局之中。客观地说，经过了几十年和平发展与经济快速增长，很多青年人把这当成了理所当然。一方面，有可能对正在或即将到来的变革缺乏思想准备；另一方面，也会对正在或即将到来的挑战产生畏惧感。"文化大革命"后期，我们这代人也曾苦苦思索，如何解决现实中的问题，如何实现四个现代化。经过几年的探索，我们打开国门看世界，发现了与外部的差

---

① 北京市中国特色社会主义理论体系研究中心.改革开放是我们党最鲜明的旗帜——深入学习领会习近平同志关于全面深化改革的重要论述[N].人民日报,2013-11-21.

距,更发现了适用于经济社会发展的人类共同的做法和规律,由此开启了改革开放的伟大转折。

在过去 40 多年的发展中,我国从传统计划经济到现代市场经济的转变,从封闭型经济向开放型经济的转变,依靠的就是不断探索、不断完善、不断创新的改革开放。青年人学习和了解这段历史,就可以运用改革开放的思路、方法,在推动我国社会主义现代化征程中发挥自己的力量。

第一章
为什么中国选择了社会主义市场经济？
——从吃发了霉的花生米说起

记得大约 6 年前,中国经济体制改革研究会原会长宋晓梧告诉我,他在清华大学给研究生做学术讲座,谈到年轻时吃不到花生米,有的学生就问他:"那个年代,您的家庭条件很好都吃不上花生米,那么多花生米都被谁吃了?"这个本不成问题的问题,却引起了我们这些改革研究者的思考。

　　2018 年 9 月,我给东北大学研究生院中改院分院的 52 个博士生做学术讲座时,也讲了自己年轻时吃不上花生米的故事。我特别举了吃发霉花生米的例子。1971 年我在部队当干事时,周末几个单身汉把发了霉的花生米用热水烫一烫,晾干了,用点油一炸,喝点小酒,感觉很幸福。我问大家,那个年代为什么吃不到花生米,为什么会吃发霉的花生米? 没想到的是,52 个同学没有一个答对。有三种答案:"花生米出口了;花生米榨油了;受灾了,花生产量少了。"青年人大都不了解,在"以粮为纲"高度指令性计划经济年代,我国的农副产品都是实行统购统销的,花生属于副食产品,国家严格计划生产种植和收购。只有过年时,凭户口簿一个人才能买上 2 两花生米。改革开放前,高度指令性计划经济是社会主义经济建设的基本标志和基本特征,尽管在特定的时期对发展国民经济起到了一定的作用,但它严重束缚了经济的发展。40多年后的今天,各种商品琳琅满目,国外的很多商品在国内都可以买到,"买全球"成为现实;各种新消费层出不穷,中国一跃成为全球第二大消费市场。

是什么改变了中国?

回过头来看,改革开放初期,全国全党上下在理论和实践中一直思考与探索的重大问题在于,是继续实行计划经济,还是搞市场经济? 在这个时代之问下,经过探索、借鉴、创新,我们做出了历史的选择——发展社会主义市场经济。

我亲历了从高度指令性计划经济走向社会主义市场经济的这一伟大变革,感到这真的是一件不容易的事情。我们过去排斥市场、反对市场、打压市场;改革开放后,逐步认识市场、承认市场、培育市场、发展市场。经历了数十年的理论与实践探索,经历了一次次的思想解放,才能堂堂正正地讲市场经济,才能创新地提出发展社会主义市场经济,才能鲜明地使市场在资源配置中起决定性作用,更好地发挥政府作用。

一、从排斥市场、打击市场到承认市场、培育市场

只要经历过计划经济年代的人,大都不会忘记,40多年前,摆在人们面前的是一幅什么样的情景。

世界银行统计数据显示,当时,中国人均GDP只有155美元,不到撒哈拉以南非洲国家的三分之一。按人均一天1美元的贫困

标准,当时中国贫困人口占到 84％。农村居民有 7 亿人口,人均年收入 117 元,其中有 2.5 亿人口年均收入不超过 100 元。新中国成立将近 30 年,为什么经济依然十分落后？这个现实迫使人们开始反思,是不是做错了什么？

（一）青年人所不了解的高度指令性计划经济

1. 一个面包的故事

这里,讲一个我自己的小故事。1989 年 3 月,我去无锡开会,从海口乘飞机途经上海后需换乘火车。由于有 6 个小时的停留,我准备找个地方吃点东西,但发现自己忘带粮票了。没办法,我硬着头皮和一位推着小车卖面包的老大妈商量:"我忘带粮票了,多给点钱买个面包行吗?"没想到,老大妈很严肃地把我批评了一顿:"小伙子,这是国家政策问题,不是钱的问题。"没办法,我只好给当时上海市委组织部的一位领导打了个电话"求救",他来接我到市委招待所吃了顿午饭。这件事,我至今仍然记忆很深。为什么会这样呢？

1953 年,我国宣布实行第一个"五年计划",开始实行计划经济。在计划经济体制下,没有市场,一切经济活动都纳入国家计划。生产资料不是商品,全部由国家计划调拨,并且严格规定价格,100％的生产资料价格以及 97％的日用商品价格都由政府定。现在的青年人可能难以想象,那个年代一盒火柴 2 分钱,维持了 28 年。

随着时间的推移,这样的定价机制弊端日益突出,商品价格不仅无法反映真实的供需状况,甚至严重制约了经济发展。全社会无论生产资料、生活资料,均长期受困于短缺现象,而对于生产实行国家统一定价管理，价格体系权力高度集中。本应是国民经济运行与发展的"晴雨表""调节器"的价格体系，那时却完全失去了作用。

1953年，国家实施严格的粮食统购统销政策。满足人民基本生活需求的供给方式，就是由国家印发各种商品票证，通过票证把生活必需品分配到城镇居民手中。票证在很大程度上替代了货币，成为流通的一个等价物。那个年代，列入国家统一收购、统一分配的这些商品，私人不能经营；农民如果自己经营粮油产品，就是不合法行为。例如，有的地方规定农村家庭养鸡不能超过几只，不能私自卖鸡蛋，否则就是"资本主义尾巴"。

2.《人世间》的故事反映了计划经济年代的现实

电视连续剧《人世间》成了热播剧。以往我一般不太愿意看这类影视作品，但这部作品却引起了我的关注，我基本把它看完。电视剧故事发生地和我成长的环境极为相似，更重要的是它的前半部分生动地刻画出计划经济年代的情景。其中主人公在物资紧张的年代，临近年关去买猪肉的剧情，确实是生动的写照。

举我自己的一个例子。1980年我在国防大学时，有一次一位老朋友送我3张自行车票，我把其中的2张送给教研室的同事。这本是一件好事，却被领导指控为违背国家政策，要开会处理。由于其他几位教研室领导讲情才没给我处分，"小迟是想要办好事，没拿别人一分钱，批评教育一下"。这也使我很不解：我用自己的朋友关系为同事办点好事，怎么还差点换来处分？

3. 工资20年不调与平均主义的盛行

计划经济带来"大锅饭"、平均主义。国家八级工资制度从

1956 年到 1976 年整整 20 年，工资基本没有调整过。有的大学生，一毕业拿的工资，人到中年了一查没有调整过。1959 年以后，工人工资调整改由国家统一安排。企业对工人的工资调整，只能在国家下达的计划范围内进行。有些该升的不能升，只能再等下次。由此造成一些工人的工资"一步赶不上、步步赶不上"，广大工人的积极性受到严重挫伤，工人为工资没有调整而跳楼的事情时有发生。此外，由于长期不调级，更是滋长了工人中平均主义、"大锅饭"现象。

城市里基本是国营工业，是政府的附属生产单位，工厂没有经营自主权，不仅不能决定生产什么，也无法对工人进行激励。改革开放之初，国际上的经济学家来中国考察，结论是：中国没有企业，只有车间。

> **专栏 1.1："文化大革命"中的工资变动**
>
> 　　在"文化大革命"的 10 年中，全民所有制各部门职工仅在 1971 年调整过一次工资，全民所有制单位职工平均实际工资的年均增长速度均为负增长，其中"三五"时期为 −1.2％，"四五"时期为 −0.1％。1966—1976 年，全民所有制单位职工历年的平均货币工资和实际工资指数均低于"一五"期末的 1957 年和"二五"期末的 1965 年[①]。1957 年全国职工平均货币工资为 624 元，1976 年下降至 575 元，少了 49 元[②]。

---

① 中共中央党史研究室. 中国共产党历史：第 2 卷下 [M]. 北京：中共党史出版社，2011：969.

② 曾培炎. 新中国经济 50 年 [M]. 北京：中国计划出版社，1999：897-898.

在农村，土地为集体所有，农民没有经营自主权，也没有种地积极性。当时社会流行"三个一样"：干与不干一个样，干多干少一个样，干好干坏一个样。1970年，我在部队时曾去"支农"，切身体会到了农民"出工不出力"的情况。由于农民与土地关系不紧密、与产出关系不紧密，种粮积极性明显不高，不少产粮区不仅不能为国家做贡献，反而要吃"返销粮"。当时，农村的平均主义是导致我国吃饭问题长期没有解决的重要因素之一。

4. 没有价格和市场的计划经济

不承认市场、排斥市场、打压市场，也是普遍的。当时流行的是"割资本主义尾巴"，是打击"投机倒把"。用今天的眼光来看，所谓"投机倒把"，实质就是被"逼"出来的商品流通手段。实行没有价格和市场的计划经济，其结果往往事与愿违。曾记得，我小时候也上过几天幼儿园，吃过几天"人民公社大食堂"。可是，建立在经济发展严重滞后、物资不丰富基础上的"大食堂"又能维持几天？我清楚地记得，"大食堂"吃了3天就宣布关了。经济不发展，哪里有实现共同富裕的基础。今天，有人开始怀念计划经济年代。有人说，"实行计划经济制度，才能实现共同富裕"，"那个时候工厂里都有托儿所，人人都吃公社食堂"；更有的人说，"改革开放造成了'贫富差距'"。我认为，做出这样的判断是不符合实际的，是对历史的误读。

我再举一个例子，就是大家都关注的住房问题。改革开放之前，住房是城镇居民的大问题。1980年，我在北京大学进修时，一位老师请我到他家中吃饭。我没有想到的是，北大教授大都是"住房困难户"，居住的房子拥挤逼仄，三家人共用一个厨房，大热天的做饭人挨着人，汗流浃背。有数据统计，1978年我国城市人均居住面积仅有 3.6 平方米。协和医院的臧美孚教授现在已经快 90 岁了，他是我国泌尿外科的"一把刀"。我和他比较熟，20 世纪 70 年代、80 年代的时候常去他家，我看到他住在狭窄的地下室，并且一住就是二三十年。的确，当年大家都一样"穷"，一样没有房子住。今天让年轻人住地下室，会有人愿意吗？固然，共同富裕是改革开放的根本目标，可是我国这样一个 14 亿多人口的大国，不正是通过改革开放发展经济提高人民生活水平的吗？今天，我国人均住房面积超过 40 平方米，正是通过住房改革，住房条件才得到了巨大改善。

专栏 1.2：　改革开放初期城市住房情况

　　1978 年建设部对全国 182 个大中城市的统计显示：全国城市人均居住面积是 3.6 平方米，182 个城市中共有缺房户 689 万户，占这些城市总户数的 35.8％。改革开放初期，上海 180 万住户中，按国家标准，有 89.98 万户为住房困难户，占了总户数的一半左右，其中：三代同室的有 119499 户；父母与 12 周岁以上子女同室的有 316079 户；12 周岁以上兄妹同室的有 85603 户；两户同居一室的有 44332 户；人均居住面积 2 平方米以下的有 268650 户。

---

5. 改变"宁要社会主义的草，不要资本主义的苗"

　　讲一个难以忘记的事。1990 年，两岸研讨会在香港召开，香港方面的机构是主办方。台湾来的专家、官员比较多，加上新闻媒体，至少 100 余人。大陆方面不到 20 人，我是其中一位。时任国民党副主席兼秘书长关中先生在开幕演讲中谈到，大陆仍在坚持"宁要社会主义的草，不要资本主义的苗"。他一讲完，我就举手提问反驳。我以海南为例，讲了大量事实批驳他："不能把'四人帮'时期的口号作为今天的现实！"他马上回应："若迟福林说的是事实，我可以改正自己的看法。"没想到的是，当开幕式结束休息时，我被台湾几十人围住"讨伐"，被迫与他们辩论。当晚，台湾电视台播出相关新闻，有人看了打电话跟我说："你上台湾电视了，与台湾专家吵起来了。"当时，由于改革开放之初两岸交流的限制，台湾对改革开放给大陆带来的巨大变化了解得太少了。

还有一件记忆犹新的事。1993年4月6日，按照中央外事部门安排，以美中关系全国委员会主席、世界银行前行长巴巴尔·康纳布尔为团长的参加"第六届中美知名人士会晤"的美中关系全国委员会代表团访问中改院，中方以我为主，就海南走向市场经济、股份制试点、证券市场培育等问题进行了座谈。

当时，美国代表团的层次很高，包括时任美中关系全国委员会会长大卫·M.蓝普顿，宾夕法尼亚州前州长、美中关系全国委员会前主席谢菲尔，美国前贸易代表卡尔·A.西尔斯，证券交易委员会前主席罗德里克，埃可夫经济咨询公司总裁嘉德麟·埃可夫，华盛顿大学国际研究院院长罗迪等20余人参加活动。我向美国代表团介绍道，海南建省办经济特区这几年，确实发生了很大变化，最主要的原因是发展市场经济。在发展市场经济的过程中，海南重点解决了四个方面的问题：第一，从一开始就允许企业实行真正的平等竞争；第二，价格由市场决定；第三，率先建立统一的社会保障制度；第四，建省一开始就实行了"小政府、大社会"的体制。听完我的介绍，代表团说："谢谢你的介绍，我们认为这就是市场经济！"他们对海南的改革实践十分感兴趣，当场决定留下来用午餐，并希望与我们就改革开放再做更进一步的深入交流。

(二)承认市场是改革开放的重要起点

1. 承认价值规律：离不开市场的作用

要想推动社会生产力的快速提高、加快经济建设，必须尊重经济运行的客观规律，按照经济规律和价值规律办事。1978 年12 月 2 日，邓小平同志在中央工作会议闭幕会讲话提纲中写道："企业自主权与国家计划的矛盾，主要从价值法则供求关系(产品质量)来调节。"他在 12 月 13 日的《解放思想，实事求是，团结一致向前看》中又进一步指出："我们要学会用经济方法管理经济。自己不懂就要向懂行的人学习，向外国的先进管理方法学习。不仅新引进的企业要按人家的先进方法去办，原有企业的改造也要采用先进的方法。"[①]

今天我们回过头来看，家庭联产承包责任制在短短的几年内解决了 10 亿人吃饱饭的问题，这就是承认了把土地使用权这个最稀缺的资源配置到最有效地利用土地资源的农民手上，释放出广大农民巨大的积极性。

改革开放的实践证明，价值规律是不以人的意志为转移的。价值规律要在市场经济的条件下才能有效实现。我们也曾经强调价值规律，却误以为可以通过不基于市场的行政计划体现价值规律，结果这种计划常常严重背离价值规律。经验一再证明，价值规律离不开市场，没有健全的市场体系，价值规律就不可能得到自觉遵守。

----

① 邓小平文选：第 2 卷[M]. 北京：人民出版社，1994：145.

2. 承认商品经济：公有制基础上有计划的商品经济

1982 年 9 月，党的十二大提出，"正确贯彻计划经济为主、市场调节为辅的原则，是经济体制改革中的一个根本性问题"，从而打开了改革计划经济的一个口子。1984 年，时任改革大潮从农村涌向城市。党的十二届三中全会通过的《中共中央关于经济体制改革的决定》提出"有计划的商品经济"。"商品经济"第一次被写进党的决议，改变了原来"计划经济为主、市场调节为辅"的提法，这份文件也因此成为改革开放进程中的纲领性文件之一。

关于社会主义商品经济与计划经济的关系问题，是 20 世纪 80 年代初我国经济理论界一直在讨论的问题。从党的十一届三中全会到党的十二届三中全会这几年中，经济理论界对该问题展开了激烈的争论。基于当时的情况，争论的不同意见可以大致归纳为五种：社会主义经济是计划经济，不是商品经济；社会主义经济是商品经济，不是计划经济；社会主义经济是计划经济与商品经济的统一；社会主义经济是有商品关系的计划经济；社会主义经济是有计划的商品经济。公有制基础上有计划的商品经济，是20 世纪 80 年代人们思想认识上的一大进步。

> **专栏 1.3： 党的十一届三中全会**
>
> 1978 年 12 月 18—22 日，中国共产党第十一届中央委员会第三次全体会议在北京举行。全会确定了解放思想、开动脑筋、实事求是、团结一致向前看的指导方针，做出了把全党工作重点转移到社会主义现代化建设上来、实行改革开放的历史性决策。全会讨论了《中共中央关于加快农业发展若干

问题的决定(草案)》和《农村人民公社工作条例(试行草案)》，并同意将这两个文件发到省、自治区、直辖市讨论和试行。

1984年，时任中国社会科学院院长马洪撰写了《关于社会主义制度下我国商品经济的再探索》一文，刊发在《经济研究》上。文章重新肯定此前被否定的"社会主义经济是有计划的商品经济"的提法，提出实践要求我们在理论上承认计划经济的属性和商品经济在社会主义经济中是可以统一起来的，在实践中是能够找到它们之间的结合形式和结合点的，而不是回到过去二者择一、非此即彼的老路上。

参与这篇文章讨论和起草的张卓元老师事后回忆道："十二届三中全会《决定》提出来关于社会主义经济是公有制基础上的有计划的商品经济，这应该说是迈了一个很大的步子。大家看中的是后面'商品经济'四个字。因为'有计划'的弹性很大，关键是肯定了商品经济。价值规律是商品经济的基本规律，既然是商品经济，就意味着价值规律的作用得到了充分的肯定。"

1984年春天，我正式考入中央党校学习。刚一进校，就参加了中央党校召开的大型改革理论研讨会。会上王珏教授第一个演讲，他当时参加了党的十二届三中全会《决定》的起草工作，做了以"有计划的商品经济"为题的发言。当时，听到王珏教授谈的有计划的商品经济，我受益良多。他的主要观点是，商品经济和市场是不可分割的，市场是商品价值交换关系的表现形式，没有市场就不存在商品生产和商品交换。也就是说，有商品生产和商品交换就应当有市场，在社会主义国家也不例外。

在党的十二届三中全会后,经济界有一种主要观点,说企业是独立的商品生产者和经营者,也就是说企业是市场交换关系的主体;说要尊重商品经济规律,也就是说要尊重市场规律;说要建立社会主义商品经济新体制,也就是说要建立社会主义市场体系。因此,那个时候有一种说法:"其实商品经济就是市场经济,一回事。只不过是为了当时更便于人们接受罢了。"

3. 党的十三大:国家调节市场,市场引导企业

1987年党的十三大召开前夕,我在中央政治体制改革研讨小组办公室工作,也参与了党的十三大相关报告的研讨和征求意见工作。直到今天,我还保留着党的十三大会议的"零号工作证"。

当时,邓小平在同有关中央领导人谈党的十三大的筹备和党的十三大报告起草等问题时指出:"为什么一谈市场就说是资本主义,只有计划才是社会主义呢?计划和市场都是方法嘛。只要对发展生产力有好处,就可以利用。它为社会主义服务,就是社会主义的;为资本主义服务,就是资本主义的。"①1987年10月25日到11月1日,党的十三大召开。大会报告提出"国家调节市场,市场引导企业",是对有计划商品经济理论的一次重大发展。它明确提出社会主义商品经济与资本主义商品经济的区别不在于市场与计划的多少,而在于所有制的不同。党的十三大报告关于政府与市场的关系成为各方关注的重点。党的十三大的重大历史贡献是做出了社会主义初级阶段的科学论断。这是一个适应基本国情的客观判断。有了这个大判断,才有了从国情出发、

---

① 邓小平文选:第3卷[M]. 北京:人民出版社,1993:203.

实事求是推进改革开放进程的基本依据。

（三）南方谈话突破了姓"资"姓"社"的思想禁锢

1. 社会主义也要有市场经济

20 世纪 80 年代末 90 年代初，苏联解体、东欧剧变，偌大的一个社会主义大家庭，顷刻间不战自溃，纷纷倒旗落马。中国的经济体制改革与对外开放实践面临严重的困境，改革开放在理论上遭遇诸多难题困扰。严峻的事实发人深思：要不要继续搞改革开放？人们对改革开放产生了两种截然不同的看法：一是用传统社会主义观点衡量改革，否定改革的"左"的看法；二是用新的社会主义观点看待改革，肯定改革开放，必须坚持改革开放不动摇。1989 年春夏之交的政治风波以后，第一种观点迅速抬头，逐渐发展，并开始影响整个社会思潮。

面对又一次历史转折，中国向何处去？社会主义向何处去？百年后向何处去？中国做出了自己的选择。

1992 年 1 月 18 日至 2 月 21 日，邓小平同志先后到武昌、深圳、珠海、上海等地视察，并发表了一系列重要讲话，统称"南方谈话"。邓小平南方谈话明确回答了长期困扰人们和束缚人们思想的许多重大认识问题，有力地冲破了"姓资姓社"的"牢笼"；在一系列重大的理论和实践问题上，提出了新观点，讲出了新思路，开创了新视野，有了重大新突破，将建设中国特色社会主义理论与实践大大地向前推进了一步。

邓小平指出："计划多一点还是市场多一点，不是社会主义与资本主义的本质区别。计划经济不等于社会主义，资本主义也有计划；市场经济不等于资本主义，社会主义也有市场。计划和市场都是经济手段。社会主义的本质,是解放生产力,发展生产力,消灭剥削,消除两极分化,最终达到共同富裕。"①这一论断不仅彻底破除了市场经济所带有的资本主义意识形态的束缚,而且进一步明确了经济体制改革的目标和方向。

南方谈话后,"社会主义市场经济"成为新的时代主题。随后召开的党的十四大正式把建立社会主义市场经济体制确立为我国经济体制改革的目标。并且,党的十四大明确提出:"社会主义的本质,是解放生产力,发展生产力,消灭剥削,消除两极分化,最终达到共同富裕。"

2. 可以堂堂正正地讲发展市场经济了

早在党的十一届三中全会上邓小平就提出:"现在我国的经济管理体制权力过于集中,应该有计划地大胆下放,否则不利于充分发挥国家、地方、企业和劳动者个人四个方面的积极性,也不利于实行现代化的经济管理和提高劳动生产率。应该让地方和企业、生产队有更多的经营管理的自主权。"②在逐步认识价值规律和实践推动的基础上,1982 年党的十二大提出"以计划经济为主、市场调节为辅",仍然强调计划经济为主,但承认了价值规律,提出了市场调节。1984 年,党的十二届三中全会提出"有计划的商品经济",到 1987 年党的十三大提出"国家调节市场,市场引导企业",直到 1992 年邓小平南方谈话提到"资本主义有计划""社会主义有市场",我们才明确提出改革方向是建立社会主义市场经济体制,才可以堂堂正正地讲发展市场经济。

---

① 邓小平文选:第 3 卷[M]. 北京:人民出版社,1993:373.
② 张树军.邓小平与中共十一届三中全会[J].百年潮,2018(12):5-25.

3. 兴冲冲地向省委主要领导汇报

1992年初的一天，一位深圳的同事给我打电话，告诉我邓小平同志在深圳视察！我一听，大脑马上极度兴奋起来。我赶紧去找时任海南省委书记，建议省委马上召开常委会，提前研究如何贯彻邓小平同志重要谈话精神。第二天，省委书记召开了常委会，并且让我做了一个汇报。为了这个汇报，前一天下午我和同事一直加班准备到凌晨。

不久后，《深圳特区报》率先刊发了长篇通讯《东方风来满眼春——邓小平同志在深圳纪实》。2月28日，中共中央以2号文件下发《关于传达学习邓小平同志重要谈话的通知》。一时间，邓小平同志南方谈话的消息如一股春风传遍了大街小巷，一首《春天的故事》成为人人传唱歌颂改革开放的代表曲。

4. 做向市场经济过渡的促进派

1992年，我发表了《中国市场经济的确立》一文，在文章中讲出了自己的体悟："中国特色社会主义市场经济的确立，是实践的突破、理论的突破。从以计划经济为主、市场调节为辅，到社会主义有计划的商品经济，再到社会主义市场经济，这个过程反映了我国改革实践的历史过程，是改革推动实践的结果。同时，中国特色社会主义市场经济的确立，也是对科学社会主义理论的重大突破和贡献。社会主义能够而且完全可以与市场经济相结合，处于社会主义初级阶段的中国，依靠市场经济，推动经济的高速增长，这是中国的伟大实践，这是中国改革实践作出的重大理论贡献。"①

社会主义也有市场经济，这在当时看来是前无古人的重大突破。1993年，英国前首相撒切尔夫人访华，但是她始终对刚刚确立的社会主义市场经济这个概念抱有疑问：社会主义怎么能够搞市场经济呢？所以她见了领导人就问。国务院的一位领导同志最后讲："我给你打一个比方，中国人吃饭过去是用筷子，西方人吃饭用刀叉，现在我们右边放筷子，左边放刀叉。吃面条的时候，可能我们就用筷子；吃牛排的时候，我们可能就用刀叉。什么有效率，什么有利于生产发展，我们就用哪一种工具，我们把计划和市场都作为工具来看待。"

那个年代，市场经济取向的改革使全社会信心大增，备受鼓舞。我在《新世纪》周刊发表了系列评论，提出了以下观点。

一是"做向市场经济过渡的促进派"。确立市场经济，使我们可以放心大胆地在改革中解决问题。党的十四届三中全会《中共中央关于建立社会主义市场经济体制若干问题的决定》出台的关于金融体制、财税体制、外贸外汇体制、计划体制、投资体制等方面的重大改革方案，都是中国向市场经济过渡的宏观改革措施。改革的步子之大，是前所未有的。问题在于，我们应当把握判断是非的标准，把握改革的大方向，中国不搞改革不行，搞改革不以建立社会主义市场经济体制为目标也不行。

二是"不能用计划经济的脑筋指挥市场经济"。我们搞了几十年的计划经济，对计划经济很熟悉。当明确宣布由计划经济转向市场经济时，人们的传统观念和传统方法还一时跟不上这个转

---

① 迟福林. 中国市场经济的确立[J]. 新世纪,1992(10):2.

变,往往自觉或不自觉地用计划经济的脑筋去指挥市场经济。这是当时市场经济实践中一个很突出的问题。

三是"在发展市场经济中解决问题"。我们常讲,经济是决定的力量,经济是基础。在中国,发展经济就是发展市场经济。市场经济发展了,中国才会创造出以往没有的经济发展速度。不管遇到什么问题,都要极力维护这个大局,既不要动摇它,也不要影响它;只能服从它、服务它。尤其是我国刚刚迈开发展社会主义市场经济的步子,人们对发展市场经济还有一个认识和理解的问题。

(四)历史突破:从基础性作用到决定性作用

1. 哪里的市场经济发展快,哪里的人民生活改善就明显

1986 年 10 月,我还在中央党校读书时,接到中央通知,调我到中央政治体制改革研讨小组办公室做改革研究工作。在随后一年半的时间里,我们紧紧围绕邓小平改革思想开展研究。从那个时候开始,我开始思考如何从经济体制改革的需求出发,有步骤地改革党和国家领导体制。

1987 年,我在《中国社会科学》1988 年第 1 期发表硕士毕业论文《试论我国社会主义初级阶段的民主政治建设》。在文中,我就社会主义初级阶段民主政治建设的几个问题展开论述,并且提出"民主政治的发展有赖于改变不适应生产力发展的高度集权的经济管理模式,建立新的经济体制"。我理解,30 多年的实践检验,证明计划经济体制不是有利于而是阻碍了生产力的发展。这就要求按照生产关系必须适应生产力发展要求的历史唯物主义原理,改革计划经济体制,建立符合经济发展要求的新体制。正

如改革开放总设计师邓小平同志所讲,"不坚持社会主义,不改革开放,不发展经济,不改善人民生活,只能是死路一条"①。

> **专栏 1.4:　改革是中国的第二次革命**
>
> 　　1985 年 3 月 28 日,邓小平在会见日本自由民主党副总裁二阶堂进时阐述道:"现在我们正在做的改革这件事是够大胆的。但是,如果我们不这样做,前进就困难了。改革是中国的第二次革命。这是一件很重要的必须做的事,尽管是有风险的事。"②

　　回顾社会主义实践的历史,人们对社会主义的认识往往同对市场的认识相联系。社会主义需要市场,是对社会主义再认识的重要标志。为什么计划经济不适应生产力发展? 为什么我国选择了社会主义市场经济? 发展社会主义市场经济是和彻底改革传统计划经济旧体制紧密联系在一起的。党的十一届三中全会以来的实践一再证明,哪里的体制搞得好,哪里的市场经济就发展得快,哪里的人民生活就会明显改善。

2. 明确提出发挥市场的基础性作用

　　1992 年,党的十四大报告首次提出,我们要建立的社会主义市场经济体制,就是要使市场在社会主义国家宏观调控下对资源配置起基础性作用。随后,国家政策在市场对资源配置发挥"基础性作用"的表述方面不断推进、不断深入。

　　1993 年,党的十四届三中全会通过的《中共中央关于建立社

---

① 邓小平文选:第 3 卷[M]. 北京:人民出版社,1993:370.
② 邓小平文选:第 3 卷[M]. 北京:人民出版社,1993:113.

会主义市场经济体制若干问题的决定》再次明确提出,建立社会
主义市场经济体制,就是要使市场在国家宏观调控下对资源配置
起基础性作用;1997 年,党的十五大报告提出进一步发挥市场对
资源配置的基础性作用;2003 年,党的十六届三中全会通过《中共
中央关于完善社会主义市场经济体制若干问题的决定》,深刻分
析了新阶段我国经济体制改革面临的形势和任务,明确了完善社
会主义市场经济体制的目标、任务、指导思想和原则,明确提出
"更大程度地发挥市场在资源配置中的基础性作用";2007 年,党
的十七大报告提出,从制度上更好发挥市场在资源配置中的基础
性作用;2012 年,党的十八大报告再次强调,要加快完善社会主义
市场经济体制,更大程度更广范围发挥市场在资源配置中的基础
性作用。

3. 决定性作用提出是历史性突破

2013 年,党的十八届三中全会审议通过了《中共中央关于全
面深化改革若干重大问题的决定》(简称《决定》)。《决定》明确提
出,"经济体制改革是全面深化改革的重点,核心问题是处理好政
府和市场的关系,使市场在资源配置中起决定性作用和更好发挥
政府作用"。这是我国在计划和市场关系方面的又一次历史性突
破。《决定》指出,"市场决定资源配置是市场经济的一般规律,健
全社会主义市场经济体制必须遵循这条规律,着力解决市场体系
不完善、政府干预过多和监管不到位问题","必须积极稳妥从广
度和深度上推进市场化改革"。

4. 市场决定资源配置没有例外

党的十八届三中全会后,有一次,媒体就"基础性"到"决定性"

作用采访我。我说，从"基础性"到"决定性"虽然只是两字之差，却是承继、发展市场经济体制的重要突破。"基础性"作用的提法，曾起到重要的历史作用。它打破了平均主义的藩篱，才使得改革能够赢得更为广泛的社会支持，才使得改革形成社会合力。

党的十八届三中全会公报发布的当晚，央视主持人白岩松邀请我和李扬做客《新闻1＋1》直播。我说："看到公报我很高兴，因为公报有一句话，要紧紧围绕市场在资源配置中的决定性作用，这就给了两个信号：第一个信号，我们坚定市场化改革的方向，凡是市场能做的事情，交给市场。第二个信号，政府职能转变的方向，不该政府管的，不应该政府管，我们要改变政府主导型增长方式，经济生活领域实行在市场主导下政府发挥有效作用。这是市场化改革的一个重大突破。"我还记得，当天有个官员跟我说，他听了这句话以后知道了，"今后不该政府部门管的事情，要赶快交给市场了"。

在党的十八届三中全会公报出台后，各地改革浪潮不断高涨。但也有不同的声音。大概在2013年12月，我在北京参加一个高层次的研讨会。会上有位专家提出，市场决定是有边界的，比如土地就不能由市场决定。在会上，我就直接亮明我的观点。我说，市场决定在经济生活领域应当是没有例外的。比如，国有资本配置、农村土地资源以及文化产业资源等能不能由市场决定？以土地为例，农村土地资源配置具有特殊性，但建立城乡统一的土地市场，目的就是让市场在农村土地资源配置中发挥决定性作用。因此，要在严格规划管制和用途限制的前提下，使市场在农村土地资源配置中发挥"决定性"作用。

　　回过头来看，我国经济体制改革是一个不断深化的渐进过程，对市场经济的认识是逐渐解放思想的过程，社会主义市场经济体制建设也是伴随着实践深入而认识不断提高的过程。中国改革开放的历史是政府和市场作用不断磨合的历史，是政府和市场力量共同作用的历史；与此同时也是市场从建立到不断完善的一个历史，更是政府不断转型而且在转型的过程中更有效发挥作用的历史。

　　总的来说，党的十八届三中全会公报公布之后，我们搞改革研究的人感到一种精神上的释放。充分发挥市场在资源配置中的决定性作用和更好发挥政府作用，我认为这是带有历史性的重大突破。

二、社会主义市场经济建设的探索

　　社会主义市场经济提出来之后，得到了各方面的高度认可。"计划经济≠社会主义""市场经济≠资本主义"这两个不等式，打破了人们思想中的禁锢。但是，如何建设社会主义市场经济，如何发展社会主义市场经济，还有一个艰辛的探索过程。这里，我不禁回忆起那个年代几个亲身经历的故事。

（一）海南省第一次党代会报告率先提出"市场经济"

1. 从北京前往海南筹备建省办经济特区

　　1987年底，我从中央机关下派海南，受第一任海南省委书记许士杰的邀请，参与筹建省办全国最大的经济特区。当年，邓小平同志讲过，"海南好好发展起来是很了不起的"。海南和台湾是我国的两大宝岛，地理条件相似，把海南好好发展起来，就是为了使社会主义制度更彰显优越性。我想，搞改革的必须到地方改革实践中磨炼自己，更好感悟实际。海南是一张白纸，可以绘就一幅改革开放的画卷。

海南建省办经济特区，是我国改革开放的时代产物。海南经济特区一建立，就被推上了改革开放的最前沿，发挥着改革开放排头兵和试验田的作用。可以说，海南 30 多年改革开放历程也是我国改革开放 40 多年的一个缩影。1988 年建省之前，海南是一个封闭半封闭的国防前哨，而且经济发展比较落后。在扩大开放、把"大门打开"的同时，能不能通过体制创新，尽快把"市场搞活"，激发市场活力，培育市场主体？国务院 1988 年 24 号文件指出："海南省的改革可以有更大的灵活性。"在中央的支持下，海南建省办经济特区的短短几年时间里，海南经济特区进行了一系列改革开放的积极探索，开展了多项在全国产生较大影响的"率先"举措，有几项改革曾走在全国前列。回过头来看，海南经济特区率先进行的实行社会主义市场经济的改革，既符合发展社会主义市场经济的一般要求，而且率先做出了有益的探索。

2. 省第一次党代会报告提出"社会主义市场经济"

1988 年 9 月 1—5 日，中国共产党海南省第一次代表大会举行。会上，许士杰书记做了以"放胆发展生产力　开创海南特区建设的新局面"为主题的报告，引起了广泛关注。

说到这份党代会报告，刚开始是以省委办公厅为主起草的。但离开会还有不到一个月的时间，许书记拿到省委办公厅起草的报告初稿后很不满意。于是，他找到我，提出给我一周左右的时间重新起草报告。随后，为了起草报告我和几位同事吃住在一起，记得那时候我每晚只睡不到 3 个小时。3 天后，我把报告初稿交给许书记,他看后很满意。这件事我至今记忆犹新。

从当时的实际情况来看,海南省第一次党代会报告中的一些提法在全国还是领先的。报告中率先提出"实行在宏观指导下的社会主义市场经济的新型经济体制";并明确提出,"建设大特区就是要实行市场经济,自觉发挥价值规律的调节作用。一切经济活动都必须符合市场经济的规律。要做到这一点,需要我们转变思想观念,改变产品经济的传统习惯做法。必须通过各种有效的工作,使广大干部群众的思想观念同发展市场经济相适应,增强自身的承受能力"。

该报告还提出,"制定和实行更加开放的经济政策,重点要研究和制定有利于境外人员、外汇、货物进出自由的各项具体政策。我们的政策'特'不'特',重要的是取决于'三个自由'的开放程度。只有对外更开放、更自由,才能真正有利于吸引外资。实行'三个自由'的开放政策,切实按国际惯例办事,关键是要创造条件建立海南第二关税区。现在就要抓紧研究有关第二关税区的各项具体政策。这些政策应该是对外更开放、更自由,又有利于发展内联的政策"。这是海南省第一次正式提出关于建立"第二关税区"的主张,引起了国内外广泛关注。

(二)召开全国第一个市场经济理论研讨会

1. 率先对社会主义市场经济进行系统研究

邓小平南方谈话后,中改院率先对社会主义市场经济理论进行系统研究,举办了"中国市场经济理论与现实国际研讨会",群英荟萃;在企业改革方面,举办了全国体改系统股份制实践研讨班,被称为股份制改革的"黄埔军校";在社会保障制度方面,完成了"中国社会保障制度改革的基本思路"，还组织了 3 次高层次的研讨会和培训班；等等。

2. 召开"中国市场经济理论与现实国际研讨会"

这里值得一提的，是举办"中国市场经济理论与现实国际研讨会"。党的十四届三中全会提出"支持留学，鼓励回国，来去自由"的留学工作总方针。落实中央提出的吸引留学生回国做贡献的精神，对于促进建立社会主义市场经济体制、加快改革开放步伐具有重要意义。

1993 年 2 月 15 日，中改院向国家体改委致函，就即将召开的"中国市场经济理论与现实国际研讨会"正式请示，并很快得到批准。

这是一次具有历史意义的研讨会。7 月 1—3 日，筹备多时、备受海内外广泛关注的"中国市场经济理论与现实国际研讨会"正式召开。这次研讨会由中改院与中国留美经济学会、中国留英经济学会共同举办。来自中国、美国、英国、澳大利亚、新加坡等国家，以及世界银行、国际货币基金组织、亚洲开发银行等国际组织的 130 多位专家学者，从不同背景和角度研讨了中国走向市场经济的基本问题。

这次研讨会有以下几个特点：一是出席会议的代表来自不同的背景及专业领域，大都是在各学科尤其是经济理论、经济改革方面享有盛誉的专家学者；二是会议议题具有相当的深度和难度，涉及的都是中国走向市场经济进程中紧迫、复杂而又重要的问题；三是研讨会气氛热烈，大家互相争论，大胆发表自己的学术观点，并提出某些政策性建议。

例如,国家体改委副主任高尚全提出,中国经济体制改革的基本经验是市场取向、渐进方式;中央党校教授王珏提出要加快从传统计划经济向现代市场经济的转化;国家体改委宏观调控体制司司长楼继伟提出关注货币、改善调控的总需求管理类体制若干问题;中国银行副行长周小川提出社会主义改革的最小的一揽子计划及顺序;国家计委经济研究中心研究员郭树清提出发展中国的宏观经济管理;中国社科院樊纲提出了改革以来中国宏观经济三次波动的研究;中国社科院董辅礽就社会主义市场经济在我国能否正常、有效地运作做了发言;国家税务总局许善达、马林提出中国的市场经济与税制改革;美国经济学家杰弗里·萨克斯提出了中国走向市场经济进程中的宏观改革;澳大利亚莫纳什大学经济学教授杨小凯提出了产权理论与中国的改革,一个有效的保护私人财产的法律制度是中国改革成功的关键。当时,我的发言题目是"国有资产市场化:奠定中国特色社会主义市场经济的微观基础"。

大家认为,中国走向市场经济的基本问题有三个方面:一是如何转变传统的国家直接微观控制体制宏观间接调控体制,建立健全有效的、适应市场经济发展的宏观调控体制;二是怎样完善和发展市场体系,特别是促进生产要素市场的形成和完善;三是如何建立社会主义市场经济的微观基础,着力解决国有企业的产权问题以及民营经济发展等。

（三）出版第一套市场经济丛书

1. 编撰"走向市场经济的中国"丛书

1993 年开始,中改院组织编撰并陆续出版了"走向市场经济的中国"这样一套 10 本中英文丛书。这套丛书较为系统地研究和探讨了中国走向市场经济的重大理论与现实问题,如金融体制改革、社会保障制度改革、国有企业改革、农村经济改革、证券市场的兴起与发展、宏观调控、经济特区等,提出"把国有资产推向市场""公有制实现形式"等重大理论和改革思路。在这套书的序言中,有这样一段话:"中国,正在走向市场经济。1992 年,邓小平南方谈话,吹响中国向市场经济进军的号角,掀起中国新一轮改革开放的热潮。党的十四大召开,确立了社会主义市场经济目标。这是十几年改革实践的伟大总结,这是历史性的突破和飞跃,这是一个新的里程碑,它昭示着中国从此进入一个新阶段,沿着改革开放的道路坚定走下去,勇敢探索,开拓创造。"

从 1993 年起,这项出版工程持续到了 1996 年。从初期的海南出版社,到后来的中国经济出版社,再到后来外文出版社的加入并翻译成英文版对外发行。1994 年 6 月 24 日,《人民日报》还对丛书做了报道。这 10 本书分别是:《决定性的转折——中国经济转轨中的国有企业改革》《增长的活力——中国民私营经济的兴起与发展》《历史新起点——中国走向市场经济的理论与现实》《迈向新体制——中国经济转轨中若干改革问题研究》《持续的增长——中国经济快速发展与抑制通货膨胀》《稳定的基础——中国新型社会保障制度的建立》《新兴的市场——中国证券市场的兴起与发展》《再上新台阶——中国转型时期农村经济改革与发展》《关键的一步——中国金融体制改革的目标》《增创新优势——中国经济特区的进一步发展》。

2. 我国入世谈判者的重要参考材料

这套 10 本中英文丛书,成为 20 世纪 90 年代市场经济的启蒙

读物,在 WTO 谈判中起到了重要的参考作用。时任中国加入
WTO 首席谈判代表龙永图说:"我们在入世谈判时,这套丛书就
是谈判人员的普及读本,从市场经济的 ABC 说起。"

1994 年,我作为由国家计委主任陈锦华率领的中国政府代表
团成员,出访卢森堡、比利时、瑞士,并出席在瑞士召开的世界经
济论坛。这套"走向市场经济的中国"丛书(英文版)在世界经济
论坛上展出,是中国在此次论坛上展出的唯一出版物。2022 年是
外文出版社成立 70 周年,在成果展中将其作为重要的历史出版
读物展出,成为记载 20 世纪 90 年代中国市场经济研究的一个小
小历史缩影。

有一次,应欧共体官员佩普先生邀请,我在比利时欧洲委员
会未来研究部做了关于中国走向社会主义市场经济的专题演讲。
没有想到西方官员对中国特色社会主义市场经济如此关注。
1994 年 5 月 6 日,我在德国技术合作公司总部接受了德国《法兰
克福汇报》记者英格·格菲尔的专访。5 月 24 日,《法兰克福汇
报》以"中国的研究者寻求第三条道路——为'社会主义市场经
济'从德国了解基本情况"为标题,报道了中改院德国项目考察团
活动情况和这次专访。报道中说,中国人一向欣赏德国出产的机
器,然而现在这位巨人的政治家和科学家不再只对德国的传统出
口产品感兴趣,而是同样希望研究德国经济和社会政策的特征。

三、构建社会主义市场经济体制的"四梁八柱"

面对从计划经济向社会主义市场经济转轨的重大使命,我在

相当长的时期内把主要精力投身到这一进程中，不仅为相关部委提交重要的改革建议，而且立足海南开展相关的实际操作。

（一）率先全面放开价格，形成供求决定的价格形成机制

价格由市场决定的机制，是建立良好市场环境的一个首要条件。海南从建省办经济特区开始，就非常注重培育和发展各类商品市场和生产要素市场。我在主持省委政策研究室和省体改办工作的时候，就把价格改革放在突出位置。这一方面是海南建省办经济特区的内在要求；另一方面也可以为全国改革做试点，积累经验。

海南建省办经济特区的最初几年，就率先推进了主要生产资料及粮食价格改革。除国家个别控制的生产资料外，所有能放开的生活资料和生产资料的价格都基本放开。1992 年实行 19 种生产资料价格"并轨"，在中国较早地进行了破除价格双轨制的改革，基本形成商品价格市场化的格局。与此同时，1991 年改革粮食购销体制，基本放开了粮食价格。

> **专栏 1.5： 价格双轨制**
>
> 价格双轨制是指中国经济体制向市场经济过渡中的一种特殊的价格管理制度。从 1981 年开始，国家允许在完成计划的前提下企业自销部分产品，其价格由市场决定。这样就产生了同种商品国家统一定价和市场调节价并存的价格管理制度。

随着价格的放开，商品市场和各类要素市场日益活跃，给岛屿经济注入了强劲的动力。1988 年至 1990 年，每年有上万家企业来海南注册。

1. 放开粮食价格

"民以食为天。"粮食价格改革牵一发而动全身，不仅涉及相关方面的体制改革，而且牵动千家万户。能不能改？敢不敢改？这是海南市场化改革的一大难题。1989 年 1 月，海南省委、省政府专门成立了由省委副书记姚文绪为组长、我为副组长的粮食购销价格改革领导小组，并由省体改办牵头，组成一个由省财税厅、粮食局、物价局等有关部门共同参与的粮改研究小组。根据主要领导的指示，我们从 6 月开始组织力量，就海南省粮油购销体制改革进行调查研究，先后到省财税、粮食、物价等有关部门以及琼海、临高、儋县（今儋州市）等地做深入调研，并赴深圳等市考察。在此基础上，经过反复认真研究，并征求省财税、粮食、物价、省政府社会经济发展研究中心等部门的意见，我和我的同事共同起草并向省委提交了《我省粮油购销体制改革方案》，这一方案对后来比较顺利地进行粮价改革起到了很好的作用。此后，我们形成《关于海南放开粮食价格，改革粮食购销体制的报告》，1991 年 5 月 1 日正式出台，全面放开粮食价格，改革粮食购销体制。

粮价改革全面推开后，市场反应比较平稳，全省粮食供应正常，粮食价格稳定，与粮食有关的副食品和农产品的价格也稳定，没有出现因为粮食价格改革而产生波动的问题。从操作的实践看，尽管是以购销同价起步，但实际上逐步接近了放开粮价。事实上，这样做的效果很好。记得 1991 年 5 月 1 日一大早，我陪同海南省委副书记到市场去看，发现质量好一些的大米价格略有上升，质量一般的大米价格还略有下降，但是总体平稳。

2. 生产资料价格的全面放开

1989 年 5 月，我主持省体改办形成了《建议我省计划内生产资料一律实行市场价格供应》报告。报告的核心思想是改革生产资料价格"双轨制"，计划内生产资料一律实行市场价格供应，按照"计划内物资公开性原则"将计划内生产资料的数量、价格、计划安排等公之于众，接受群众监督。为了加快推进这项改革，1990 年 11 月，我和省体改办的同事经过 1 个月左右的调查研究，提出了《关于放开生产资料价格 建立健全生产资料市场的初步方案》，建议 1991 年初对钢材、水泥、煤炭、重油、铜、铝、铅、锌、锡、硫酸、烧碱、纯碱、橡胶、焦炭、钢材、铝材、生铁、汽车和成品油等 19 种主要生产资料价格采取一步到位的办法，价格全部放开。同时，建立生产资料基金，主要用于 19 种主要生产资料价格放开后，计划内外差价补贴。之后，省体改办形成《关于改革我省生产资料价格体制，建立健全生产资料市场的实施意见》。1991 年 11 月，省体改办根据省政府办公会的会议精神，修改实施意见后上报省政府。

在这项改革中，各方有不同看法的是生产资料价格改革要不要放开成品油、化肥价格。

当年成品油的计划价与市场价差额为 9600 元/吨，占 19 种生产资料差价额的 83%，有人担心放开价格后会给用油单位造成较大经济负担。我们建议针对成品油的不同用途，实施不同的放开措施，以尽量避免给用油单位造成较大负担。

化肥价格要不要放开？当时我们建议暂时不放开化肥价格，主要理由是：一是计划分配比例大。1990 年国家计划分配 31.1

万吨,占海南省实际消费量 48.6 万吨的 64％。二是差价大。市场价(1039 元/吨)与国家计划价(570 元/吨)相差近一半,每吨差价 469 元,总差价额高达 14586 万元,比上述 19 种(不包括汽车)生产资料差价额还高出 25％。三是化肥价格影响到粮食等国计民生问题。从 1991 年初起,海南省放开粮价,以理顺粮食价格,调动农民种粮积极性,在这个基础上再逐步理顺化肥价格。

3. 完善和发展生产资料市场

放开生产资料价格的同时,还需要完善生产资料市场,充分发挥市场在资源配置中的重要作用。所以,在生产资料价格放开的同时,要充分运用经济手段、法律手段和必要的行政手段来加强市场的管理,这是完善和发展生产资料市场的关键所在。我主持的省体改办在研究主要生产资料价格改革的时候,提出要按照国务院〔1988〕24 号文件关于"国家调节市场、市场引导企业"的要求,建立和健全海南省生产资料市场。

当时,我们的想法是:

第一,建立由省政府主管领导负责、各有关部门为成员的生产资料市场管理机构。对生产资料价格改革进行统一领导,对生产资料市场的开发进行总体规划,对市场运行机制进行监督、管理与协调。

第二,打破条块分割,分类开发市场。对 16 种主要生产资料中属于国家指定专营的物资,在省物资局下属各专营分公司的基础上组建专营市场;对于非专营物资市场,由生产资料市场管理部门按照生产资料资源分布状况进行组织和协调,鼓励各种类型的物资企业积极参与市场开发建设;在五大经济区的港口设立生产资料市场,突破行政区划的界限,改变传统条块分割的供应办法,按照经济合理和物资合理流向的原则,搞活经济区的物资供销;分类开发生产资料市场,增强市场透明度,严禁行业垄断和干扰市场正常交易秩序。

第三,发展多种物资贸易形式。以海口、三亚等中心城市为依托,以大中型国有物资企业为骨干,积极组建大型的综合性生产资料交易中心;发展以现有物资网点为格局的小批量、多层次的定点定量贸易;利用海南省优惠政策,积极发展地区间易货贸易,鼓励内联企业组织主要生产资料进入本省市场,增加有效供给;推动物资储运、加工服务、回收利用、设备租赁等业务发展,活跃物资流通。

第四,积极开发保税生产资料市场,以发展外向型经济服务。政府要尽快组织有关部门制定保税生产资料市场的实施方案,与生产资料市场统一开发、配套推出。

(二)率先进行企业股份制改革

1. 海南股份制改革为全国试点

20 世纪 80 年代至 90 年代,股份制改革是我国一项重要的改革。在当时,也是争论最大的一项改革。回过头来看,全国股份制改革正是得益于地方的实践探索与突破。

建省之初,海南的企业规模都比较小,发展水平不高,大部分企业处于亏损状态。如何尽快培育起一批与大特区开放发展相适应的企业,成为当时海南改革发展面临的重大课题。如何培育发展各类市场主体,成为当时海南改革发展面临的突出矛盾。正是在这个背景下,1991 年海南率先推进全民所有制企业股份制改革试点,用几年的时间基本形成了以股份制为主体的企业结构,对海南的发展起到了重要的支撑作用。

从实践看,海南的股份制改革尽管存在这样或那样的问题,但总体来说是成功的,对海南市场经济发展起到了重要作用。一是通过股份制改革,使得一批市场主体得以培育和壮大。二是为深化国企改革找到一条出路。当时,海南国有商业企业亏损面达80％之多,不改革就是死路一条。而且,国企改革中还有"大块头"的农垦,多年以后农垦也被迫走上股份制改革之路。三是通过股份制改革加快建立市场机制,促进市场机制的发育,使所有企业能够在市场上平等竞争、优胜劣汰。

在国家体改委的支持下,海南的股份制改革在全国创下了多个"第一":国内第一家民营上市公司是海南新能源股份有限公司;国内第一家股份制航空公司是海南航空股份有限公司;在1992年至1993年上半年,深圳异地上市公司只有9家,海南就占了4家;北京法人股交易系统中开始只有10家,海南就有5家。可以说,股份制改革曾在海南经济发展起步阶段发挥了重要作用,对推动全国股份制改革也起到了积极的探索促进作用。

2. 主持股份制改革办公室工作

1990年12月,由我为主要负责人的省体改办向省委、省政府提交了《建议加快海南股份制改革试点的报告》(琼研字〔1990〕33号),报告提出五条建议:一是要尽快成立一个由省政府主管领导牵头、相关部门负责同志参加的股份制改革联审领导小组;二是要尽快颁发股份制改革试点意见,省体改办当时提交了《关于我省进行股份制改革试点的若干意见》;三是分步推进股份制试点,可先进行股份制改革试点；四是进一步完善试行股份制的基本规则；五是要对现有的股份制企业进行清理和认证。

1991年4月5日，海南省股份制试点领导小组及其工作机构——联审办公室成立，领导小组全面负责全省股份制改革工作的统一领导和规划，以及对企业股份制改革的联审工作。领导小组确立后，海南省开始进行规范化的股份制改革试点，先后批准设立了5家股份制有限公司，股本总额为4.54亿股。1992年，股份制改革试点工作全面铺开。同年3月，省体改办提出了《关于加强海南股份制改革试点工作的几点意见》，提出尽快推开和完善企业内部职工持股的股份制试点，积极推进法人持股的股份制试点，积极稳妥地搞好向社会公开发行股票的试点等。4月9日，省体改办提出《关于海南向社会公开发行股票的意见》，吸引了许多企业纷纷申报股份制试点，还有内地股份制企业来海南设立分公司。截至1992年12月31日，全省有86家企业申报股份制试点，当年已批改制的20家企业普遍经营业绩良好。

3. 支持椰树集团改革发展

椰树集团的前身是海口罐头厂。我多次陪海南省委书记去海口罐头厂调研，对这个企业有比较深的了解。一开始，它就是一个小作坊式的工厂，并且国营企业的矛盾还相当突出。1986年1月，王光兴出任海口罐头厂厂长，从此开始了以"破三铁"为核心的分配制度、人事制度和用工制度改革，实行"分灶吃饭""三包六放权"，企业逐年减亏。经过7年的连续亏损后，1988年海口罐头厂第一次扭亏为盈，摆脱了困境。所以，当时我认为组建天然椰子汁饮料企业集团既十分必要，也具备现实条件。在报告中，我们提出了《组建天然椰子汁饮料企业集团的主要方案》，并对涉及的几个重要问题提出了具体建议。

支持椰树集团搞员工持股。1992 年，省体改办提出了要设立 20％的内部职工股的做法。对于这一提法，有人担心这是不是在搞私有化，是不是侵占国有资产。我向省里主要领导汇报说，职工自己拿钱买企业的股票、支持企业建设，怎么是私有化？与其说是"化公为私"，用"化私为公"概括可能还更客观。这是因为，设立内部职工股能够提高职工对企业的信心，充分调动职工的工作积极性，有利于搞活企业。省委、省政府认为，应当支持椰树集团实行员工持股，这样有利于把企业做强、做大，有利于调动所有员工的积极性。尽管如此，在争论了七八年后，直到 2000 年前后椰树集团才正式开始实行员工持股。

4.5 家股份制企业申报异地上市

1992 年 6 月 9 日，省政府办公厅印发《关于调整省股份制试点领导小组及明确其职责的通知》，对省股份制试点领导小组组成人员进行了重新调整，由省长刘剑锋担任组长，常务副省长鲍克明和我担任副组长，同时领导小组办公室设在省体改办，由我兼任领导小组办公室主任。6 月 13 日，刘剑锋省长签发了《海南省人民政府关于我省股份制试点情况的报告》，要求进一步规范海南的股份制试点工作，做好股票异地上市的工作。6 月 16 日，省体改办提交了《关于我省 5 家股份制企业申报异地上市的报告》，后来海南 5 家股份制企业陆续在深圳上市；省人代会又颁布了地方立法《海南经济特区股份有限公司条例》。10 月，省股份制试点领导小组办公室制定了《海南省定向募集型股份有限公司股权证发行管理暂行办法》。由此,海南成为当时在全国范围内对职工股权证实行统一托管的唯一省份。

5. 举办股份制改革人才培养的"黄埔一期""黄埔二期"

1992年5月7—21日,全国体改系统第一次规模较大的股份制实践研讨班在中改院举行。国家体改委副主任高尚全,海南省省长刘剑锋和常务副省长鲍克明,国家体改委委员傅丰祥、孙效良和生产体制司司长孙树义、宏观司副司长许美征等为研讨班做了重要讲话和授课。来自国家体改委有关方面的负责同志和中央党校、北京大学、中国证券市场研究设计中心等单位的专家学者王珏、萧灼基、李小雪等为学员授课。学员来自全国各地的省、自治区、直辖市、计划单列城市和股份制试点企业,有140多人。

当时,股份制实践研讨班的主题集中在三个方面:一是学习和讨论了我国股份制改革实践中的若干重大理论问题;二是广泛交流和讨论了全国各地股份制改革试点的情况和经验,提出了股份制实践中的若干问题及建议;三是学习和讨论了全国各地股份制改革的法规、法则和有关政策以及股份制经济运作方面的专业技术知识。

研讨班气氛热烈,学员们畅所欲言、各抒己见,大家普遍认为,在加快市场化改革的背景下,国家体改委和中改院联合举办这样大型的培训活动,具有很强的针对性和现实意义,它将对全国股份制改革实践产生积极的影响。同时,在我国最大的经济特区举办股份制研讨班,对于宣传海南、促进海南改革开放和股份制改革实践也具有重要意义。

第二章
为什么"赋予农民长期而有保障的土地使用权"是农村改革的重大决策?
——从建议被中央全会决议采纳说起

我们这一代人经历过食品短缺时代,小时候挨饿、吃不饱饭是常事,因此这40多年,我十分关注农村改革。记得1990年中改院筹备建院之初,就成立了农村改革研讨小组,现任全国人大农业与农村委员会主任委员的陈锡文就是这个小组的主要成员。中改院成立后,我经常带队到农村调研。

　　一次,我问年轻的同事:"农村改革的主线是什么?"有的并不了解土地问题始终是农村改革的主线。20世纪90年代,中改院不断就农村土地问题向中央建言。例如,1995年提出《关于深化农村经济改革的建议(60条)》;1998年提出的《赋予农民长期而有保障的土地使用权(18条建议)》就是重要的建议之一。当时,主管中央农村改革的领导看了以后,批示要把这句话一字不改地写到中央文件中。就这样,1998年10月,在农村改革20周年之际,党的十五届三中全会通过的《中共中央关于农业和农村工作若干重大问题的决定》原文采纳了"赋予农民长期而有保障的土地使用权"这一建议,把我国农村土地承包制的政策又向前推进了一大步。

我记得,当听到《中共中央关于农业和农村工作若干重大问题的决定》公布后,全院同事都感到十分喜悦。直到今天,这也是我在改革研究中感到最有成就的一件事情。1999 年 9 月,中宣部授予这篇论文"精神文明建设'五个一工程'"奖。

一、被"逼"出来的农村改革

改革开放之初,我国 80% 的人口是农业人口,但是农业凋敝,农民吃不饱饭是常有的事。我的记忆中,有一个总不变样的事,就是几乎天天吃土豆,由于没有油,土豆只能煮着吃或烤着吃。直到今天,一看到大土豆,我仍然难以下咽。记得那个年代,我肚子饿得实在受不了,就爬上树采榆树钱儿吃,有时候不小心连虫子都一块儿吃下去。

1970 年春,部队派我到农村"支农"。我看到很多农民真的很苦,饭菜里难得见一丁点儿油水。我一天三顿饭,要到农民家轮流去吃,有的人家即便给我准备了面、带油水的饭菜,根据纪律规定也不能吃。不得已,周末赶回部队去改善伙食。即便如此,3 个月"支农"下来,我还是瘦了 20 来斤。

更令我印象深刻的是在传统体制下农民"出工不出力"的现象。农民为了赚工分养家糊口,敲钟上工。当时有句顺口溜是"一天八分工,干活磨蹭蹭",我很疑惑,为什么会这样?

邓小平同志讲:中国的改革是从农村开始的①。习近平总书

---

① 1992 年,邓小平在深圳、珠海视察时的讲话。原话为:中国改革从农村开始,农村改革从安徽开始,万里同志是立了功的。

第二章 为什么"赋予农民长期而有保障的土地使用权"是农村改革的重大决策？

记讲：农村改革是从调整农民与土地的关系开启的①。40 多年来，处理好农民与土地的关系一直是我国农村改革的核心。改革从农村突破，归根到底是按照生产力发展要求和农民意愿，不断地解决农民与土地的关系问题。从具体实践来看，农村改革打破了集体土地只能由集体统一经营的僵化认识和体制。从这以后，我国农村改革的历程开启了。

（一）从《大决战》中的土地证说起

2021 年播出的《大决战》，讲述了辽沈战役、淮海战役、平津战役三大战役的故事。青年焦裕禄借粮的一个细节令我印象深刻。他说："解放军不是替咱们做主，是让咱们都翻身，自己做自己的主。这是共产党给我分的土地证。村长，如果你肯借粮食，我就把土地证押给您。"陈毅元帅说："淮海战役的胜利，是人民群众用小车推出来的。"

"打土豪、分田地"，中国共产党历史上第一次解决了农民的土地问题。新中国成立后，1950 年中央人民政府公布施行《土地改革法》，全国约 3 亿无地、少地的农民无偿获得约 7 亿亩的土地，免除了过去每年向地主缴纳 3000 万吨以上粮食的地租。土地改革后，出现了农业粮食生产的第一次高潮。1950 年到 1952 年，我国累计出口粮食 101.8 亿斤，激发了广大农民的生产积极性，促进了农业迅速恢复和发展，为新中国的工业化创造了重要条件。

1958 年 8 月，《中共中央关于在农村建立人民公社问题的决

---

① 陈锡文.乡村振兴战略的来龙去脉[J].农村·农业·农民（B 版），2019(1):18-22.

议》下达后，全国迅速形成了人民公社化运动的热潮。到 10 月底，全国 74 万多个农业生产合作社改组成 2.6 万多个人民公社，参加公社的农户有 1.2 亿户，占全国总农户的 99% 以上。但是后来，人民公社化运动演变成脱离客观实际条件，追求所谓更高级的形式过渡的一场普遍的群众运动。

> **专栏 2.1： 人民公社**
>
> 人民公社，是我国社会主义社会结构的、工农商学兵相结合的基层单位，同时又是社会主义组织的基层单位。人民公社化的基本特点可以概括为"一大二公"。
>
> 人民公社化运动，最初是由高级农业生产合作社的小社并为大社引起的。这本来是出于兴修水利、搞农田基本建设的需要，但在"大跃进"的背景下，却演变成不顾客观实际条件，争相推进农村集体生产组织向所谓更高级的形式过渡的一场普遍的群众运动。
>
> 人民公社，是党的整风运动、社会主义建设总路线和 1958 年社会主义建设"大跃进"的产物。
>
> 资料来源：中共中央党史研究室. 中国共产党历史[M]. 北京：中共党史出版社，2021：492-499.

从 1958 年到 1983 年，人民公社在新中国的发展中存在了 20 多年，却被历史实践证明不符合农村与农业发展的实际。1978 年，我国有 9.63 亿的人口，粮食产量仅为 3 亿吨左右，全国仍然有 2.5 亿人口没有解决温饱问题；平均每人全年的粮食数量大体上还只相当于 1957 年的水平，全国农业人口平均每人全年收入只有 70 多元，有近四分之一的生产队社员收入在 50 元以下，平均每个生产大队的集体积累不到 1 万元，有的地方甚至不能维持简单再生产。[①] 当年夏收，安徽小岗村的每个劳动力只分到 7 斤麦子，是名副其实的"三靠村"：吃饭靠返销，用钱靠救济，生产靠贷款。多年的实践一再证明，再这样下去就只有死路一条。

（二）包产到户、包干到户：亿万农民的共同选择

被称为"农村改革之父"的杜润生先生 1992 年在中改院召开的一次关于农村改革的研讨会上说："家庭式小农经济有局限性，这是人所共知的，但比起拔苗助长起来的集体化，效益要好。"我国农业领域实行集体土地、家庭经营、两权分离的产权结构，是农民的共同选择。和土地公有统一经营的合作社以及人民公社相比较，家庭联产承包责任制更适合我国社会主义初级阶段国情，更受到广大农民的欢迎。那么，家庭联产承包责任制是怎么来的呢？

1. 安徽"省委六条"：第一份允许生产队实行生产责任制的文件

安徽为什么会成为全国农村改革的突破口？时任安徽省委书记万里同志说："搞了快三十年的社会主义，怎么还这么穷？""农民的要求这样低，对这样低的要求我们还不能使他们满足吗？如果再不让农民吃饱饭，总有一天我们自己也会吃不上饭！"[②]

因此，1977 年 11 月 15—22 日，在万里同志的亲自主持下，中共安徽省委召开农村工作会议，着重讨论研究当前农村迫切需要

---

① 中共中央组织部党员教育中心. 走自己的路：中国特色社会主义八讲[M]. 北京：人民出版社，2013.

② 吴象. 农村第一步改革的曲折历程[J]. 百年潮，1998(3)：10-16.

解决的一些经济政策问题，制定了《关于当前农村经济政策几个问题的规定（试行草案）》，简称"省委六条"，中心内容是强调保护和尊重生产队的自主权，因地制宜地发展生产。"省委六条"提出，生产队实行责任制，允许和鼓励社员经营家庭副业，产品可以拿到集市上出售。这是粉碎"四人帮"之后，我国第一份允许生产队实行生产责任制的文件。

2. 被"逼"出来的 18 个红手印：一张"生死契约"

1976 年粉碎"四人帮"后，党内的政治氛围开始发生转变，有些政策也略微有所松动，面对日益严峻的农村经济形势，有的地方率先进行改革试验。一些地方的农民就开始自发地搞起了各种联系产量的生产责任制，如安徽省、四川省、贵州省等都是比较早出现这种情况的地方，也采取了类似做法。

1978 年夏秋之际，安徽发生了百年不遇的特大旱灾，人民生活出现普遍严重困难。当年，小岗村里 20 户人家 100 多口人，大多数需要讨饭才能过活，"泥巴房、泥巴床，泥巴囤里没有粮"。在农民生活难以为继的背景下，安徽省委做出"借地种粮"的决策，即把集体无法耕种的土地借给农民耕种，谁种谁收，不向农民收统购粮。这一"借地种粮"的政策唤起了农民的生产自救积极性。凤阳县小岗生产队成为全国农村率先搞"包产到户"的一个典型。

1978 年 11 月 24 日，小岗村 18 位农民在严宏昌的带领下，在一张包干到户的字据上按下了充满悲壮意味的 18 个红手印。写道："我们分田到户，每户户主签字盖章，如以后能干，每户保证完成每户的全年上缴和公粮，不再伸手向国家要钱要粮；如不成，我们干部坐牢杀头也甘心。大家社员也保证，把我们的小孩养活到十八岁。"①这就是由 18 位农民冒险签下的"生死契约"。就是这份"契约"，拉开了我国农村改革的序幕。

小岗村原生产队副队长严宏昌后来在接受中改院"口述改革历史"访谈中回忆说："社会主义要的是什么？ 要的是不断地前进、不断地发展，是领导着全国人民过上这个富裕生活，并不是叫全国人民到处去要饭、去贫穷。我说你们放心，如果我们走出了这条路，我相信党会实事求是的。但是我有个要求，我出来领着你们干，那你们收到的粮食，你必须得踊跃地向国家贡献。你不要收到粮食了，你家这个亲戚来背两兜，那个亲戚来背几兜，回来叫你完成国家的，你说你没粮了，我这不管，一定要保住国家的。第二个，要保住集体的。剩下才是你们自己的。"

实行"大包干"后的第一年，小岗村在遭遇罕见大旱的情况下，仍然取得了大丰收，一年的粮食产量相当于以往 5 年的总量。小岗村人不仅吃饱了肚子，还上交粮食给国家和集体，当年实现人均纯收入 400 元，是上一年的 18 倍。此后，小岗村的创举犹如星星之火迅速燎原，成为全国农村改革的先锋。

3. 大包干：交够国家的、留足集体的，剩下都是自己的

为什么小岗村后来成为农村改革的典型？ 因为小岗村的做法跟当时多数地方搞的包产到户不一样，它叫"大包干"，用农民的话讲就是"大包干、大包干，直来直去不拐弯儿，交够国家的、留足集体的，剩下都是自己的"。这就是把土地承包权给了农民，农民有了种地的自主性、积极性。

---

① 红手印，开启农村改革[N]. 人民日报，2019-09-25.

第一，农民有了属于自己的生产工具。过去农民不被允许拥有生产工具，主要的生产工具（生产资料）是属于公家的，属于公社的，属于生产队的，属于集体的。邓小平曾经在党的十一届三中全会上就说过："一个生产队有了经营自主权，一小块地没有种上东西，一小片水面没有利用起来搞养殖业，社员和干部就要睡不着觉，就要开动脑筋想办法。全国几十万个企业，几百万个生产队都开动脑筋，能够增加多少财富啊！"①通过家庭联产承包责任制改革，将土地承包权、生产资料给了农民，改变了过去"出工不出力"、与自身实际利益没有挂钩的局面，极大激发了农民生产的热情。

第二，解决了分配上的平均主义。就这样，自1958年人民公社出现后延续多年的"干和不干一个样、干多干少一个样、干好干坏一个样"的平均主义终于迎来了变革的时刻。小岗村农民"包产到户"开启了全国农村家庭联产承包责任制的实践，为打破农村计划经济旧体制坚冰、推动农村改革找到了一个重要突破口。

4."阳关道与独木桥"之争

1979年，党的十一届四中全会正式通过《中共中央关于加快农业发展若干问题的决定》，提出了著名的"可以、可以、也可以"，"不许、也不要"。② 1980年秋，中央发出75号文件，即《关于进一步加强和完善农业生产责任制的几个问题》。75号文件是一份承

---

① 中共中央整党工作指导委员会编.十一届三中全会以来重要文献简编[M].北京：人民出版社，1983：7-8.
② 即可以按定额记工分，可以按时记工分加评议，也可以在生产队统一核算和分配的前提下，包工到作业组，联系产量计算劳动报酬，实行超产奖励。不许分田单干。除某些副业生产的特殊需要和边远山区、交通不便的单家独户外，也不要包产到户。

前启后的文件。它肯定了包产到户是一种群众乐于接受的责任制,承认群众自由选择的权利,不能自上而下用一个模式强迫群众。75 号文件发出后,各地试验的结果是"一包就灵",贫困地区第二年就有饭吃,其他地区能增产。到年底,全国实行包产到户和包干到户的生产队从年初的 1.1％上升到了 15％。

说起这份文件,还有一个历史上的"阳关道与独木桥"之争。

1980 年包产到户由暗而明、由少而多,引起了全国性的大争论,也得到了全国性的大发展。当时,新华社总社从各省级分社了解到的情况是:广东省农村约有 10％的生产队实行包产到户。当时,没有搞包产到户的或搞得很少的是京、津、沪三市郊区,以及东北三省和湖南、湖北等省。

1980 年 9 月 14—22 日,中央召开各省、自治区、直辖市第一书记座谈会,讨论加强和完善农业责任制的问题。会议对包产到户问题进行了专题座谈。参与的省委书记在会上就包产到户发生了激烈的争执,会议一时间无法继续。贵州省委第一书记池必卿讲到贵州准备全面推行包产到户、包干到户责任制时,黑龙江省委第一书记杨易辰表态说:"我们不搞那个东西。"池必卿接着说:"你走你的阳关道,我走我的独木桥。我们贫困地区就是独木桥也得过。"这成为概括当时会议气氛的名言。

这次各省区市第一书记座谈会,因意见不一很难再开下去。为了解决这一难题,在会议闭幕之前,中央主要领导找杜润生等商量处理办法,两次改写了文件,最终形成现在印出的中共中央《关于进一步加强和完善农业生产责任制的几个问题》的纪要,即1980 年 75 号文件。正式公布的文件,把两个"不许"改为一个"不许"、一个"不要"，即"不许分田单干。除某些副业生产的特殊需要和边远山区、交通不便的单家独户外，也不要包产到户"。对包产到户，由"不许"改为"不要"，口气比较缓和了，而且允许某些例外，开了一条小小的门缝。75 号文件实际上把党的十一届三中全会决议中关于生产责任制的规定推进了一步。这是在农业政策上对"两个凡是"的破除。

1980 年 11 月，《人民日报》以整版发表了反映 75 号文件精神的政策性理论性长文——《阳关道与独木桥》。此文以上述两位省委书记的对话为引子，阐述了包产到户出现的必然性和发展的必要性，引起很大反响，受到农民热烈欢迎，也受到一些没有摆脱"左"倾思想的人的强烈反对。尽管这些逆流而起的泡沫现在看上去显得荒唐可笑，但却充分显示了农村改革第一步的艰巨性和复杂性。1981 年冬，中央召开全国农村工作会议。会后不久，时任总理到东北考察。他回来写了一封信说，今后不要再强调不同地区不同形式了，群众自愿选择，选上啥就算啥，领导不要硬堵了。

自 1982 年起，中央连续 5 年发布一号文件。第一个一号文件的主要内容，是肯定多种形式的责任制，特别是包干到户、包产到户，深受群众欢迎，全国已经普遍化。文件提出，所有的责任制形式，包括包产到组、包干到户、包产到户，都是社会主义制度的自我完善，它不同于过去的分田单干，更不能当作资本主义去反对。这个文件的核心，是第一次以中央的名义取消了包产到户的禁区，尊重群众的选择，并宣布长期不变。这个文件报送给中央，邓小平看后说"完全同意"。

随后,1982 年新宪法做出改变农村人民公社政社合一体制、设立乡政府作为基层政权、普遍成立村民委员会作为基层群众性自治组织等规定。到 1984 年底,全国基本完成了政社分设,实行了 20 多年的人民公社制度至此不复存在。

到 1987 年,全国 98％的农户实行了家庭联产承包责任制,亿万农民的生产积极性得到极大提高,农业生产摆脱了停滞的困境。1982—1984 年,全国推行的"大包干"就像 20 世纪 50 年代的土改一样,极大调动了农民的积极性,粮食总产量从 1981 年的 32502 万吨增加到 1984 年的 40731 万吨。在中央的支持下,以包产到户、包干到户为主要形式的家庭联产承包责任制迅速推广,农村改革得到有力推动,农村面貌出现了可喜变化。农村改革率先破冰,掀开了我国改革开放的伟大历史篇章。

（三）土地承包制搞活了农村,激发了广大农民的积极性

改革开放 20 周年之际,1998 年十五届三中全会审议通过了《中共中央关于农业和农村工作若干重大问题的决定》,对 20 年的农村改革给予高度评价,一致认为实行家庭联产承包责任制,废除人民公社,突破计划经济模式,发展社会主义市场经济,极大地调动了亿万农民的积极性,解放和发展了生产力,带来了农村经济和社会发展的历史性巨大变化。为什么说家庭联产承包责任制突破计划经济模式,解放和发展了生产力？家庭联产承包责任制的实施、农村改革的破冰,既是改革的起点,也是发展的起点。集体土地家庭承包制是农村改革奠定的一块基石,它使广大农民获得土地,并有了劳动创收的机遇。可以说,农村改革不仅极大地解放和发展了农村生产力,为农村经济社会带来历史性的

变化，而且有力地支持了城市经济体制的改革和整个国民经济的持续快速发展，有力地推动了国民经济和社会的深刻变革，使我国进入了波澜壮阔的改革开放新时期。

有人形容20世纪70年代末80年代初的农村改革局面就像是一场拔河比赛，"一边是千军万马的农民，一边是干部"。也有人形容农村改革成功，是因为"睁一只眼、闭一只眼"，包产到户被认为是私有化，搞不好要杀头。这场争论最终是以尊重农民、尊重常识而结束。万里在离开安徽之前来到了小岗村，他说了这样一番话："我早就想来看，现在你们干得这样很好。别人说我们是复辟倒退，今后我们还能继续干吗？我说地委能批准你干三年，我批准你干五年。干得好，你继续干，永远干下去。你们富起来都住两层的小楼，我就高兴了。以后谁讲你们复辟倒退，这个官司由我万里去打！"①

1980年5月31日，针对农村改革中对包产到户的不同看法，邓小平在同中央负责工作人员谈话时指出："农村政策放宽以后，一些适宜搞包产到户的地方搞了包产到户，效果很好，变化很快。安徽肥西县绝大多数生产队搞包产到户，增产幅度很大。'凤阳花鼓'中唱的那个凤阳县，绝大多数生产队搞大包干，也是一年翻身，改变面貌。有的同志担心，这样搞会不会影响集体经济。我看这种担心是不必要的。"②邓小平的这一讲话，无疑给亿万农民吃了"定心丸"。

---

① 迟福林. 口述改革历史(上)[M]. 广州：广东经济出版社，2019：120-122.
② 邓小平文选：第2卷[M]. 北京：人民出版社，1994：315.

二、赋予农民长期而有保障的土地使用权

多年来，我与中改院的同事就农村改革向中央有关方面提出数十份改革建议，先后提出"农村土地长期化、物权化、资本化""赋予农民长期而有保障的土地使用权"等，有的直接被决策采纳，有的作为立法的重要参阅件。

其中，"赋予农民长期而有保障的土地使用权"被党的十五届三中全会做出的《中共中央关于农业和农村工作若干重大问题的决定》（简称《决定》）所采纳。《决定》指出，"稳定土地承包关系""保持农村稳定"，"这是党的农村政策的基石，决不能动摇。要坚定不移地贯彻土地承包期再延长三十年的政策，同时要抓紧制定确保农村土地承包关系长期稳定的法律法规，赋予农民长期而有保障的土地使用权"。

（一）"长期而有保障"是给农民的"定心丸"

1."勿忘深化改革"，防止农村改革半途而废

1992 年 6 月 1 日，中改院在京举办"深化农村改革座谈会"。会议由我主持，杜润生、陈锡文等我国著名经济学家、农业问题专家应邀参加了座谈会。会议听取了中改院农村问题课题组提交的"农村改革和发展问题"研究提纲，对我国农村改革的现状和出路进行了深入的分析和探讨，并就农村经济发展模式和完善农村经营体制等问题进行了认真热烈的讨论。当时，正值邓小平南方谈话之后，深化农村改革面临更为紧迫的形势，专家学者们一致认为，在当时召开这样一个会议非常必要、及时，应当让社会知道

农村深化改革的重要性和紧迫性，要让更多的人来重视和关心农村改革。

杜润生在此次研讨会中以"勿忘深化改革"为题发言。他指出，按照 20 世纪 80 年代初提出的设想，农村改革从微观宏观两方面进行，实行土地家庭承包制，形成独立经营性质的经济主体，逐步由以统购统销为核心的计划经济过渡到市场经济。在这个基础上，建造一个具有活力的农村经济结构，为传统农业走向现代化提供新的推动力。他提出："'行百里者半九十'，要防止半途而废，包产到户后的自主权是残缺的，土地使用权被侵犯；粮棉油低价征购制仍在继续，农民对财产的处置权、收益权受到损害。"与会各方的基本共识是，解决好这个问题，关键是稳定农民对土地的承继关系。

2. 提出"尽快实现农民土地使用权长期化、物权化、资本化"，稳定农民投入收益预期

在 1995 年 3 月 21—23 日中改院与中国经济体制改革研究会、联合国开发计划署联合主办的"中国农村经济改革国际研讨会"上，关于实现农村土地使用权长期化、股份化等问题成为会议热议的话题。

我和几位同事结合与会领导和专家的观点，于 1995 年 3 月底正式形成并向中央相关部门提交了以"实现农民土地使用权长期化、物权化、资本化"为主题的《关于深化农村经济改革的建议（60 条）》。这份建议对当时中央深化农村土地使用制度改革、深化农产品购销体制改革、完善农产品宏观调控等方面起到了一定的积极作用。这份建议的要点是：

第一，实现农户土地使用权的长期化，鼓励农民增加对土地的中长期投入。明确土地使用权的长期化，使农民建立起对土地投入的良好的收益预期，进而鼓励农民增加对土地的劳动力、资金、技术等中长期投入，这会大大提高土地产出率。

第二，土地股份化是一种现实选择，有利于土地的流转、适度集中及农村剩余劳动力的转移。

第三，积极培育农村土地市场，通过市场机制实现土地的有偿转让。加速培育农村土地使用权市场，使土地使用权在土地市场中流转与交易。土地使用者在承租（包）期限内，依照有关规定将土地使用权有偿转让给他人的交易关系应当受到保护。

第四，"增人不增地，减人不减地"的做法应予积极提倡，并加以政策规定。

第五，"两田制"的做法可以扩大试验。

第六，家庭经营要作为一项基本制度长期稳定下来。家庭经营适应农村现阶段生产力发展状况，因而具有很强的生命力。特别是在广大中西部地区，以家庭经营为主的格局还将持续相当长的时期，并成为农业发展经久不衰的动力。现阶段很多规模经营都是家庭经营的发展和扩大。稳定家庭经营是我国农村经济发展的内在要求，也是适当发展规模经营的坚实基础。规模经营必须与我国经济发展的不同阶段相适应，防止搞"一刀切"。

（二）赋予农民长期而有保障的土地使用权

1. 为什么提"长期而有保障的土地使用权"？

1984 年，国家有关政策要求，土地承包期限应当适当延长，土地承包期一般应在 15 年以上。根据这一精神，全国各地陆续将土地承包期确定为 15 年。1998 年，我国第一轮农村土地承包期限 15 年即将到期（实际上，某些地区已超过 15 年），正处于全国大范围开展第二轮土地承包的重要时间节点。

中改院还专门邀请中国农村土地政策研究合作机构——美国华盛顿大学西雅图农村发展研究所的研究人员两次来海南进行合作研究，研究制定了《东方市农村土地制度改革试验方案》。1998 年 6 月 12 日，美国西雅图农村发展研究所所长普罗斯特曼教授（美国农村发展研究所创始人、现名誉主席）、常务所长汉斯塔德和该所董事皮各特先生与我率领的农村政策课题组在东方市三个乡镇进行合作调研。

当时，我们每天大部分时间都在田间地头走访做调研，饿了就啃块面包，渴了就喝一口矿泉水，然后马上投入紧张的工作中。年龄较大的普罗斯特曼教授还被大家称为农村改革中的"白求恩"。后来，《世界新闻报》一篇题为《美国专家与中国农民》的报道记录了那个年代他们为中国农村改革奔走的事迹。

后来，中改院农村政策课题组还受邀赴美国西雅图农村发展研究所，从国际比较角度研究中美及其他转轨国家的农地制度，并考察了包括从美国联邦政府到家庭农场的多个层面。

总体来看，我国农村土地承包责任制已经基本稳定地运行了 15 年，但也存在一系列问题。根据我们的调研，这些矛盾主要表现在四个方面：

第一，自 20 世纪 80 年代中期以来便产生了对家庭联产承包责任制能否适应现代社会化大生产的怀疑，并且逐步发展成为改变所谓"规模不经济""土地分割零碎""狭小的土地与现代化生产不适应"等矛盾的现实行动。于是,在"适度规模经营"的过程中,某些地方出现了土地"归大堆"、统一经营的倾向。

第二,土地承包期限短而不确定,中央关于稳定家庭联产承包责任制的政策没有完全有效地得到执行。当时抽样调查表明:仅有 13％的受访农户有承包土地的书面合同;不到 1％的农民有土地使用权证;有些地方确实有书面合同,但合同的内容相当不完备,无论法律上还是技术上都很粗糙。

第三,因人口变化对土地进行的周期性调整极大地侵犯了农户土地使用权。调查表明,从 1978 年以来,农民承包的土地已经平均调整 3.01 次,至少有 60％的村庄和农户经历过土地调整。

第四,从所谓规模经营的需要出发重新回归传统的农业生产集体经营,使承包制发生异变。与此同时,农民土地使用权益还要受到乡村权力人物随意"中止合同""集体出让、租赁""收回土地使用权重新高价发包"等多种形式的侵害。

上述情况使农民对中央"再延长 30 年不变"[①]的政策产生疑虑,土地制度变革的前途不明朗,影响了农民的预期。如果不对农村经济体制尤其是土地使用制度进行彻底改革,长期稳定和保障农民的土地使用权,就有可能由此而加剧农村经济发展的各种矛盾。延长土地承包期限、拓展农民土地使用权内涵并给予制度确认和法律保障,应该成为农村土地制度改革和建设的方向。

---

① 1993 年 11 月通过的《中共中央　国务院关于当前农业和农村经济发展的若干政策措施》规定:在原定的耕地承包期到期之后,再延长 30 年不变。

2. 农村改革 20 周年之际，建议被中央决策直接采纳

1997—1998 年，我主持研究"农民土地使用权"课题，提交了以"赋予农民长期而有保障的土地使用权"为题的改革政策建议报告。我们的主要建议是：

第一，实行土地使用权长期化，农户土地承包经营权要有足够的长度和保障，至少 50 年，甚至 70 年、100 年保持不变。这样做，可以彻底消除农民的顾虑，大大提高农民长期投资的积极性。

第二，采取多种形式，实现向土地使用权长期化的稳步过渡。如果广大农户有强烈的要求，且各方面条件又比较成熟，也应当允许在 30 年不变的基础上再延长到 50 年或 70 年不变；对于还未开展第二轮土地承包工作的地区，凡基本条件成熟的，都应当支持和鼓励实行土地使用权长期化制度，制定并签订相应合同，实现一次到位；对于全国许多试点地区，凡是符合土地使用权长期化政策的试点方案，都应维持不变。

第三，因地制宜，允许不同类型土地实行不同的承包期限。比如基本农田实行 50 年期限，山坡地实行 70 年不变。允许不同地区实行不同的土地承包期限。

第四，以改革和完善农村土地产权制度为中心，对农民土地使用权长期化进行制度性安排。

当时，正值党的十五届三中全会《决定》起草期间，时任中央农村改革领导小组负责人的领导对这份建议做了批示，并作为起草三中全会《决定》的参考文献。令我们高兴的是，三中全会《决定》直接采用了"赋予农民长期而有保障的土地使用权"这一重要建议。

3. 在海南省东方市抱板镇开展 70 年改革试点

"赋予农民长期而有保障的土地使用权"被写入党的文件后，我开始考虑能否在海南开展具体实践，看看效果究竟如何。我将这一想法向时任海南省委书记、省人大常委会主任杜青林同志做了汇报，他很赞同。于是，1998—1999 年，我们选择了在东方市抱板镇（现更名为大田镇）进行土地使用权长期化的改革试验。当年农村发了 30 年使用权证，镇里发了 70 年使用权证。试点方案由我牵头的课题组策划，由东方市国土局具体操作。

1998 年 12 月 22 日，海南省东方市委、市政府在该市抱板镇俄罗村召开农村土地制度改革试验颁证大会，市政府分别为"村农民集体"颁发土地所有权证，为农户颁发 70 年不变的耕地使用权证（以下简称"两证"）。"两证"的颁发，给了农民一个长效"定心丸"。试验分两期进行：前期内容包括确定土地使用权期限，界定土地所有权、使用权权属，规范土地使用承包合同，核发土地所有权证和使用权证，于 1998 年底完成；后期内容包括土地使用权流转和土地市场培育，扩大土地使用权内涵（即由单一的耕作权扩大到实际占有，自由种植，自主经营，剩余产品分配和有限的处分权），土地地租和农村税费的规范与改革，土地规模开发与农业产业化发展等。整个试验将沿着农村土地使用权长期化、法制化、资本化的路子进行探索。可惜的是，后来，因为该市主要领导的变更，试点被中断。

专栏 2.2： 东方市农村土地使用制度改革试验方案(摘要)

试验区域(范围)。 东方市抱板镇 10 个行政村,68 个村民小组的全体村民及其所属全部土地。

试验内容。 第一,土地使用权期限:从第二轮土地承包之日起,对农户承包的耕地(水旱田、坡园地等)实行 70 年不变,对农户开发承包的"五荒地"(荒山、荒地、荒滩以及尚未开发的草地水面)实行 100 年不变。第二,土地所有权与使用权:澄清土地所有权,重新界定产权主体,明确规定其权利和义务;扩大使用权内涵,由单一的耕作权扩展到实际占有、自由种植(自主经营)、剩余产品分配和有限的处分权(包括土地使用权的出让、转让、转包、租赁、互换、入股、抵押、继承)等四权统一,并明确其义务。第三,土地使用权的流转及土地市场培育。第四,土地地租与农村税费的规范与改革。第五,土地规模开发与农业产业化发展。

试验目标。 通过试验达到:首先,澄清土地所有权,延长、扩大并保障农民土地使用权,放开土地流转权;其次,稳定农民的心理预期,增加农户长期投资和农业生产的积极性,发展农村社会生产力,从而保证"农产品"及"农民收入"两个稳定增长;最后,通过与本市非试验区的比较和分析,对上述 5 个方面的制度改革和建设进行归纳和总结,分别在政策和理论层面得出规律性认识,从而摸索农村经济持续发展,社会长治久安以及实现农村现代化的道路。

(三)建言农村土地立法:赋予农民土地物权属性

实际上,中改院在向中央递交的两份建议中已经涉及确立农民土地使用权的物权属性及其立法问题。其中提出的"农民承包土地的使用权至少 30 年不变""赋予农民土地使用权的物权性质""应当给农民承包土地使用权的抵押权"等建议,在 1998 年修订《中华人民共和国农村土地管理法》过程中被用作参考资料;"农村土地承包 30 年不变"等也已写入修订稿中。

但是,从我们调研的情况来看,到 2000 年底,农村签订了 30 年不变承包合同的比例只占 60.5％。也就是说,广大干部群众对土地承包再延长 30 年这一政策还有一定的疑虑。为此,赋予农民土地承包权物权属性,并用法律形式确定下来,就显得尤为重要。我就此问题先后两次专门建言,对农村土地使用权立法提出相关建议,得到了杜润生等的肯定和支持。杜润生说,家庭承包制最早叫包产到户,家庭承包制是个学名,包产到户是它的乳名,它是 1956 年诞生的,已有近 50 年的历史。从 30 年不合法,20 年合法,到今天要立法,这是个有意义的历史性飞跃。

1. 首次建议农村土地使用权立法

1999 年 1 月,中改院召开了"中国实行长期而有保障的农村土地使用权国际研讨会"。在这次国际研讨会上,我向大会提交了《农村土地使用权立法建议》。主要内容是:

第一,建议以村民小组为单位重新界定农村集体土地的产权主体。我国的法律规定:"农村和城市郊区的土地,除法律规定属于国家所有外,属于农民集体所有。"但是属于哪一级集体成员、边界多大、集体所有者拥有哪些权利和义务等问题却不是很清楚。集体土地产权主体不明导致了土地产权的不完整，其中最具实质意义的土地处置权及相当多的收益权都掌握在各级政府手里。这是导致农民对土地使用权存在不稳定感和对土地长期收益预期不足，并由此引发其他一系列问题的重要因素。因此，实行农民土地使用权长期化，首先必须准确界定农村集体土地的产权主体。

第二，明确土地产权主体的权利和义务，并且界定产权与行政权的职能边界。一是村民小组是土地"集体所有"的产权主体，以村民小组作为"集体"的边界，保留村民小组对土地分配调整及其他处分权。二是承认村民小组作为集体土地所有者的排他占有权，并用法规予以规定，以有效抵制对土地的侵权行为。集体土地的收益权，比如农户承包土地交纳的地租（承包费）也应归还给产权主体，并且规定土地收益主要用于农田水利等基础设施建设投资。按权利和义务对等的原则，用制度和法律规定村民小组作为产权主体的义务。

第三，根据一定规则对集体成员的边界予以确认。"集体"是一组动态的人的集合，其构成总在发生变化。它既包含现存于集体内的人口，也包括那些尚未出生和尚未嫁娶的人口。但是，在约定的租用期限内，集体内成员的边界应以签约时期的现实人口为主要依据，承认所有成员有平等占有和使用集体土地的权利。在此基础上，根据现行的人口及户籍政策，对集体成员的边界做大致的限定。

第四，稳定农民承包权，必须在延长土地承包期限的同时，拓展和延伸使用权的范围。一是承包期限要有足够的长度并且灵活多样,使用权充实、明晰且有保障。二是把农户对土地的单一使用权拓展到占有、使用、收益和处分四权统一的承包经营权。如农户在土地承包经营期限内,对分配于己的集体土地有实际上的占有权,集体只保留法律上的最终归属权;农户在承包的土地上有自主种植和经营的权利;有剩余产品的收益分配权;特别是处分权这个曾经仅为所有者享有的独占权,现在也应该有条件地赋予承包者,处分权的内容应当包括对承包经营权的转让、出租、入股、抵押等。

第五,承包经营权已经成为一种新的物权,应当用法律的形式予以固定。拓展、稳定和强化农户的土地承包经营权,必然形成我国特有的新型的土地使用权,使用权应成为民法上的一种新的物权。不论土地如何流转,承包经营权都可以独立存在。与其他的物权一样,承包经营权在市场经济条件下必然表现为一种具有交换价值的资本。那么占有它可以取得相应的利润,转让它可要求获得等价的补偿。

2. 把土地使用权真正交给农民

1999 年,我国开始起草《农村土地承包法》。当年,中改院成立了由我为组长的"农村土地制度安排与法治建设研究"课题组,进一步研究农村土地立法的相关改革问题。1999 年 10 月,中改院就农村土地使用权立法及其实施保障问题在北京召开"中国农村土地使用权立法建议"论证会。在调查和研究的基础上,我们撰写了 16 万多字的研究报告和《尽快制定农村土地使用权法的建议》。时任全国人大农业与农村委员会副主任委员、《农村土地承包法》起草领导小组组长的柳随年先后两次到中改院调研并征求专家意见。调研期间，我向他详细介绍了我们对农民土地使用权的想法，如"稳定农民承包权，必须在延长土地承包期限的同时，拓展和延伸使用权的范围"，"承包经营权已经成为一种新的物权，应当用法律的形式予以固定"，柳随年表示十分赞同。

实际上，当时无论是学术界还是政府部门，对立法中需要解决的一些重大问题并没有取得一致的认识。一是新的农村土地立法到底是用物权还是用债权去确认农户土地承包权？二是"承包权"和"使用权"两个概念是改革初期的产物，现实中使用比较混乱，能否启用"承包使用权"和"经营使用权"两个新的概念？三是农民承包土地使用权具有物权性，那么，如何处理发包方与承包者的权利和义务关系？权利义务是法定还是由双方约定？是否应该界定农村集体经济组织"成员权"？四是农民土地财产权益与农民基层民主政治权利是什么关系？弱势群体尤其是妇女的土地权利如何能够做到法律与事实的一致？法律认可、社会认同与强制执行之间是什么关系？我们认为：

第一，赋予农民包括抵押权在内的土地使用物权。法律确认农民土地使用物权，从层次上说，是将政策和有关规章已经认可的农民通过承包获得的土地实际占有、利用、收益和包括在承包期内继承、转让、转包、入股、交换、出租、联合经营等处分权在内的使用权上升为法律，使"农民土地使用物权"符合"法定主义"原则；从内容上说，就是赋予农民土地使用权的抵押权。给农民承包土地抵押权能充分扩大农村内需市场，对于实现农业和农村新阶段的战略任务有极为重要的意义。

第二，用法律规定农民承包的土地使用权至少30年不变。

虽然农村经济发展政策文件中明确了"30 年不变",但我们认为,这些有利于农业和农村经济发展的政策和"讲话精神"应上升为法律,关键是要用"农民土地承包使用期限至少 30 年不变"的法律语言予以确认和强化,并且应该规定,承包合同到期以后承包者可以依法延续承包关系。

第三,严格限制至少 30 年土地使用期内承包土地的调整。在 30 年不变的承包期限之内,要不要调整土地是一个非常敏感的问题。中央政策提倡"增人不增地,减人不减地",也允许"大稳定,小调整",但如何调整又没有明确的规范,亟须立法予以界定。

第四,对土地使用权流转和土地市场做出规定。农民土地使用权流转已经事实存在并且大量发生,国家法律应支持和保护农民土地使用权依法、自愿、有偿流转,应该界定农地使用权流转的原则,比如不改变农地所有者权属关系、不改变农业用地性质等;界定土地使用权流转的形式,如转包、转让、入股、互换、租赁、继承、拍卖等;界定土地使用权流转的程序;界定土地使用权流转的交易市场规则,包括土地地力的评估和定价。

中改院于 2000 年 1 月和 2002 年 1 月分别以"中国农村土地使用权立法和制度安排""中国农民土地使用权法律保障"为主题召开国际研讨会,专门讨论农民土地使用权的立法问题。时任全国政协常委、社会法律委员会副主任贺光辉,中共中央财经领导小组办公室副主任段应碧,全国人民代表大会常务委员会委员、农业与农村委员会副主任柳随年,全国人民代表大会常务委员会委员阮崇武,全国政协常委、经济委员会副主任、中国扶贫基金会会长王郁昭,原中共中央农村政策研究室主任杜润生，中国经济体制改革研究会名誉会长安志文等领导和专家参加了这两次国际研讨会。

其中，柳随年提出，"土地承包经营权视为物权，至少30年不变，承包期内不得调整承包地，承包方不得收回承包地，土地承包经营权可以依法转让、转包、入股、互换等，可以依法继承"。我在这两次论坛上分别发表了《农村土地使用权立法补充建议（15条）》和《把土地使用权真正交给农民》的主题演讲。

3. 持续呼吁落实农村土地财产权

2013年、2014年、2017年，我三次向全国政协会议提交提案，建议尽快从法律上赋予农村土地使用权的物权属性，从法律上把农民土地纳入财产权法律保护范畴，尽快落实农民土地财产权等。

为什么我要再次呼吁这件事情？当时农村土地领域暴露出来的一系列新问题，都与法律尚未赋予土地使用权完整的物权性质直接相关。例如，农村征地强拆、补偿标准过低等问题，深层次的原因在于农村土地实际上为债权而非物权，农民难以成为征地中的谈判主体。农民难以通过承包地和宅基地流转，带着资本进城，由此导致人口城镇化严重滞后等。此外，党的十八届三中全会提出"赋予农民更多财产权利"，但就如何将其进一步具体化尚未破题。

我认为，农村土地制度改革的新突破，就是要把农民土地使用权真正物权化。主要观点是：改变农村土地承包权限于集体成员内流转的相关政策规定；在法律上明确农民土地的物权属性，明确农民土地用益物权主体地位，从法律层面落实土地承包;从法律上赋予农民长期而有保障的土地使用权,从法律上赋予农民土地使用权的完整产权,打通城乡资本、土地和住宅市场双向流通通道,推进乡村房地产与城市国有房地产两个市场接轨;打破城乡建设用地市场分割,统一城乡用地市场,建立两种所有制土地"同地同价同权利"的平等制度,打破地方政府行政独家垄断供地的格局,实现不同主体平等供地,简化农村土地承包权流转程序。

> **专栏 2.3: 农村土地"三权分置"**
>
> 2016 年《关于完善农村土地所有权承包权经营权分置办法的意见》指出,将土地承包经营权分为承包权和经营权,实行所有权、承包权、经营权分置并行。2017 年《中共中央 国务院关于深入推进农业供给侧结构性改革 加快培育农业农村发展新动能的若干意见》提出,深化农村集体产权制度改革,落实农村土地集体所有权、农户承包权、土地经营权"三权分置"办法。2018 年 12 月 29 日,第十三届全国人大常委会第七次会议表决通过了关于修改《农村土地承包法》的决定,明确将农村土地的经营权从承包经营权中分置出来,正式在法律上确立了农村土地所有权、承包权和经营权"三权分置"的制度。

三、让农民工成为历史

农民工是改革开放催生的新群体,是改革开放的亲历者、见证者和奉献者。这个"特殊群体"为工业化、城镇化做出历史性贡献,但却难以公平分享改革发展成果。2006 年,农民工享有的基本社会保障水平只有城镇居民的 25%。

在我国发展阶段发生历史性变化的背景下,农民工对公共服务的需求全面快速增长。2009 年至 2011 年,我连续 3 年向全国政协会议提交提案,建议"让农民工成为历史"列入国家"十二五"规划,争取"十二五"末期,最晚到 2020 年,"农民工"三个字应当成为历史。在我们这样一个拥有 14 亿多人口的发展中大国实现城镇化,在人类发展史上没有先例,解决好农民工问题,是摆在新型城镇化建设中的重大课题,由此真正实现人人共享发展。

(一)农村富余劳动力的产生

20 世纪 80 年代,我国改革从农村改革向城市经济体制改革不断推开。到了 90 年代中期,工业化、城镇化进一步扩大,农村人口大量迁移,劳动工资、土地和产品价格随之上涨。农村结构发生根本性变化,农业发展进入新的阶段。在这一背景下,逐步产生了"民工潮"这一历史现象。

1. 从户籍严控制度到放宽农民落户限制

1984 年 1 月,《中共中央关于一九八四年农村工作的通知》(1984 年中央一号文件)首次明确指出,从 1984 年开始,各省、自治区、直辖市可选若干集镇进行试点,允许务工、经商、办服务业的农民自理口粮到集镇落户。同年 10 月,国务院印发了《关于农民进入集镇落户问题的通知》,准许农民在不改变户籍身份、不改变城市供给制度的前提下,自带口粮进城务工就业。该文件首次放宽了农民进入集镇(不含县城关镇)的落户限制,户籍严控制度开始松动。

1985 年 1 月，中共中央、国务院印发《关于进一步活跃农村经济的十项政策》，进一步放开"农民进城"的限制，允许农民进城开店设坊，兴办服务业，提供各种劳务。同年 9 月 6 日，全国人大常委会颁布实施《中华人民共和国居民身份证条例》，我国开始正式实行居民身份证制度，公安部开始统一印制、公安机关开始依法颁发和管理第一代居民身份证。身份证制度的施行，从客观上促进了中国人"一证在手，走遍中国"，也为农村剩余劳动力的流动管理提供了便利。1986 年 7 月，国务院颁布了《国营企业实行劳动合同制暂行规定》和《国营企业招用工人暂行规定》，允许国营企业从农村招用工人。

1984 年，我国宣布开放大连、青岛、上海、温州、广州等 14 个港口城市，加上 1980 年确定的深圳、珠海、汕头、厦门 4 个经济特区，形成了对外开放的前沿地带。这些城市经济迅速发展，对劳动力形成巨大需求，农村劳动力转移就业数量快速增加。在农村劳动力向城镇转移就业的过程中，"农民工"这一称谓应运而生。1983—1988 年，全国乡镇企业吸纳农村劳动力达到了 6300 万人。

2.《关于深化农村经济改革的建议（60 条）》提出农村富余劳动力问题

1995 年，中改院在《关于深化农村经济改革的建议（60 条）》中探讨了富余劳动力和分流问题。主要观点是：

第一，"民工潮"将成为我国城镇化进程中的一个重大趋势，必须对其规律加以研究和应对。当时，我们估算我国已有 1 亿—1.2 亿的农村剩余劳动力，今后每年还要净增 600 万—700 万个农村剩余劳动力。随着农业现代化和适度规模经营的发展，农村释放出来的劳动力规模巨大，而乡镇企业技术进步不断加快，资本吸纳农业剩余劳动力的能力明显下降。

第二，要在多渠道和有序分流中缓解农村剩余劳动力转移的压力。城市无法承受"民工潮"的全面冲击，只有通过对"民工潮"的"分流泄洪"，才能保持城市秩序与社会稳定。

第三，要适当放开县城和部分中小城市户口迁移的限制。凡在县城有固定职业、固定收入和固定居住条件的农民都可落户，享有当地城镇居民同等的权利和义务。给在大城市中已居住一定年限、拥有住房和稳定职业及收入的农民发放"蓝印户口"。凡持有"蓝印户口"者在就业、申请经营摊位和柜台、领取工商执照、子女入托入学等方面，与城市居民享有同等待遇。

（二）提出赋予农民全面国民待遇

2002 年 1 月，中共中央、国务院《关于做好 2002 年农业和农村工作的意见》第一次提出了针对农民工进城务工的"公平对待、合理引导、完善管理、搞好服务"十六字方针；同年，党的十六大报告明确提出，"消除不利于城镇化发展的体制和政策障碍，引导农村劳动力合理有序流动"。

1. 给予农民全面的国民待遇

2003 年 1 月 20—21 日，中改院与联合国开发计划署联合主办了"中国农村妇女土地权益保护暨农村改革新突破国际研讨会"。我在研讨会上呼吁"必须给予农民全面的国民待遇"。

我的主要观点是：我国在传统的计划经济体制下，与农民相关的政策基本上以城乡分割为基本特点。20 多年的改革在消除城乡差别方面取得了明显成效，但城乡二元体制尚未从根本上发生改变：在城乡经济关系上，仍然存在某种程度的"剪刀差"；在城乡制度安排上，延续 40 年的户籍制度及农业税收制度等，仍然是城乡融合、统筹发展的严重阻碍；在分配方面，农民实际上担负着比城市居民更重的财政负担，而由于农村经济发展现状，农村居民在社会保障等方面未能与城市居民享有同等权利等。

我建议：按照城乡平等的原则改革农业税收制度，尽快统一城乡税制；全面取消城乡分割的户籍制度，给农民以平等的公民权；要真正使农民工享受同等的劳动权益和就业机会；给农民和国有土地拥有者以及城市其他土地拥有者同等的土地权利；创造条件，使城乡居民逐步享受同等的社会保障；使农民与城市居民一样建立能代表自己利益的农民组织；必须对农村贫困尤其是妇女贫困问题给予足够的关注。

专栏 2.4：　取消农业税

2003 年，全国所有省区市全面推开农村税费改革试点工作。从 2004 年开始，农村税费改革进入新的阶段，由"减轻、规范、稳定"的目标转向逐步降低直至最终取消农业税。2005 年 12 月 29 日，第十届全国人民代表大会常务委员会第十九次会议审议通过了《全国人大常委会关于废止〈中华人民共和国农业税条例〉的决定》，2006 年 1 月 1 日起生效。在我国存在了 2600 多年的古老税种——农业税正式退出历史舞台。

---

2. 为农民提供基本而有保障的公共产品

2003 年 7 月，中改院召开"中国农民权益保护国际研讨会"。会后，中改院向有关部门提交了《为农民提供基本而有保障的公

共产品 推进城乡协调发展(12条建议)》,明确提出:赋予农民工子女和城市居民同等的受教育权利,要加强对社会力量兴办的农民工子女简易学校的扶持,将其纳入当地教育发展规划,统一建立适应市场经济要求的新型农民工社会管理体制。要突出为农民工服务,把对农民工的管理和服务结合起来,把对农民工的管理更多地融入对他们的服务中,通过各种服务来提高管理的效果;规范农民工劳动就业的相关制度,取消各种歧视性的规章和条例,并加强监督检查,设立举报投诉电话,防止变换手法继续向农民工乱收费;各行业和工种尤其是特殊行业和工种要求的技术资格、健康等条件,对农民工和城镇居民应一视同仁,应依法保障农民工人身权利不受侵害。

2004年中央一号文件(《中共中央 国务院关于促进农民增加收入若干政策的意见》)首次提出"进城就业的农民工已经成为产业工人的重要组成部分";2006年3月出台的《国务院关于解决农民工问题的若干意见》进一步提出,逐步建立城乡统一的劳动力市场和公平竞争的就业制度,建立保障农民工合法权益的政策体系和执法监督机制,建立惠及农民工的城乡公共服务体制和制度,拓宽农村劳动力转移就业渠道,保护和调动农民工的积极性。在相关政策措施的积极引导之下,农民工的合法权益不断得到保护,其收入也不断增加。

(三)让农民工融入城镇

1. 党的十七届三中全会决定的重要判断

2008年10月12日,党的十七届三中全会通过了《中共中央关于推进农村改革发展若干重大问题的决定》,做出了三个基本性的重要判断:第一,从总体上说,我们已经进入以工补农、以城市支持农村发展的重要阶段;第二,现在是中国现代农业加快发展的重要时期;第三,我国已经进入改革城乡二元结构加快推进城乡一体化的重要时期。改革开放 30 年,城乡二元结构在某些方面是有所突破的,但农村经济生活、社会生活中有一些深层次的矛盾和问题尚未完全解决。例如,农民工进城快 30 年了,但还不能平等地享受城镇居民的一些基本权利。

2. 农民工不成为历史行吗?

农民工是我国经济社会转型时期形成的一个规模庞大的特殊群体。改革开放以来,这个"特殊群体"为工业化、城镇化做出了历史性巨大贡献,但却难以公平分享改革发展成果。正是在这一背景下,我在 2008 年前后首次正式提出"让农民工成为历史"。

2008 年,我提出"让农民工成为历史"。有人问我:农民工能成为历史吗? 我反问一句:农民工不成为历史行吗? 在我看来,农民工既涉及农村,又联系城市。解决农民工市民化问题,既是城乡一体化的焦点,也是统筹城乡发展的重点。让农民工成为历史,就是要实现农民工与城镇居民身份平等、机会平等、发展公平。我的主要分析是:

第一,当"80 后""90 后"成为农民工主体的时候,传统以农民工为主体的劳动红利还能维持下去吗?

第二,在全球需求萎缩的背景下,还维持着人为压低劳动力价格、维持农民工这样一个特殊群体来支撑经济增长,有可能吗?

第三,如果再往后 10 年,不解决这个问题,它不仅仅是一个经济问题,更是一个严重的社会问题。况且,实现农民工市民化既有很强的需求，又有现实条件。

3. 建议"让农民工成为历史"列入国家"十二五"规划

2010年上半年，我走访了辽宁一些市县，在与当地干部和农民交流的过程中，我更加深刻地感受到解决好农民工问题的重要性。

2010年8月，中改院召开"城乡一体化：趋势与挑战——中国'十二五'时期的农村改革"国际论坛，时任中央农村工作领导小组副组长兼办公室主任陈锡文等300多位领导和专家参加了这次会议。在这次会议上，我以"让农民工成为历史——'十二五'推进城乡一体化的重大任务"为题系统阐述了如何让农民工成为历史的基本思考。我提出，"十二五"全面解决农民工市民化问题的时机已经成熟，条件基本具备，让农民工成为历史应成为经济社会发展目标之一。

在此基础上，2011年3月，作为全国政协委员的我向全国政协会议提交了《建议"让农民工成为历史"列入国家"十二五"规划》，并建议将此作为"十二五"改革发展的重要任务和政府转型的约束性指标。

4. 呼吁尽快实现规模城镇化向人口城镇化的转型

从我国城镇化的特点来看，规模城镇化的特点比较突出，而人口城镇化严重滞后。例如，当时的数据显示，尽管我国规模城镇化率达到50％以上，但人口城镇化率仅有35％左右。因此，我在2012年提出要"明确人口城镇化的转型方向"。2013年，在我主编的《改革红利——十八大后转型与改革的五大趋势》一书中，我将人口城镇化评价为释放内需最大的潜力。2013年3月，在全国政协"积极稳妥推进城镇化，着力提高城镇化质量"提案办理协商会议上，我提出，推进规模城镇化向人口城镇化的转型，争取到2020年，人口城镇化率达到50％以上，实现这一目标关键在于以户籍制度为重点的体制机制创新。2014年和2015年，我在多个场合呼吁建议尽快实现规模城镇化向人口城镇化的转型。当时，有人指出，中央提的是人的城镇化，我的提法与中央的提法不一致。在我看来，人的城镇化是方向、是目标，如果没有形成人口城镇化的大格局，怎么会有全面的人的城镇化？

5. 人口城镇化重在农民工市民化

2013年12月，我在新华网发表《人口城镇化重在农民工市民化》一文，明确提出人口城镇化重在农民工市民化。具体来说：人口城镇化的过程就是农民进入城镇就业并融入城镇生活的过程，农民工市民化是推进人口城镇化的基本内容；提高城镇化的包容性，重头戏是解决好农民工市民化问题；农民工市民化的过程实质上是基本公共服务均等化的过程，实现基本公共服务对农民工全覆盖，需要充分发挥政府和社会两个积极性；农民工市民化牵动和影响全局，推进农民工市民化，让农民工在城镇安家，享受与城镇居民同等的权利和义务，不仅有利于经济社会稳定发展，而且会由此赢得转型发展的主动权。

2015年2月，习近平总书记在中央财经领导小组第九次会议上强调："推进城镇化的首要任务是促进有能力在城镇稳定就业和生活的常住人口有序实现市民化。"[①]2017年4月，我在《经济参

---

① 真抓实干主动作为形成合力 确保中央重大经济决策落地见效[N].人民日报，2015-02-11.

考报》上发表《推进以人为核心的新型城镇化》，提出了新生代农民工的问题，并再次强调农民工市民化是推进以人为核心的新型城镇化的核心。主要观点是：

第一，到 2020 年"让农民工成为历史"，这不仅是个经济问题，也是个重大的社会问题。2020 年有条件、有必要让"农民工"这个不合理的称谓退出历史舞台。

第二，农民工的结构发生重要变化，"十三五"深化户籍制度改革的重要目标就是要让农民工成为历史。随着"80 后""90 后"成为农民工的主体，他们中的多数人已经扎根于城市，很难再回到农村。目前，我国半工半耕户占 70％。2015 年，"80 后""90 后"农民工占农民工总人数的比重已达 55.2％。有调查表明，新生代农民工没有从事过农业劳动的比例高达 85％。

第三，农民工主体结构的变化、农民需求结构的变化决定了农民工市民化很难再往后推 10 年。为此，到 2020 年，要将常住人口城镇化率与户籍人口城镇化率差距缩小到 10％左右。对于山东、江苏、吉林、黑龙江、青海、宁夏等，常住人口城镇化率与户籍人口城镇化率差距已在 10％左右，因此户籍人口城镇化进程可以相应加快。对于二者差距较大的地区，可以设置缓冲时间和采取过渡性办法。

第四，对于农业转移人口的主要流入地，缩小常住人口城镇化率与户籍人口城镇化率差距难度较大。对此，建议先实现公共服务由户籍人口向常住人口扩展，逐步消化存量，优先使有稳定就业和稳定住所、连续居住多年、参加当地社会保障的农民工群体实现市民化。对于流动性大的农业转移人口，将其纳入流动人口管理。

（四）建言"让城乡二元户籍制度退出历史"

中改院"让城乡二元户籍制度退出历史"的建议始于 20 世纪 90 年代。例如,1995 年 5 月向中央有关部门提交的《关于深化农村经济改革的建议（60 条）》提出"适当放开县城和部分中小城市户口迁移的限制"等建议。随着对农民工问题研究的深入,尤其是在 2010 年以来农民工相关的社会矛盾日益凸显的背景下,我提出要尽快推进规模城镇化向人口城镇化的转型,这就引出破题户籍制度改革的必要性与迫切性。

1. 建议将 2020 年作为城乡二元户籍制度退出历史舞台的时间节点

在 2016 年、2017 年我向全国政协大会提交的提案中,建议明确将 2020 年作为城乡二元户籍制度退出历史舞台的时间节点。

之所以连续两年建议,原因是我国改革开放已经近 40 年了,已实现由工业化初期到工业化后期的历史性跨越,二元户籍制度带来的经济社会矛盾问题日益凸显。此外,人口城镇化本身是拉动消费、拉动投资的一个最重要的载体,规模城镇化向人口城镇化的转型,不仅对我国释放内需潜力具有重大作用,而且对投资结构、产业结构等升级都具有重大影响。

2. 建议以居住证制度取代城乡二元户籍制度

2014 年开始,北京、深圳等部分地区开始试行居住证制度,此后试行范围不断扩大。我曾先后在多个试点地区进行调研。在调研中,我发现有些地方把"暂住证"换个名变成"暂时居住证",也有人认为要长期实行户籍制度和居住证制度"双轨制"。在我看来,这两个思路都不可取。我认为要积极创造条件,到 2020 年让城乡二元户籍制度退出历史舞台。于是,在 2017 年向全国政协会议提交的提案中,我就如何使居住证制度取代城乡二元户籍制度提出了自己的四点建议:一是把全面实施居住证制度作为深化户籍制度改革的重大目标。二是进一步完善全面实施居住证制度的条件。三是重在加快推进三个转变,即由对人口的控制向对人口的服务与管理转变,由城乡二元户籍制度向居住证制度转变,由治安部门的管理向人口服务部门的管理转变。四是加快推进配套制度改革。

四、以农业工业化推动农业农村现代化

20 世纪初,不少人开始对家庭联产承包责任制产生怀疑。有人说,家庭经营的责任制规模小,不经济,难以应对加入 WTO 以后的竞争环境。也有人认为,家庭联产承包体制可以解决温饱,但无助于对农业的技术改造事业,因为小农经济自给自足,是趋向保守的。

1990 年 3 月,邓小平曾说:"中国社会主义农业的改革和发展,从长远的观点看,要有两个飞跃。第一个飞跃,是废除人民公社,实行家庭联产承包为主的责任制。这是一个很大的前进,要长期坚持不变。第二个飞跃,是适应科学种田和生产社会化的需要,发展适度规模经营,发展集体经济。"[1]家庭联产承包责任制是中国农村改革的基石,农村土地集体所有、家庭经营制度是适合中国国情的基本经济制度,它有极强的适应性和生命力。如何客

---

[1] 邓小平文选:第 3 卷[M]. 北京:人民出版社,1993:355.

观看待家庭经营和规模经营的关系？如何在家庭联产承包责任制的基础上实现农业农村现代化，实现农村生产方式、经营方式、组织方式的历史性变革？如何适应现代科技和生产社会化的需要从而发展规模经济和集体经济？如何实现农业农村现代化？

（一）浙江桐庐调研见闻

2020年，我到浙江桐庐调研。在一个离县城十几公里外的畲族小镇——莪山畲族乡，一座传统融合现代科技的畲族乡文创中心映入眼帘，让人眼前一亮。当地的干部说，畲族小镇的民宿500元一晚，节假日还一房难求。如今的畲乡，原本不起眼的黄泥房变身为高端民宿，"空心村"转型为特色景区，每年民宿直接收益达2000余万元。这个只有9000多人的民族乡，年GDP大概5亿元。过去5年，农民人均纯收入从19835元增加到38284元，增长93％。2021年村集体经济收入均实现"5030"目标[①]，最高达248万元，农民人均纯收入突破3.8万元，领跑全国畲乡，成功探索出一条实现"绿水青山就是金山银山"，让资源变产业、资产变股份、资金变资本的转换通道。不仅健全村集体经济持续增长长效机制，实现集体富裕带动群众富裕，村集体还安排一定比例的村级集体经济收益用于直接分红或群众社会保障。

（二）农业产业化不是土地归大堆

我国农业结构调整的出发点和归宿是提高质量和效益。当前我国农业结构不合理，主要表现在以下方面：农产品质量不高，

---

① "5030"的目标任务，即到2022年，所有村集体经济总收入达到50万元，经营性收入达到30万元。

不能适应市场化需求的变化；农业区域结构雷同，影响各地比较优势发挥；农产品附加值低，制约增值效益的提高和消费需求的扩大。因此，第一，要优化农业区域布局，合理调整农业生产区域布局，发展特色农业，形成规模化、专业化的生产格局，提高商品率。第二，农业内部要面向市场、依靠科技，积极调整种植业的作物结构、品种结构和品质结构，发展优质高产高效种植业。总之，农业结构调整要牢牢把握住提高质量和效益这个中心环节，在优化品种、优化品质、提高加工水平上下功夫，而不是试图改变家庭经营制度。

我认为，农业产业化不是土地归大堆、重新实行传统的集体化。农业结构调整中最容易出现的问题是：第一，在优化区域化布局、实行专业化生产的过程中，将土地重新归大堆，进行类似于传统的集体作业。第二，侵犯农民土地自主种植和经营权，强迫农民生产和经营他们不愿意生产和经营的产品，导致农民经济损失；结构调整的重点是农产品的质量、数量和效益，绝不能利用结构调整否定家庭经营制度。第三，农民的种植或养殖业在整个产业链条中，因市场风险而处于弱者或被侵害者的地位，常常遭受中间盘剥。

应该看到，农业产业化可以实现一定的规模经营，它的正常发展，能够使分散的农民在产业纽带和共同的利益机制下连成整体力量，有效抗御市场风险。但是，必须在农民自愿的基础上自然而稳步地扩展，绝不能以此破坏家庭经营制度。农民拥有长期而稳定的土地权利更有利于提高生产力，加快结构调整能更有效地应对激烈的国际竞争。

（三）推进农业工业化进程

经过 40 多年的改革开放,我国农业农村的发展条件发生重要变化:一方面,进入工业化后期,工业文明与新科技革命交汇融合,为农业工业化创造了必要的物质技术基础;另一方面,城镇化进入"下半场",以城带乡和城乡要素自由流动,正在为农业工业化提供重要条件。

1. 建言"以农业产业化为重点推进海南乡村振兴"

2018 年,《国家乡村振兴战略规划(2018—2022 年)》提出:"2018 年至 2022 年这 5 年间,既要在农村实现全面小康,又要为基本实现农业农村现代化开好局、起好步、打好基础。"2019 年 10 月 10 日,习近平总书记在参加十三届全国人大二次会议河南代表团审议时的重要讲话中明确,"实施乡村振兴战略的总目标是农业农村现代化,总方针是坚持农业农村优先发展,总要求是产业兴旺、生态宜居、乡风文明、治理有效、生活富裕"①。

2020 年,正值各省(区、市)"十四五"发展规划编制的重要时期,海南省农业农村厅为了更好编制省"十四五"农业农村现代化规划,专门委托中改院开展《"十四五"时期海南省加快推进乡村振兴战略研究》。我牵头组成了课题组,并在海南文昌、海口两地进行了实地调研,对海南乡村振兴,尤其是海南农业工业化发展情况有了切实的了解。调研结束后,我和同事形成了以《以推进农业产业化为重点的乡村振兴正处在重要关节点》为主题的专题调研报告。我们认为:

---

① 习近平总书记两会金句[N].人民日报(海外版),2019-03-15.

第一，在"十四五"期间，海南加快推进乡村振兴，推进热带农业产业化是重点、是关键。

第二，目前，海南农业产业化发展正处于重要的关节点。一方面，以推进农业产业化为重点的乡村振兴的格局初步形成；另一方面，热带农产品保鲜、加工、包装、储藏、运输等产业发展滞后的矛盾突出，成为充分释放海南热带资源价值与生态环境优势的重要制约因素。

第三，抓住未来3—5年的时间窗口期，在农业产业化基础上，加快推进农业生产经营模式与组织形式的现代化进程，就能在热带农业工业化水平及其服务体系建设上实现重要突破，就能全面打响海南热带农产品这张王牌，海南乡村振兴就有了重要保障。

2. 参加中国南方智库论坛"乡村振兴与农业农村现代化"

2021年12月17日，中改院与广东省社科联、广东省社科院等机构共同举办了第十届中国南方智库论坛"乡村振兴与农业农村现代化"。在这次论坛上，我以"以农业工业化推动农业农村现代化——关于广东乡村振兴的几点思考"为主题发表演讲。我的主要观点是：新发展阶段的农业工业化，主要是以市场需求为导向、以农产品加工制造为核心、运用先进制造业和新科技革命成果，提升和改造农业生产方式与组织方式，并由此带动农业农村现代化进程。从广东的情况来看，发展现代农业和推进乡村振兴，重在发挥先进制造业和高科技发展的突出优势，加快推进农业工业化进程。广东已形成农业工业化的突出优势，从广东的发展趋势看，以农业工业化夯实农业农村现代化的产业基础，在全国率先实现农业农村现代化是完全有可能的。

第三章
为什么确立"以公有制为主体，多种所有制经济共同发展"的基本经济制度？
——从一位大学生关于民营企业家的提问说起

2021 年 9 月的一天,我受邀为某大学做改革开放史的讲座,主题是"中华民族伟大复兴的关键抉择——改革开放与中国共产党"。在提问环节中,一个学生说:"我们是生长在社会主义新时代的青年,为什么要给资本家打工?"我问他:"谁是资本家?"他回答:"民营企业家都是资本家。"令我意想不到的是,他的话音刚落,全场 600 余人给了他长时间的热烈掌声。

　　我开始意识到,青年学生们不仅需要学习了解改革开放史,更需要在学习中对中国特色社会主义理论的形成发展有基本认识。民营企业家是不是资本家? 这涉及改革开放中的重大基本性问题,需要放到为什么在改革开放中逐步确立基本经济制度中去认识。

一、"闯"出来的民营经济发展之路

　　记得 1980 年前后,我所在的国防大学商业服务区开始出现不少来自浙江温州的修鞋工、弹棉花工,男男女女都很年轻。这些走南闯北的温州人,从弹棉花、卖纽扣、推销电器开始,如今都成了温州商人。

为什么会出现弹棉花工？1978年改革开放之初，以国营经济为主体的单一公有制经济是我国的所有制结构的基本现状。当时，大家认为所有制的形式越"公"越好、越"大"越好。后来，国家开始对发展城镇集体经济和个体经济放宽了政策，鼓励待业人员组织起来就业或个人自谋职业。就这样，民营经济顽强地生长、复苏、壮大。它无计划、无原料、无能源，但于无声处自求生计、广开门路。伴随着改革开放进程，第一个个体户、第一家私营企业、第一家中外合资企业相继诞生。应当说，改革开放彻底改变了中国民营企业的命运和地位。

专栏 3.1："五老火锅宴"——开启我国民营经济发展大戏

"没有什么事情是一顿火锅解决不了的，如果有，就两顿！"这是时下年轻人常用的网络热梗。然而在我国改革开放历程当中，也曾有一顿著名的火锅，而它所解决的事情，可以说意义非凡、影响深远。

1979年1月17日，为调动广大工商界人士投身经济建设的积极性，邓小平邀请民建中央、全国工商联的胡厥文、胡子昂、荣毅仁、周叔弢、古耕虞5位老同志到人民大会堂福建厅座谈。座谈会持续了2个多小时，时至中午，邓小平提议共进午餐，吃的是传统的老北京涮羊肉。火锅热气腾腾，主宾谈笑风生，这次座谈会也就有了"五老火锅宴"之称。

"五老火锅宴"上，邓小平第一次提出希望原工商业者利用落实政策以后的资金办私人企业，打开了非公有制经济发展的禁区。

(一)个体工商户从无到有、从小到大

我国的个体工商户,就是在面对困难、解决困难中从无到有、从小到大,实现了巨大的发展,已经成为推动我国经济发展的重要力量。

1. 从"投机倒把罪"说起

20世纪80年代初,我被国防大学抽调到海淀区法院当法官,亲历那个年代的某些经济刑事案件,亲历了"严打",比如"投机倒把罪"。那时候,所谓的"倒卖"并且超过一定数额就可以定罪。这些事情虽然已经成为历史,但它们是我国从排斥市场到承认市场的一个历史缩影。

党的十一届三中全会做出实行改革开放的伟大决策,为非公有制经济的发展打开了大门,也为个体私营经济的恢复发展创造了条件。为了缓解就业压力、繁荣经济、方便群众生活,在中央恢复和发展个体经济的政策导向下,个体经济逐步萌芽。

但是,那个年代做生意都是偷偷摸摸的。比如农民长途贩运,曾有过一次大讨论。当时,经济学家薛暮桥为农民贩运土特产发声,他质问:"让山货土产烂在山上是'社会主义',把它们运出来满足城市人民需要倒是'资本主义',哪有这样的道理?"1980年6月20日,《人民日报》刊登的一篇文章认为,"长途贩运是靠自己的劳动谋取收入的活动,不能说是投机倒把"。文章反响很大,有十几家省报转载。后来,1983年中央一号文件正式允许"农民个人或合伙进行长途贩运"。当年1月12日,《人民日报》刊登福建仙游县农民合股组织长途贩运的消息,并发表短评称,农民长途贩运对国家、集体、社员都有利。长途贩运由此"正名",退出

了投机倒把范围。

2. 第一张"工商营业执照"

1980 年 12 月,温州市工商局给章华妹颁发了改革开放以后,也是新中国成立后发出的第一张个体工商业营业执照。随后,第一批 1800 多名合法个体经营户在温州诞生了。按照章华妹在接受中改院"口述改革历史"访谈中讲到的:"我们做生意是偷偷摸摸的,那时候温州成立了一个打击投机倒把办公室。他们的人一过来我们就关门,把东西藏在里面,人从后门跑。""拿到营业执照后,我们也不需要偷偷摸摸了,因为我们已经有保证了。"从 1980 年第一张个体工商业营业执照颁发以来,截至 2021 年底,全国登记在册的个体工商户已达 1.03 亿户。

由于逐步放宽了限制,饮食、缝纫、洗浴、理发、修理、照相等与人民群众生活息息相关的个体服务业加速发展。截至 1982 年底,从事社会零售、饮食业、服务业的全民所有制、集体所有制、合营、个体等各种经济类型机构达 383.2 万个,从业人员达 1292.1 万人,城乡集市达到 44775 个。随着商业网点的增加和个体户的增多,吃饭、购物、理发、修理等老百姓的生活难题有了一定程度的缓解。

> **专栏 3.2："下海经商"浪卷全国**
>
> 当时,人们普遍的思想观念是"捧铁饭碗、拿死工资"。然而,一部分有着强烈经商意识的人却不安于现状,开始把"铁饭碗"扔到一边,一头扎入"商海"。"下海""停薪留职"也成为当时的流行词。

到 1985 年底,全国登记注册的城乡个体工商户发展到 1171.4 万户,从业人员为 1766.2 万人,注册资金 1642021 万元,户均资金 1402 元;1988 年,全国个体工商户 1452.7 万户,从业人员 2304.9 万人,注册资金 311.9 亿元,户均资金 2147 元。截至 2021 年底,全国登记在册的个体工商户已达 1.03 亿户,约占市场主体总量的三分之二。这是一个历史性突破,迈上了 1 亿户的台阶。调查显示,个体工商户每户平均从业人数为 2.68 人,以此推算,全国个体工商户解决了我国 2.76 亿人的就业。应当说,这是个翻天覆地的变化。同时,实践证明,像我国这样一个 14 亿多人口的大国,只要依靠群众性的多渠道经营形式,只要激发出亿万群众的积极性、创造性,是可以不断满足人民生产生活需要的。

(二)乡镇企业"异军突起"

2020 年,我到浙江桐庐调研,沿途看到的乡镇和农村,放眼看去,沿着公路的两边尽是一座座厂房,搞纺织的,搞物流的,搞内窥镜的,令我目不暇接。当地的同志向我介绍,占我国快递业半壁江山的"三通一达"(申通、中通、圆通、韵达),都从桐庐发家。桐庐,一个原本交通闭塞的浙江杭州下辖山区小县,已发展成为"中国快递之乡"。数据显示,全国由桐庐籍企业家创办的快递企业已达 2500 多家。截至 2021 年,仅"通达系"快递企业配送快递就达 683 亿件,占全国配送快递总量的 63%。桐庐 2021 年快递关联产业实现营收 320.64 亿元,入库税收 12.77 亿元,占全县财政总收入的 18.9%。桐庐的发展经验,是我国乡镇企业发展的一个缩影。

乡镇企业是中国农民的伟大创造,也是中国改革开放催生的一个新生事物,被邓小平同志称为"异军突起"①。我国乡镇企业的前身是社队企业,其发展经历了一个艰难而漫长的过程。在人民公社全国普遍建立的基础上,伴随着大炼钢铁等,一大批公社办的工业企业一哄而起。这一时期,由于错误地把经济活动当作政治运动来贯彻执行,未能按照客观经济规律办事,我国农村工业并未实现实质性的发展。

20世纪80年代初实行的家庭联产承包责任制,带来亿万农民生产积极性的发挥和农业劳动生产率的大幅提升,进而使大量农村劳动力从土地的束缚中解放出来,迫切需要大力发展非农产业予以吸收。在这种情况下,从1978年到1983年,社队企业在全国各地广泛地兴办起来,农村个体、联户办企业也悄然兴起并逐渐发展壮大。1984年中央4号文件将社队企业正式改称为乡镇企业,对家庭办和联户办企业及时给予了充分肯定。

1984年以来,国家对乡镇企业采取了更加积极的扶持政策,乡镇企业进入了一个全面发展的高峰期。比如,在此之前,在计划经济体制下,乡镇企业在产品流动、原材料采购、销售渠道等方面都面临重重困难。1984年开始,企业在组织生产、产品销售等方面获得了较大的自主权。例如,中央允许农民集体和个人从事长途运输,本着"有路大家行车,有河大家行船"的精神,支持农民发展运输业;同时,尽量减少现货产品的统购统销产品和数量;鼓励城乡之间进行经济交往、人才流动,并对乡镇企业给予税收、信贷政策支持。

---

① 邓小平说,农村改革中,我们完全没有预料到的最大收获,就是乡镇企业发展起来了。突然冒出搞多种行业,搞商品经济,搞各种小企业,异军突起。

1985年，我国第七个五年计划出台，提出乡镇企业总产值到1990年比1980年增长1倍的目标。1986年、1987年仅用两年的时间，就超额完成了"七五"计划的产值目标。到1988年企业个数达1888万个，从业人数达9546万人，总收入达4232亿元，4年间乡镇企业数平均每年增长52.8%，从业人数平均每年增长20.8%，总收入平均每年增长58.4%，乡镇企业总产值占农村社会总产值的58.1%。

进入20世纪90年代，乡镇企业的发展虽然会随着国民经济发展的整体情况起伏变化，但稳步发展的总体态势没有改变。特别是随着政策与法规体系建设，乡镇企业逐步走上了法治、健康、有序的发展道路。到2017年底，乡镇企业总产值达85万亿元，乡镇企业数量达3200多个，其中集体企业13万个，私营企业51万个，个体工商户2500万个，其他为混合所有制企业；乡镇企业从业人数达1.64亿人，其中集体企业350万人，私营企业5600万人，个体工商户6300万人，其他为混合所有制企业人数。

(三)"傻子瓜子"引发的雇工问题大讨论

20世纪70年代末期，安徽芜湖小商贩年广久的"傻子瓜子"生意兴隆，并由此引发了一场关于雇工问题的大讨论。直到今天，这场雇工问题大讨论还影响深远。一颗小小的瓜子，折射了改革开放改变人们旧有思想观念、冲击陈旧体制机制的时代缩影。

1. 个体工商户雇工不能超过7人？

在改革开放初期，我国城乡的个体经济得以恢复和发展，其经营规模日渐扩大。1979年2月，国家工商行政管理局向中共中央、国务院提交的报告提出："各地可以根据当地市场需要,在取得有关业务主管部门同意后,批准一些有正式户口的闲散劳动力从事修理、服务和手工业等个体劳动,但不准雇工。"这份报告第一次在政策层面上明文规定可以搞个体经济,功不可没,但是在雇工问题上,还是划了禁区。

1981年,国务院发布108号文件《国务院关于城镇非农业个体经济若干政策性规定》,文件指出,个体经济一般是个人经营或家庭经营,必要时,经过工商行政管理部门批准,可以请1—2个帮手,技术性较强或者有特殊技艺的可以带3个最多不超过5个学徒。这两份文件突破了1979年国家工商行政管理局关于"不准雇工"的规定,但回避了"雇工"这个敏感词。

随着个体经济的发展壮大,他们逐渐突破了国家规定的雇工8人的限额,成为事实上的私营企业。1972年,安徽芜湖的年广久开始炒卖瓜子,由于他博采众长,改进炒作工艺,终于在1981年创制出了风味独特,并以自己绰号命名的"傻子瓜子"。随着经营规模迅速扩大,1981年,年广久开始雇工经营,雇用10人以上。从1982年10月开始,他先后在芜湖市增设了3个生产点,雇工达60多人。人们议论纷纷,也引起了中央和地方各级领导的关注。

《人民日报》当时就雇工问题进行了讨论,其他媒体也就此类问题展开讨论。一些理论家把此类现象上纲上线到"复辟资本主义"的高度,一时间争论得不可开交。争论的实质,其实还是社会主义允不允许发展私营企业。有的经济学家搬出经典,从马克思《资本论》中得出结论:雇工7个人以下,赚了钱用于自己消费的,算个体户;雇工8个人以上,就产生了剩余价值,就算剥削,就是资本家。现在的年轻人可能会觉得不可思议,但在当时就是现实,这个标准也影响了当时一大批个体工商户的命运。

2. 从"看一看""怕什么"到"不能动"

雇工 7 个人还是雇工 8 个人,成为是不是存在剥削、是个体户还是资本家的"唯一标准"。首当其冲的就是"傻子瓜子"。没想到,"傻子瓜子"在 1980 年、1984 年和 1992 年被邓小平三次"点名"。1980 年,邓小平在第一次看到关于"傻子瓜子"问题的报告后,肯定个私经济的发展,并对一些人争论新生事物的姓"社"姓"资"问题,明确表示要"放一放"和"看一看"。

第二次"点名"是 1984 年 10 月 22 日,邓小平在中央顾问委员会第三次全体会议上的讲话中明确指出:"前些时候那个雇工问题,相当震动呀,大家担心得不得了。我的意见是放两年再看。那个能影响到我们的大局吗?如果你一动,群众就说政策变了,人心就不安了。你解决了一个'傻子瓜子',会牵动人心不安,没有益处。让'傻子瓜子'经营一段,怕什么?伤害了社会主义了吗?"[①]

类似这样一些表态,代表中央发出了支持私营企业发展的积极信号,引导人们逐渐形成了"雇工经商不犯法""赚钱致富不是罪"的社会意识。在"等一等"方针下,一些思想相对较为解放的地区,个体户开始突破雇用 7 个人的限制,有的雇工甚至达到百余人、数百人。以民营经济起步最早的温州为例,根据 1986 年初的统计,当时温州农村有雇工 4.2 万人,分别受雇于 1.3 万户家

---

① 邓小平文选:第 3 卷[M]. 北京:人民出版社,1993:91.

庭工业和联户企业。雇工 30 人以上的大户有 120 多家，共雇工 5000 余人，占全部雇工数的 12%①。从这个角度看，个体大户已实质性向私营企业转变。

到了 1992 年，邓小平在回顾当时的情况时说："农村改革初期，安徽出了个'傻子瓜子'问题。当时许多人不舒服，说他赚了一百万，主张动他。我说不能动，一动人们就会说政策变了，得不偿失。"②

（四）民营经济在改革开放春风中不断发展壮大

国家统计局数据显示，1992—2019 年，我国私营企业户数由 14 万户增长到 3516 万户，年均增长 22.7%；1992—2016 年，私营企业吸纳就业人数由 956 万人增长到 22833 万人，年均增长 14.1%；其中，我国私人工业企业数量 28.6 万户，占工业企业数量的 71.7%。2012—2021 年，我国民营企业数量从 1085.7 万户增长到 4457.5 万户，10 年间翻了两番，民营企业在企业总量中的占比由 79.4% 提高到 92.1%③。

从民营企业上市公司的情况看，1990 年，中国股市正式开市。当年共有 8 家公司上市，其中民营企业 3 家。自此之后，民营公司（以私营控股为主）保持了快速的上市步伐。数据显示，截至 2021 年 6 月末，我国共有民营上市公司 2819 家，占我国境内上市公司总数（4386 家）的 64%；其中，科创板民营上市公司占比 80%，创业板民营上市公司占比 86%④。

---

① 洪振宁. 温州改革开放 30 年[M]. 杭州：浙江人民出版社，2008：76.
② 邓小平文选：第 3 卷[M]. 北京：人民出版社，1993：371.
③ 民营企业数量 10 年翻两番[N]. 人民日报，2022-03-23.
④ 民营上市公司高质量发展要树立"五观"[N]. 证券日报，2021-08-05.

从民营企业500强的情况看,2001年我国民营企业500强的入选门槛仅为2.95亿元,到2022年已提高到263.67亿元;民营企业500强收入总额由4947亿元增长到38.32万亿元,增长了76.5倍;占当年GDP的比重由4.49%提升至33.5%[①]。今天,民营企业对我国国民经济的贡献度和作用与改革开放初期相比已经不可同日而语。

(五)海南的改革实践:各类所有制平等竞争、竞相发展

建省之初的海南,市场经济正处在起步阶段。在经济比较落后的特定背景下,怎么建立海南的市场环境和发展环境?怎么发展各类企业?我到了海南以后,就牵头形成一份《海南省体制改革初步设想》,其中就提出要"制定平等竞争的各项具体政策"。

1. 海南省第一次党代会报告提出"大胆进行所有制结构改革"

1988年,我参加了海南建省第一次党代会的筹备工作,并以我为主起草了海南省第一次党代会报告《放胆发展生产力开创海南特区建设的新局面》。报告旗帜鲜明地提出,"大胆进行所有制结构的改革"。改革所有制结构是当时体制改革的一项重要任务。境内外各种经济成分来海南投资,引起海南所有制结构的变化;国营企业的经营管理形式落后,职工对企业不关心,影响了企业的经济效益和生产规模。因此必须引进竞争机制,敢于改变所有制结构。

2. 进一步推动海南各类所有制企业不受比例限制,竞相发展

1990年3月,我在海南省政策研讨班上给领导干部讲课,向

---

① 根据全国工商联发布的2001年和2022年"中国民营企业500强榜单和调研分析报告"相关数据整理。

大家讲述海南特区经济体制的模式与特点。当时，我概括海南特区经济体制的模式与特点主要有三个：一是小政府、大社会；二是多种经济成分竞相发展；三是主要以市场调节为主的新体制。

海南为什么要鼓励多种经济成分平等竞争、竞相发展？从当时的实际来看，最重要的是两条：一是海南在比较落后的基础上办全国最大的经济特区，对资金的需求量相当大，不仅是眼前一个时期，而且在今后一个长期发展过程中，也都主要是以吸收外资为主。二是当时海南的经济发展水平还比较低，适应这种经济发展水平的要求，应当使城乡私营经济、个体经济相应地发展。如果不顾这样一个生产力水平的要求，或者不顾实际地强调发展全民所有制企业，过于限制城乡私营经济、个体经济的发展，是不符合海南生产力发展的实际情况的。所以在海南要强调多种经济成分平等竞争、竞相发展，所有制比例不受限制。

当时，有位领导问我："如果今后三资企业、私营企业和个体经济有了很大的发展，占了相当大的比例，我们不就是不以公有制为主体了吗？海南不就是搞资本主义了吗？"这个问题很尖锐。我回答：

第一，在海南无论哪一种经济成分的发展，都必须在"小政府"的宏观控制和管理的基本前提下来进行。只要这个基本前提确立了，那么多种经济成分的发展就符合社会主义国家的整体利益，就能置于社会主义宏观控制的指导之下。我们讲的多种经济成分发展，不是生产的无政府状态，它是符合社会主义国家整体利益，并且是在社会主义国家宏观控制指导下进行的。从根本上说它是符合广大人民群众利益的。为什么党的十一届三中全会以来,一再强调发展多种经济成分是对社会主义经济的补充,是符合整个国家利益的,道理就在这里。我国正处在社会主义初级阶段,由于我们的生产力发展水平很低,商品经济不发达,在坚持以公有制为主体、以按劳分配为主要分配形式的前提下,发展多种所有制形式,发展多种分配形式,这就是我国的基本国情。既然如此,我们就应该鼓励各种所有制经济适当发展,就有个在不同地区多种经济成分发展的不同要求问题。

第二,为什么它不是资本主义?很多同志讲公有制的比例占不占主体,涉及海南搞资本主义还是社会主义的问题。我认为,以公有制为主体是指全国而言。中国是一个社会主义国家,从国家的性质和整个发展水平出发,在全国范围内必须以公有制为主体,因为全国的经济发展水平具备了这一前提条件。不能够讲公有制占主体,只拿一个地区来衡量。海南鼓励多种经济成分共同发展,三资企业占很大比重,正是为了巩固补充全国以公有制为主体这样一个要求而采取的措施,是从全国的整体利益出发采取的措施,不是海南自己决定办特区,而是国家根据经济、社会发展的要求,在海南办一个全国最大的经济特区。

第三,我们强调多种所有制经济成分平等竞争、竞相发展,既不是限制三资企业、私营经济、个体经济的发展,也不是限制国营、集体企业的发展,相反的是要在这种平等竞争、竞相发展中,发展壮大全民和集体所有制企业的实力,充分发挥它们应当发挥的经济效益,充分发挥它们应当发挥的作用。是在传统体制下发展企业好,还是在符合商品经济规律这样的前提下发展企业好呢?哪一种发展机制能使企业效益得到提升呢?哪一种发展机制能为国家、企业、人民提供更高的经济效益呢？是企业吃国家的"大锅饭"好，还是企业为国家提供它应当提供的贡献好呢？哪一种途径能使国营、集体企业得到尽快发展呢？我们提出很多企业改革的目的，就是要使国营企业得到一个相当大的发展，改变目前效益不高、亏损面很大的状况。

第四，社会主义的基本任务是要大力发展生产力。我们坚持以公有制为主体的根本目的，就是要极大地发展生产力，增加生产力的总量。比如，在全国工业发展方面，主要是全民所有制企业，这个所有制形式是适合生产力发展要求的，问题在于管理和经济运行机制上。就一个地区而言，由于生产力发展水平很低，以全民企业为主体需要有一个比较长时间的过渡。但一个地区也好，某个局部也好，它与全国经济发展的全局连在一起，是一盘棋。

1992年3月，海南省体制改革办公室向省委、省政府提交了《海南社会主义市场经济体制基本框架初步形成——海南五年来改革基本实践的概括》的报告。在这份报告中，我们回顾和凝聚了这5年来改革的风雨兼程和激情岁月。我们认为这5年的初步成效之一，就是初步形成了企业平等竞争的基本格局。这句话说起来很简单，但是实际操作中，真的凝聚了辛酸苦辣。

为什么？企业是市场的主体，要把企业推向市场、搞活企业，关键在于给企业创造一个宽松的、平等竞争的社会经济环境。经过5年的改革，我们不断完善对企业的政策，初步形成了企业平等竞争的基本格局。主要表现在：

第一，当时海南各类所有制企业不受比例限制，竞相发展，明确不能人为地硬性规定哪种所有制占多大比例。只要投入一定的资金、符合投资条例、遵守法律,任何企业都可以在海南注册经营。这一条政策很重要。当时就因为这一条,吸引了大量的企业和资金。一切能公开招标、竞投的项目都可采取公开招标、竞投的办法。我们还出台规定,所有在海南注册的企业都有权进口本企业所需要的生产资料和出口本企业生产的产品。

第二,在海南注册的所有企业经营方式多元化,可以一业为主、多种经营。

第三,所有在海南注册的企业和企业职工都按照同一标准参加养老保险、医疗保险、失业保险和工伤保险。

第四,在海南,除了涉及国家安全、国防尖端技术的企业,具有战略意义的稀有金属开采项目以及国家专卖的,其余企业都可以创造条件,积极推行股份制。

由于这些措施,在国内外掀起了一股海南投资热。各类企业都得到了很快的发展。1987年底,海南三资企业只有139家,内联企业218家,城镇个体工商户5万多家。到1992年10月,三资企业已达3147家,内联企业7500多家,私营企业达到3000多家,城镇个体工商户10万多户。

随着经济的超常规发展,人民生活水平也不断提高。1992年海南全省城镇居民人均生活费收入2020元,比1987年的973元增长107.6%,年均递增15.7%;农民人均纯收入850元,比1987年的502元增长69.3%,年均递增11.1%。

二、为什么要确立社会主义基本经济制度？

以公有制为主体，同时发挥国有经济的骨干作用和民营经济的重要支撑作用，是我国社会主义基本经济制度的重要内容。改革开放 40 多年来，我国经济所有制结构发生重大变化，逐步形成"以公有制为主体、多种所有制经济共同发展"的格局，并作为我国社会主义初级阶段的一项基本经济制度确立下来。可以看出，我国所有制结构的变化演进，突出表现在民营经济在所有制结构中身份与地位的根本性变革。

（一）基本经济制度的确立是改革开放的重大突破

1978 年改革开放之初，我国是一个大一统的计划经济体制，公有制经济一家独大，民营经济占比几乎为零。改革开放 40 多年来，我国经济所有制结构发生了重大变化。改革开放以后，针对计划经济体制下国营企业弊端逐步改革，逐步突破所有制禁锢，放活民营经济，在曲折发展中逐步形成"以公有制为主体、多种所有制经济共同发展"的基本经济制度，并把它作为我国社会主义初级阶段的一项基本经济制度正式确立下来，这是经济体制改革理论的一个重大突破。今天，推进新时代全面深化改革，正确认识和理解社会主义基本经济制度的内涵和实质是一个基本前提。

1. 从单一公有制到"个体经济是公有制经济的必要补充"

1954 年《中华人民共和国宪法》首次确立了社会主义基本经济制度，提出全民所有制的国营经济是国民经济中的领导力量，要保证逐步消灭剥削制度,建立生产资料的社会主义公有制,即包括全民所有制和劳动群众集体所有制在内的基本经济制度,奠定社会主义的经济基础。这确立了新中国成立初期单一社会主义公有制的基本经济制度。

1978 年 12 月,党的十一届三中全会做出实行改革开放的伟大决策。当时,全会提出"社员自留地、家庭副业和集市贸易是社会主义经济的必要补充部分,任何人不得乱加干涉"。1981 年 6 月,党的十一届六中全会正式提出,"一定范围内的劳动者个体经济是公有制经济的必要补充"。1980 年,邓小平同志在总结过去的错误时讲道:"总起来说,第一,不要离开现实和超越阶段采取一些'左'的办法,这样是搞不成社会主义的。我们过去就是吃'左'的亏。第二,不管你搞什么,一定要有利于发展生产力。"①在如何坚持以公有制为主体、发展多种经济成分问题上,能否正确把握基本国情,能否牢牢把握解放和发展生产力这个中心,是关系到能否实现经济发展、社会稳定的大问题。1982 年 9 月,个体经济作为公有制经济的"必要的、有益的补充"②被写进了党的十二大报告。同年,《中华人民共和国宪法》修改,个体劳动者经济是"社会主义公有制经济的补充"③被写进宪法。从此,个体经济的身份获得了法律的认可。

---

① 邓小平文选:第 2 卷[M].北京:人民出版社,1994:312.
② 中共中央文献研究室.十二大以来重要文献选编(上)[M].北京:中央文献出版社,2011:17.
③ 中共中央文献研究室.十二大以来重要文献选编(上)[M].北京:中央文献出版社,2011:189.

2. "坚持以公有制为主体、多种经济成分共同发展"的方针

1992 年，党的十四大报告提出，"经济体制改革的目标，是在坚持公有制和按劳分配为主体、其他经济成分和分配方式为补充的基础上，建立和完善社会主义市场经济体制"。党的十四大报告还提出，"在所有制结构上，以公有制包括全民所有制和集体所有制经济为主体，个体经济、私营经济、外资经济为补充，多种经济成分长期共同发展，不同经济成分还可以自愿实行多种形式的联合经营"。在党的十四大精神鼓舞下，1992 年民营经济发展取得了历史性的突破，在我国工业总产值中，各类非国有经济成分的贡献率第一次超过国有经济的贡献率，达到 51.9％。这是一个历史性的变化。

3. 正式确立公有制为主体、多种所有制经济共同发展的基本经济制度

党的十五大明确提出，"非公有制经济是我国社会主义市场经济的重要组成部分"，把"公有制为主体、多种所有制经济共同发展"确立为我国的基本经济制度。在 1999 年宪法修正案中，中国特色社会主义基本经济制度正式入宪。第六条第二款规定："国家在社会主义初级阶段，坚持公有制为主体、多种所有制经济共同发展的基本经济制度。"第十一条规定："在法律规定范围内的个体经济、私营经济等非公有制经济，是社会主义市场经济的重要组成部分。"

从"有益补充"到"重要组成部分"，再到"基本经济制度"，是认识过程的重大飞跃。我当时在一篇《民营经济的动员令》的文章中指出："关于非公有制经济的地位，从 1982 年党的十二大提出'必要的、有益的补充'到 1997 年党的十五大提出'重要组成部分',这是一次质的飞跃。"把以公有制为主体、多种所有制经济共同发展作为我国社会主义初级阶段的一项基本经济制度正式确立下来,这是经济体制改革理论的一个重大突破,是制度创新的一个重大突破。

4. 分配方式和社会主义市场经济体制纳入基本经济制度

党的十九届四中全会明确提出:"公有制为主体、多种所有制经济共同发展,按劳分配为主体、多种分配方式并存,社会主义市场经济体制等社会主义基本经济制度,既体现了社会主义制度优越性,又同我国社会主义初级阶段社会生产力发展水平相适应,是党和人民的伟大创造。"这一新的概括,第一次在党的文件中把分配方式和社会主义市场经济体制纳入基本经济制度范畴,标志着我国社会主义基本经济制度更加成熟、更加定型。"公有制为主体、多种所有制经济共同发展""按劳分配为主体、多种分配方式并存""社会主义市场经济体制",三者相互联系、相互支撑、相互促进,内在统一于社会主义基本经济制度。

(二)确立社会主义基本经济制度是符合国情的重大选择

1987 年 9 月,我在《瞭望》周刊第 44 期发表的《邓小平同志关于改革的思想是对科学社会主义的重要贡献》一文中提出,邓小平同志在 1979 年就十分明确地提出:"我们要在大幅度提高社会生产力的同时,改革和完善社会主义的经济制度和政治制度。"邓小平同志抓住社会生产力的发展要求同现行经济、政治体制之间的矛盾,正是科学地把握住了我国社会主义初级阶段生产力与生产关系、经济基础与上层建筑之间矛盾的具体表现形式。这些改革都是为了适应社会主义现代化建设的需要，都是为了解决现行各种体制同社会主义现代化建设不相适应的问题。

改革开放 40 多年来，尽管我国基本经济制度被写入了党的文件、写入了国家的宪法，但是，中国特色社会主义为什么选择了"公有制为主体、多种所有制经济共同发展"作为基本经济制度，仍是需要深入研讨的重大问题。

1. 为何中国特色社会主义选择这一基本经济制度

1988 年，我在《大特区》杂志创刊号发表了《大特区的社会主义》一文，其中阐述了我对社会主义的基本认识。文中提出，老百姓追求的社会主义，主要体现为"三个一点"，即"生产力发展速度快一点，平均富裕程度高一点，民主自由多一点"。党的十一届三中全会后，党和国家总结自己搞社会主义实践中做到了解放思想、实事求是。党的十三大提出的社会主义初级阶段理论，就是这一探索的结晶。党的十三大报告指出："在所有制和分配上，社会主义社会并不要求纯而又纯，绝对平均。初级阶段，尤其要在以公有制为主体的前提下发展多种经济成分，在以按劳分配为主体的前提下实行多种分配方式，在共同富裕的目标下鼓励一部分人通过诚实劳动和合法经营先富起来。"我的理解是，这个阐述在如何认识中国特色社会主义上前进了一大步。

2. 任何所有制形式都要取决于、服从于生产力的发展水平

党的十一届三中全会以后，邓小平同志反复指出，我们的中心任务就是发展生产力，过去搞"一大二公"的错误，就是离开了生产力发展的要求。

发展多种所有制经济是社会成员主动性和创造性的制度性

保障。社会主义,是能极大地发展生产力的社会主义,是能逐步实现共同富裕的社会主义。以发展生产力为主要标准的多元所有制经济结构则是问题的关键所在。促进生产力发展的主要动力来自每一个社会成员的主动性和创造性,而发展多种所有制经济则是这种主动性和创造性的制度性保障。因此,我们坚持以公有制为主体,坚持以按劳分配为主的分配形式,不是为了坚持而坚持,而是为了使所有制和分配形式符合生产力发展的要求,符合客观经济规律。

3. 社会主义初级阶段的重大判断

1987 年 10 月,党的十三大对社会主义初级阶段理论作出了比较系统的阐述,确定了"一个中心、两个基本点"的基本路线,提出了"三步走"的社会主义现代化发展战略。社会主义初级阶段理论的创立和发展,是中国共产党的重大理论创新,是符合我国基本国情的重大判断。今天,回顾过去的经验教训,就在于超越了发展阶段。例如,1956 年底社会主义改造基本完成后,由于在经济发展上急于求成,片面追求"一大二公",建立了高度集中的计划经济体制,私营经济等非公有制经济基本消亡。1957 年,我国城镇个体工业劳动者仅为 64 万人,比 1953 年的 375 万人减少了 311 万人。后来逐渐演变到"大跃进"、人民公社、社会主义教育运动,"文化大革命"。这些都是由对基本国情的错误判断而导致的严重失误。新中国成立初期,我国城镇个体劳动者约为 900 万人,到 1966 年仍有近 200 万人,1978 年底只剩下 15 万人。1978 年,在我国国民经济构成中,国营经济约占 56%,集体经济约占 43%,其他经济成分几乎为零。

我国正处在社会主义初级阶段，这个基本国情决定了我国不能采取单一的公有制形式和按劳分配方式。任何所有制形式和分配形式都取决于、服从于生产力的发展水平。从根本上说，社会主义之所以有生命力、有优越性，正在于它的所有制形式和分配形式始终自觉地服从于生产力发展的需要。在经济领域，必须把是否有利于生产力的发展作为考虑一切问题的出发点和检验一切工作的标准，不能离开生产力的标准，纠缠于姓"资"还是姓"社"的抽象议论。

4. 多种所有制经济共同发展是在国家宏观调控指导下进行的

提倡和鼓励各种所有制成分平等竞争、竞相发展，是在社会主义国家整个宏观调控指导下有计划进行的。不能说在一个地区，全民所有制企业不占主体，这个地区就是搞资本主义。我们要从全局出发看待这个问题，要从社会主义国家的全局和整体利益上来看待和分析局部问题及其性质。这样，才有一个观察问题的基本立场和态度。

> **专栏 3.3： 新旧"非公 36 条"**
>
> 2005 年 2 月，国务院颁布《关于鼓励支持和引导个体私营等非公有制经济发展的若干意见》（被称为"非公 36 条"），指出，公有制为主体、多种所有制经济共同发展是我国社会主义初级阶段的基本经济制度。
>
> 2010 年 5 月 13 日，国务院再次发布了《国务院关于鼓励和引导民间投资健康发展的若干意见》（简称"新非公 36 条"），进一步拓宽了民间投资的领域和范围。

（三）"两个毫不动摇"与平等保护财产权

改革开放彻底改变了我国民营企业的命运与地位。特别是随着党和政府关于非公有制经济的方针、政策、制度、法规逐步完善,民营企业身份也真正实现了由"资本家"向"自己人"的转变。

1.《宪法》关于发展民营经济的四次重要修改

改革开放以来,我国《宪法》历经一次全面修改和五次部分修正,为改革开放提供了坚实的宪法法理基础和法治保障。其中,涉及民营经济发展的有四次。1982 年《宪法》第十一条:"在法律规定范围内的城乡劳动者个体经济,是社会主义公有制经济的补充。"第十三条:"国家保护公民的合法的收入、储蓄、房屋和其他合法财产的所有权。"1988 年《宪法》第十一条增加:"国家允许私营经济在法律规定的范围内存在和发展。""私营经济是社会主义公有制经济的补充。国家保护私营经济的合法的权利和利益,对私营经济实行引导、监督和管理。"1999 年《宪法》第十一条修改为:"在法律规定范围内的个体经济、私营经济,是社会主义市场经济的重要组成部分。"2004 年《宪法》第十一条修改为:"国家鼓励、支持和引导非公有制经济的发展,并对非公有制经济依法实行监督和管理。"可以看出,随着对民营经济认识的不断深入,党和政府以根本大法的方式逐步明确并确立了民营经济在国民经济中的身份和地位。

2. "两个毫不动摇"是党的基本方针

党的十六大首次提出,"毫不动摇地巩固和发展公有制经济""毫不动摇地鼓励、支持和引导非公有制经济发展"。党的十八大进一步提出，"毫不动摇鼓励、支持、引导非公有制经济发展，保证各种所有制经济依法平等使用生产要素、公平参与市场竞争、同等受到法律保护"。党的十九大把"两个毫不动摇"写入新时代坚持和发展中国特色社会主义的基本方略，作为党和国家一项大政方针进一步确定下来。

同时，党的十八届三中全会提出，公有制经济财产权不可侵犯，非公有制经济财产权同样不可侵犯；国家保护各种所有制经济产权和合法利益，坚持权利平等、机会平等、规则平等，废除对非公有制经济各种形式的不合理规定，消除各种隐性壁垒，激发非公有制经济活力和创造力。党的十九大报告提出，经济体制改革必须以完善产权制度和要素市场化配置为重点，实现产权有效激励、要素自由流动、价格反应灵活、竞争公平有序、企业优胜劣汰。可以看出，新阶段党和政府支持鼓励发展民营经济，已经从以往的身份和地位的明确向以市场准入、公平竞争、产权保护等为重点营造良好环境方面延伸。从实际看，党的十八大以来，通过深化"放管服"改革，在加强产权保护、促进公平竞争方面出台了一系列政策。

近年来出台的支持民营经济发展的政策措施很多，但有些落实不好、效果不彰，主要原因就在于有些人对党和国家鼓励、支持、引导民营企业发展的大政方针认识不到位，工作中存在不应该有的政策偏差，在落实平等保护产权、平等参与市场竞争、平等使用生产要素等方面还有很大不足。

三、为什么要毫不动摇发展支持民营经济?

近年来,社会上有些人提出"民营经济离场论",即民营经济已经完成使命,要退出历史舞台;也有人提出"新公私合营论"。由此,造成了民营企业家的紧张情绪。前几年,我在美国遇到几位民营企业家,感到他们对信心、对安全抱有疑虑。他们说:"老迟,我们又吃不惯西餐,又不会英语,何苦来受这份洋罪呢?"

尽管我国宪法已经明确民营经济是社会主义基本经济的重要组成部分,但"隐形玻璃门"和"所有制鸿沟"仍然普遍存在。2018 年 11 月,习近平总书记主持召开民营企业家座谈会,强调"任何否定、怀疑、动摇我国基本经济制度的言行都不符合党和国家方针政策,都不要听、不要信!"①应当说,在全面建设社会主义现代化的征程中,我国民营经济不仅不能"离场"、不能弱化,反而是需要不断发展壮大。

(一)民营经济的"56789"

谈起民营经济对我国国民经济的重要性,最为常用的就是"56789":贡献了 50％以上的税收,60％以上的国内生产总值,70％以上的技术创新成果,80％以上的城镇劳动就业,90％以上的企业数量。甚至在温州等民营经济比较发达的地区,这一系列比重的数字都接近了 90％。实际上,这组数据虽然反映了我国民营经济的主要特征,但仍难以充分概括民营经济的重要地位和贡

---

① 在民营企业家座谈会上的讲话[N].人民日报,2018-11-02.

献。可以说，民营经济命运的改变，释放了蕴藏在千百万创业者身上的无限潜力，激发了蕴藏在亿万民众中的无限活力。

1. 民营经济是广大老百姓美好生活的主要供给者

目前，我国日用商品的产量与销量均居世界第一，这些商品的主要生产者与销售者大都是民营企业。民营企业大约生产和销售了全国 80% 以上的日用消费品和 60% 以上的中高档消费品，为满足人民日益增长的消费需求做出了巨大贡献。与此同时，我国城乡居民消费结构正由物质型消费向服务型消费转型。目前，我国服务业已占经济总量的 53% 左右。服务业中民营企业的数量、从业人员数量与销售总额超过一半，特别是生活消费服务业，民营经济占四分之三以上。从我们当前日常用到的智能手机到电子支付、从无所不包的快递到随时预约的家政服务、从电影游戏到旅游出行，便利的现代生活似乎处处离不开民营经济。

2. 民营经济是我国经济增长的重要拉动力

投资是经济增长的主要动力源。中国改革开放 40 多年来，特别是近 20 年来投资的高速增长，各类型经济均做出了重要贡献，但贡献最大的当属民营企业投资、民间投资。1980 年，全国固定资产投资中的国营单位投资占 80% 以上，个体私营投资（含农村个体投资）仅占 13% 多。到 2017 年，全社会投资中的民营企业投资、民间投资已经占 60% 以上；在 20 多个大类行业中，多数行业民间投资占比超过 50%，其中农林牧渔业、制造业等超过 70%。民营企业投资、民间投资成为我国投资的最大主体、最大推动力。

3. 民营经济是我国就业和居民收入增长的主要来源

目前,我国城镇从业人员超过 4 亿人,其中 3 亿多劳动者在民营企业就业,在民营企业领工资,在民营企业获得社会保障。我国私营单位从业人员平均工资,过去只有城镇非私营单位就业人员平均工资的一半左右,现在达到 60% 以上,近 10 年平均每年缩小超过 1 个百分点。2017 年,规模以上私营企业年工资水平达到 49864 元,为全国规模以上企业(包括私营与非私营企业)平均工资(61578 元)的 81%。总体上看,我国民营企业普通员工已经普遍过上小康生活,技术工人与中层管理人员已经普遍进入中产阶层,高层管理人员已经普遍进入富裕阶层。

4. 民营经济是我国创新的主力军

2018 年,民营企业已经占我国专利申请的 80% 以上、发明专利申请的 60% 以上、新产品提供的 70% 以上,为科技兴国做出了巨大贡献。我国现有的 3000 多万家企业中,高新技术企业已达到 18.1 万家,其中,民营企业已占到 83%。

(二)发展民营经济不是权宜之计,是长久之计

从我接触到的实际例子看,某些领导干部仍将民营经济作为一种权宜性工具。甚至有领导跟我讲:"我们发展民营经济,就是一种赎买政策。"我听到这些的时候,很痛心。如前所述,当前也有一部分青年人把民营企业家等同于"资本家"。民营企业和民营企业家在社会主义市场经济体制建设与基本经济制度确立中,虽然出现某些不规范甚至违法的问题,但是需要用历史和发展的眼光看待这些问题。尤其是要真正落实习近平总书记强调的"民

营经济是我国经济制度的内在要素,民营企业和民营企业家是我们自己人"[①]。

专栏3.4: 赎买政策

赎买政策是指无产阶级在夺取政权后,对资产阶级的生产资料通过和平方式并采取有偿办法实行国有化的政策。

1953—1955年,资本主义企业逐步纳入各种形式的国家资本主义,国家采取"四马分肥"的赎买形式,即按照国家所得税、企业公积金、职工福利奖金和资本家的股息红利四个方面分配企业盈余,资本家所得被限制在企业盈余的四分之一左右。1956年,实现全行业公私合营以后,赎买改用定息的办法,即在一定时期内,国家按照公私合营企业中核定的私股股额每年付给资本家5%的股息。此外,还保留在职资本家较高的薪金。1966年取消定息,企业就完全成为全民所有制的企业了。

---

1. 以公有制为主体、多种所有制经济共同发展的基本经济制度需要长期坚持不动摇

几十年的经验一再证明,搞社会主义,尤其是在社会主义所有制结构方面,不能从主观愿望出发,不管自己的主观愿望多好,如果把发展多种经济成分当作资本主义,就严重地背离了基本国情,就会对社会主义发展造成严重影响。当然,也不能从这样那样的外国模式出发,中国有自己特殊的国情。要建设有中国特色

[①] 在民营企业座谈会上的讲话[N].人民日报,2018-11-02.

的社会主义,就应当长期坚持以公有制经济为主体、多种所有制经济共同发展的基本经济制度。1980 年,邓小平在总结过去的错误时讲道:"总起来说,第一,不要离开现实和超越阶段采取一些'左'的办法,这样是搞不成社会主义的。我们过去就是吃'左'的亏。第二,不管你搞什么,一定要有利于发展生产力。"①

2. 坚持基本经济制度仍是发展新阶段的重大任务

这几年,我常常在各种场合举一个数据。今天,我国已经成为世界上举足轻重的第二大经济体。可是,目前我国服务业领域私人控股企业固定资产投资额占服务业固定资产投资总额的比重为 35％左右,远低于制造业 77％的水平,其中在内外投资者关注、国内市场缺口较大的电信、教育、医疗、文化等领域占比更低。在各类所有制之间的鸿沟并没有完全消除,甚至在某些方面有所拉大。为此,迫切需要进一步放开民营企业的束缚。例如,放开服务业领域的市场准入,进一步缩减市场准入负面清单限制措施,并全面清理地方性许可事项及清单之外的各类限制,明显提升市场准入负面清单的透明度与可操作性;尽快修订《反垄断法》,在《反垄断法》中修改、增加、细化反服务业行政垄断的内容;在进一步降低关税的同时,加快形成与国际接轨的服务业行业管理标准,大幅降低服务进口的边境内壁垒,倒逼国内民营服务业企业转型升级。

我国进入高水平开放与建设高质量市场经济新阶段,核心是充分发挥市场在资源配置中的决定性作用和更好发挥政府作用。

---

① 　邓小平文选:第 2 卷[M]. 北京:人民出版社,1994:312.

从现实情况看，我国政府直接配置资源的范围仍然过宽，政府对经济的干预仍然较多，在平等保护产权、平等参与市场竞争、平等使用生产要素等方面还有一定差距。民营企业融资成本普遍高于国有企业，民营企业融资难、融资贵的问题尚未得到根本性解决。为此，以处理好政府与市场关系为重点的市场化改革仍然需要在关键性、基础性领域实现重大突破，重点是强化竞争政策的基础性地位。例如，实现经济政策由以产业政策为主向以竞争政策为基础的转变，明确产业政策应以不妨碍公平竞争为基本原则。同时，全面深化以土地为重点的要素市场化配置改革，加快建立国有与集体两种所有制土地"同地同价同权"的制度，赋予农民宅基地完整的用益物权；适应金融业加速开放的趋势，加快推进金融领域市场化改革进程；以混合所有制为重点深化国有企业改革，形成以"管资本"为主的国有资本管理新局面。

3. 如何正确认识资本？

资本不是资本主义。它既可以为资本主义服务，也可以为社会主义服务。关于这个问题的认识一直存在争论。例如，当年推行股份制改革的过程中，对股份制性质的认识曾经存在重大分歧。如今，我们越来越清楚地看到，股份制是一种有效的资本组织形式。它既不姓"资"，也不姓"社"，完全可以为社会主义服务。关键是如何念好"股份制"的经，充分发挥股份制在现代市场经济条件下的作用。陈锦华同志在回忆 1991 年、1992 年推进股份制改革时曾讲："股份制按照马克思主义的讲法是对资本主义制度的一种'扬弃'，它可以集中一些社会的资金，来从事一些分散力量没有办法去做的事情。"从历史来看，从基本国情出发，积极发展股份制经济,是社会主义经济理论与实践的重大创新。利用资本发展社会主义经济,是中国共产党和中国人民的一个伟大创造。

资本是社会主义市场经济的生产要素。正确认识资本与资本主义、资本与社会主义的关系,科学认识资本的一般特征,深刻认识资本主义制度中的资本和社会主义制度中的资本的共性与本质区别,深化认识社会主义市场经济中各类资本的特性与双重作用,才能更好发挥资本在中国特色社会主义市场经济发展中的积极而重要的作用。

回看历史,20 世纪 90 年代初"姓社姓资"问题的突破,大大解放了思想,为建立社会主义市场经济体制扫清了障碍,极大地激发了经济增长潜力。今天,在特别需要鼓励创新创业、扩大中等收入阶层的时候,如果能摘掉企业"所有制标签"、消除"所有制鸿沟"、突破"姓国姓民"的桎梏,将是生产力的又一次解放。

(三)哪些因素制约民营经济发展?

习近平总书记在民营经济座谈会上谈到了民营企业遇到的"三座大山":市场的冰山、融资的高山、转型的火山。[①] 自 2010 年以来,深化经济体制改革、构建公平竞争市场环境始终是我和中改院研究的重点课题之一。为此,我先后主编出版了《第二次转型》《转型抉择》《转型闯关》等年度改革研究报告,其中对制约民营经济发展的因素进行了较为系统的分析。

---

① 在民营企业座谈会上的讲话[N].人民日报,2018-11-02.

1. 产权保护是弘扬企业家精神的最大激励

企业家是经济活动中的重要主体，企业家精神是经济发展的重要动力。市场经济中，企业家精神的释放取决于产权保护和创新收益的可得性。为此，要通过深化要素市场改革，理顺生产要素价格形成机制，确立企业家产权的保护机制。如果未来一到两年国家在妥善处理企业家"原罪"问题上实现司法解释上的重大突破，对稳定企业家预期、激发企业家精神将起到重要作用。

无论是产权的有效界定，还是稳定政策预期，都离不开政府作用。要严格纠正以公权侵犯私权，制裁各类利用公权力侵犯私有产权的违法犯罪行为，对民营企业要慎用查封、扣押、冻结等强制措施；尽快完善政府守信践诺机制，对由政府自身不当行为造成的企业和公民财产权受损，应建立补偿救济机制。同时，需要尽快建立并完善有利于创新型企业家的选拔机制、培养机制、激励机制和约束机制，依法保护企业家财产权和创新收益，形成企业家健康成长的宽松环境。

2. 为各类企业创造公开市场、公平竞争环境

改革开放以来，我国市场主体数量从改革开放初期的 49 万户，增长到 2018 年 11 月底的 1.09 亿户，增长了 221 倍；其中，个体工商户与私营企业分别由改革开放初期的不足 14 万户、9.05 万户增长到 2018 年 11 月底的 7237.45 万户、3105.37 万户，分别增长了近 516 倍和 342 倍。在市场主体多元化格局已经形成的背景下，产业政策的重点不是要制定多少优惠政策、扶持个别企业，而是要以不妨碍公平竞争为基本原则，推动竞争环境的优化和创新动能的培育，使得各类企业主体、创新主体通过强化竞争提高产品与

服务质量,通过强化竞争激发企业家精神和创新活力。

尽快实现国有企业与民营企业公平竞争。取消对社会资本单独设置的附加条件和歧视性条款;全面清理政府对国有企业竞争性领域与环节的补贴、税收支持政策与信贷隐性担保;以公益性为导向优化国有资本配置,实现竞争性领域的全面放开;限制国有企业同时兼营垄断业务和竞争性业务,避免其借助垄断环节阻止其他市场主体进入竞争性业务领域。

四、赢在转折点:民营企业的转型发展

记得 2004 年在深圳,我受邀参加了一次关于企业发展、企业家价值的讨论。组织者让我就走向伟大企业做一个发言。我结合转型问题研究提出,从国际来看,伟大企业大多数产生于重要的转型期间。相对而言,历史转型时期往往给企业带来更多的战略机遇,善于把握转型趋势的企业,往往会取得人们意想不到的成绩,从而成为伟大的企业。

我当时就有一种深切的体会,我讲:"过去 20 多年改革开放成就了一批优秀企业,未来的 10 年,我国将处于第二次转型与改革的重要阶段。如果说过去 20 多年的第一次转型与改革主要是改变生产关系、做大经济总量的话,未来一个时期的二次转型与改革主要是改变经济结构,建设消费大国,实现公平可持续的发展。'十二五'是中国二次转型改革关键 10 年,对后 10 年、后 20 年发展具有决定性影响。我国进入第二次转型重要时代,企业用好这个战略机遇期,就会成为伟大的企业。"

2016年，我应邀赴杭州为企业协会做企业发展的专题讲座，并与参会的70多位企业家座谈。3个多小时的座谈，我了解了许多重要的信息，例如，企业纷纷转型，做钢铁的改为做数字经济，做加工的改为做动漫，做服装的改为做美容产品，等等。听了企业家的介绍，我大有启发。在这次座谈中，有的企业家讲，过去是赢在起点，现在是赢在转折点，谁转得快、转得好，谁就会发展得好。我得出一个深切的体会："一个企业也好，一个地区也好，常常不是赢在起点，而是赢在转折点。"

（一）出版《赢在转折点：中国经济转型大趋势》

在这次民营企业调研得到的启发基础上，2016年，我在浙江大学出版社出版了《赢在转折点：中国经济转型大趋势》一书，重点关注"十三五"时期我国经济转型大趋势与结构性改革。

令我没想到的是，这本书获评中国出版协会"2016年度中国30本好书"，还被施普林格·自然（Springer Nature）授予"中国新发展奖"，后来又入选2017年度中国十大数字阅读作品；入选2017年"经典中国国际出版工程"资助项目和2017年"丝路书香工程"重点翻译资助项目，出版了英文版、阿拉伯文版、日文版、马来西亚文版；2019年12月，还获得了第七届中华优秀出版物奖图书奖，这是我国出版界的最高荣誉之一。

在该书的最后，我写下了这样一段话："改革开放的实践证明，无论是一个地区，还是一个企业，往往不是赢在起点，而是赢在转折点。'十三五'是我国经济转型升级的历史关节点，增长、转型与改革高度融合，经济转型升级蕴藏着巨大的增长潜力和市场空间。适应经济转型升级的大趋势，如何'赢在转折点'是方方面面共同面对的重大问题。"

(二)适应结构转型趋势中促进民营经济发展

中国经济转型趋势是我近年来关注并且深入研究的重大课题。在我看来,中国既是一个经济大国,更是一个转型大国。分析中国经济发展前景及其对世界经济的影响,分析民营经济转型发展的方向和机遇,离不开对经济转型升级趋势的判断。

产业结构正由工业主导向服务业主导转型。工业化后期形成服务业主导的产业结构是一个经济规律。工业化后期,比工业、农业更高附加值的现代服务业发展是产业结构演进的大方向。在这个特定时期,服务业占比一般都在60%以上。改革开放以来,我国工业化进程大体经历了三个阶段:第一个阶段是工业化初期,加工和轻工类产品占据主导地位;第二个阶段是工业化中期,重化工业成为工业的重要组成部分;第三个阶段是工业化后期,服务业开始成为主导产业。"十三五"期间,我国开始进入工业化后期,基本形成服务业主导的产业结构是一个客观规律。

城镇化结构正由规模城镇化向人口城镇化转型。从总体上看,城镇化水平还远落后于工业化进程。此外,我国中小城市城镇化发展比较落后,新型城镇化的区域布局也不合理,城镇化在中西部的发展空间巨大。无论是从城镇化与工业化相协调,还是从全面建设小康社会的现实需求看,"十三五"人口城镇化发展都应当达到以下两大目标:第一,常住人口城镇化率不低于60%;第二,户籍人口城镇化率将达到50%左右。从现在的情况看,第一个目标已经实现,但第二个目标仍有待户籍制度的突破。

消费结构正由物质型消费为主向服务型消费为主转型。2008 年以后，我国总体上进入一个以人的自身发展为重要目标的发展型新阶段。城乡居民的消费更多地用于人的自身发展上，这是社会发展阶段发生深刻变化的集中体现。在这个新的发展阶段，城镇居民的消费需求已由以工业品为主向以教育、医疗、健康、旅游等服务消费为主转变，农村居民的消费需求已由以生活必需品为主向以工业消费品为主转变。

中国经济转型升级蕴藏着民营经济发展的巨大机遇。例如，我和我的同事对服务业市场开放和以服务业为主导的产业结构转型进行了投资空间的测算。2019 年，我国制造业领域私人控股企业固定资产投资占该行业的比重为 75.8%，国有与集体控股企业占比仅为 9.1%；但服务业领域私人控股企业固定资产投资占比仅为 36.1%，扣除房地产业后占比更低，达到制造业的开放程度还有 30 个百分点左右的空间。

从固定资产投资增速看，2019 年金融、教育、卫生、文化体育娱乐四个领域的私人控股固定资产投资额分别同比增长 14.5%、30.7%、5.3% 和 19.6%，明显大于该领域的其他投资增速。从趋势看，随着消费对投资引领作用的增强，与消费升级相关的行业各类投资仍将保持较快增长态势，并促进产业结构升级和创新消费供给，逐步培育形成有效的供给体系。

（三）建议强化竞争政策基础性地位以促进民营经济发展

竞争是市场经济的本质，是激发市场活力的根本，是扩大市场开放的动力。针对我国经济发展面临的内外挑战，以"三大转变"强化竞争政策的基础性地位，是优化营商环境的基本要求和重大任务。

1. 实现经济活动由地方政府间竞争向企业主体间竞争的转变

第一,地方政府间的某些竞争仍然存在,并成为阻碍企业主体公平竞争的重要因素。近年来,地方政府间的竞争格局已有重大改变,但在财政分权、GDP 考核等现象尚未完全消失及经济增速下行压力加大的背景下,地方政府间的相互竞争以及由此导致的地方保护现象在某些领域仍然存在。由此,造成重复建设、产能过剩、资源配置效率低下等突出问题。

第二,按照竞争中性原则改变某些不平等的政策与规定。民营经济贡献了 60% 以上的国内生产总值,但民营企业所获得的融资额仅占企业融资总额的 20%,且融资成本高于国有企业1.5%—2.5%。确立竞争中性原则,就是要使各类企业平等获得资源要素,建立完善产权保护的相关制度,以稳定企业预期,激发企业家精神和创新活力。

第三,推进地方政府简政放权的实质性突破。经济领域仍保持某些不合时宜的行政审批和行政管制,行业准入、项目审批还存在某些过度保护现象,有的地方政府过于重视对特定领域和行业的扶持,过于重视对本地国企的保护。强化竞争政策的基础性地位,就是要处理好政府与市场的关系,充分发挥市场在资源配置中的决定性作用。

2. 实现经济政策由产业政策为导向向竞争政策为基础的转变

首先,强化竞争政策的基础地位,要改变差异化、选择性的产业政策。以强制清除、限制开工等行政化手段为主推动的"去产能"政策,"有保有压"的选择性、歧视性特征明显,在多方面加大了民企的压力,加大了民企与国企间的不平等竞争。2014—2018年民间投资增速由 18.1％下降至 8.7％,不能不说与以行政手段为主的产业政策直接相关。

其次,按照竞争中性原则推进产业政策转型。要改变以往以倾斜性的行政力量对市场资源的直接配置,大幅减少现有中央各部门、地方产业补贴与扶持项目;制定适用产业扶持政策的负面清单,将产业政策严格限定在具有重大外溢效应或关键核心技术的领域。

最后,强化竞争政策的基础性地位要有重要举措。中央已经公布一系列进一步放宽市场准入、降低企业税负的重要举措。当前,"降成本"的重点、难点在于降低制度性交易成本。例如,全面实施企业自主登记制度与简易注销制度,取消企业一般投资项目备案制,尽快推广企业法人承诺制,等等。同时,明确地方政府审批管制事项"只减不增"。

3. 实现市场监管的重点由一般市场行为监管向公平竞争审查的转变

第一,市场监管的主要对象要由商品为主向服务为主过渡。在我国服务型经济以及服务型消费快速增长的背景下,监管标准体系缺失,难以实现服务业开放发展与风险防范的平衡。应尽快在人民群众高度关注的食品、药品、金融等服务业领域实现监管标准、行业标准与国际接轨。

第二,落实竞争中性原则,强化市场监管机构对公平竞争政策的审查。从现实情况看,妨碍公平竞争审查的重要体制因素,在于综合性的市场监管与专业性的部门监管难以统筹协调,难以形成合力。建议由国家市场监督管理总局牵头,系统清理现行涉企政策中妨碍民营企业发展、违反平等竞争的规定。

第三,把反垄断,尤其是反行政垄断作为市场监管变革的重大举措。迄今为止,服务业领域的行政垄断尚没有纳入反垄断的范围。建议尽快修订《反垄断法》,增加并细化反行政垄断的内容,并将竞争政策以及相应的公平竞争审查制度纳入《反垄断法》;同时推进反垄断执法体制机制建设,将反垄断局与价格监督检查和反不正当竞争局作为具体执法机构。

（四）弘扬企业家精神

企业家精神是现代市场经济的灵魂。发展现代市场经济,需要大力弘扬企业家精神,充分发挥企业家才能。只有这样,企业家的潜在价值才能得到最大限度的释放。

关于企业发展与企业家价值,我曾在 2004 年 5 月举行的"2003—2004 年度中国最受尊敬企业评选颁奖典礼暨高层论坛"上讲了四个观点(当时我兼任中国企业联合会、中国企业家协会副会长):

第一,创新是企业发展的动力,是企业保持和提高竞争力的根本所在,企业家是企业创新的灵魂,是企业创新的第一推动力。

第二,建立和健全现代产权制度,处理好企业内部的利益关系,既是企业发展的基础,又是企业发展的动力。企业家是企业利益共同体的首席代表,是企业制度创新的推动者和实践者,企业家承担着代表所有者组织资源、管理企业、谋求发展的责任,将自己个人的事业与企业的成败兴衰紧紧联系在一起,在追求事业成功的同时,较好实现企业各方利益主体与共同利益的最大化。

第三，科学规范的公司治理结构是企业发展的制度保障。企业家既是公司治理结构的主要建立者，又是公司治理结构的主导者。企业家比其他任何人更深切地了解规范的公司治理结构对企业高效率决策和管理的重要性、对企业发展的重要性。企业家能够自觉地从本企业的实际出发，积极推进公司治理结构的形成。

第四，企业文化是企业发展的内在源泉，是企业凝聚力的基础，并越来越成为现代企业管理中重要的无形资产。企业家是企业文化的倡导者，企业的发展不仅取决于企业家的管理经验，更在于企业家的价值理念和企业家精神所塑造的企业文化。

我们分析那些成功的创业型企业，几乎在每个企业成功的经验中都可以看到独特的企业文化，企业家在创业过程中所倡导和表现出的某种精神，会直接转化为企业文化的精髓，企业家个人行为和思维的风格，以及价值取向，会直接影响企业文化的特点。塑造良好的企业文化，需要企业家倡导和信奉符合时代要求的价值理念和企业家精神。

第四章

为什么说国有企业改革

是经济体制改革的"重头戏"?

——从提出"国有资本"的概念说起

国有企业①改革伴随着我国 40 多年改革开放的全过程。我自从事改革研究之初就关注国有企业改革的问题。1988 年初,我陪同海南省委书记许士杰对海口的几家国营小企业进行调研走访,令我印象深刻。比如,今天的海南椰树集团,当时还叫"海口罐头厂",与其说是"国营工厂",不如说是一个"小作坊"。椰子水倒出来后,明沟里流走;椰子肉抠出来,榨成椰子汁。当时,那个臭烘烘的味道、乱哄哄的蚊子苍蝇,让人大跌眼镜。

　　后来,我与同事们提出许多国有企业改革的相关建议。比如,我在 20 世纪 90 年代提出"从整体上搞活国有经济"。我认为国有企业改革的核心,应当归结为搞活整个国有资本。只有搞活国有资本,解决国有资产的整个管理体制和运营机制问题,才有可能搞活每一个国有企业。1993 年 1 月,我在《新世纪》杂志上发表《把国有资产推向市场》,首次提出了"国有资产"的概念。这篇文章发表以后,有人质疑说这会造成国有资产流失,不利于巩固社会主义基础。在我看来,国有资产的实物形态转化为价值形

---

①　1993 年前通称"国营企业"。

态，是按照等价交换的原则进行的，国家收回了同等价值的货币资本，拥有价值形态的资产所有权，国家并没有失去这部分资产。更重要的是，很多国有企业当时明明是亏损，也不敢采取拍卖、兼并、破产等果断举措，如果继续以这种状态存在下去，久而久之，又是一种什么样的结果呢？

一、为什么要推进国有企业改革？

新中国成立后，我国实行高度集中的计划经济体制。1952年，我国国有经济总量约占当年国民生产总值 679 亿元的 20% 左右。到 1978 年，国有经济总量约占当年国民生产总值 3624 亿元的 55% 左右，而且企业基本归国家所有、国家经营。

在当时的历史条件下，国营企业对迅速改变我国经济的落后面貌、集中资源进行经济建设、建立起比较完整独立的工业体系，发挥了重要作用。与此同时，随着国营企业规模的扩大，国家对国营企业管得过死、过多、过细的弊端逐步被认识。企业经济效益每况愈下，财政困难状况逐渐加剧。1978 年，我国共有国营和集体企业户数 200 万户，职工人数 1.1 亿人，全国国有资产总额 4488 亿元，工业总产值 4231 亿元，利税总额 790.7 亿元。这几乎是当时我国国民经济的全部"家底"。

（一）计划经济体制下国营企业等同于"生产车间"

改革开放以前，国营企业的主要特征是由国家直接经营。国家对国营企业实行"统一领导，分级管理"。国营企业的各项经济活动都由国家计划推动，即资金统贷统还、物资统一调配、产品统收统销、就业统包统揽、盈亏都由国家负责，国营企业没有经营自主权。国营企业生产由国家下达指令性指标计划，包括总产值、主要产品产量、职工总数、工资总额等 12 项，企业按照上级主管部门每年下达的年度计划指标编制计划。在这种高度集中的计划经济体制下，国营企业只是国家计划的执行者。因此，有一种说法："政府总理相当于厂长，国家计委就是生产调度室，全国的企业就像一个个的生产车间。"

1. "打酱油的钱绝不能用来买醋"

"打酱油的钱绝不能用来买醋！""小葱是小葱，豆腐是豆腐，清清楚楚！"几句顺口溜，反映了国营企业僵化、死板的运作机制。国资委企业改革局的副局长周放生曾经在接受中改院"口述改革历史"访谈中讲到过一个修厕所的故事。

陕西汽车制造厂始建于 1968 年，是我国国营工业企业中重要的一家汽车制造企业。在计划经济年代，就发生过一个令人啼笑皆非的修厕所的故事。当时，陕汽兴建后，发现厂房里没有给工人建厕所。冬天至少零下 10 摄氏度还刮大风，在室外要解决上厕所问题，可想而知难度有多大。工人把棉袄披上，弄一个麻绳系好，就跟打冲锋似的冲出去，用最快的速度解决问题再跑回来。能想象，那是很受罪的。就这么一个状态，当时叫"一不怕死，二不怕累"，叫苦叫累是很丢人的事情。但是，时间长了确实受不了。其实，一个企业修厕所是再简单不过的事了，花不了几个钱，而且当时账上趴着几千万元的资金。

可是，按照计划经济的规定，有再多的钱，没经过批准，连厕所都修不了。厂里就向国家一机部打紧急报告，俗话叫"鸡毛信"，就一件事：请求部里领导批准，给工人盖厕所。报告送到北京，经过处长、司长审查，送到了管基建的副部长手里，他正好出国了，等他出去半个月回来以后批了，说同意陕汽的请求。但还不行，还要批到基建司，还要请设计院设计，还要调动建筑材料、请施工队伍。虽然很小的一件事，但是该走的程序在计划经济下的国营企业都是不能简化的，而且这套程序在计划经济中极其复杂。等"鸡毛信"中的事情全都安排好了，冬天已经过去了。现在听起来很荒唐的事，但确是当时的真事。

2. 从向企业放权开始

企业被统得过死、没有自主权的局面需要改变。1978 年 10 月，经国务院批准，中共四川省委、四川省人民政府选择了不同行业的 6 家地方国营工业企业率先进行了"扩大企业自主权"试点，围绕搞好搞活国营企业这个环节进行了"放权让利"的大胆改革。1979 年 1 月 31 日，中共四川省委发出《关于地方工业扩大企业权力，加快生产建设步伐的试点意见》，把试点的工业企业由 6 家扩大到 100 家，同时在 40 家国营商业企业中也进行了扩大经营管理自主权的试点。

例如，如果计划是 100 万吨钢材，结果生产了 120 万吨钢材，想要把多出来的 20 万吨钢材留在企业，企业就必须要有自主权，当时就给这个改革起了个名字——"扩大企业自主权"。企业自主权主要体现在以下五个方面：第一是计划权。国家下达的计划可以讨价还价了。国家下达的计划超产了以后，超产部分可以自主处理了。第二是财政权。那时候还没有实行利改税，企业上缴利润是多少，超过以后就可以分给企业，企业可以自己分成了。

第三是劳动力调配权。过去都是国家调配的，现在企业可以自己调配劳动力了。第四是工资奖励的分配权。第五是物资的采购权。

试点第一年结束，四川省 84 家地方工业企业的工业总产值增长 14.9%，利润增长 33.0%，上缴利润增长 24.2%，全部高于非试点企业。

1979 年 7 月 13 日，国务院颁发了第一个"扩权十条"，即《关于扩大国营工业企业经营管理自主权的若干规定》，同时颁发的还有《关于国营企业利润留成的规定》《关于开征国营工业企业固定资产税的暂行规定》《关于提高国营工业企业固定资产折旧率和改进折旧费使用办法的暂行规定》《关于国营工业企业实行流动资金全额信贷的暂行规定》等 5 个文件。1980 年，国家开始在部分地区企业试行多种形式的盈亏包干责任制和计分工资、计件工资、浮动工资等办法，把生产责任制同经济效益结合起来，并逐渐形成责权利相结合的经济责任制。到 1980 年 6 月，试点企业发展至 6600 家，占全国预算内工业企业的 16% 左右，产值和利润大约分别占到 60% 和 70%。

3. 从利润留成到二步利改税

受传统的计划经济理论影响，我国的国营企业一直采用利润上缴的方法，即企业把全部的收入上缴国家，而企业所需要的资金则另由国家预算层层下拨。随着放权进程的推进，如何进一步让利，实现多劳多得、少劳少得就成为激发国营企业生产积极性的重要任务。1980 年 1 月 22 日，国务院批转国家经委、财政部《关于国营工业企业利润留成试行办法》，提出利润增长部分四六开,40％留企业,60％交国家;利润留成的使用——用于发展生产方面的不得少于 60％,用于职工福利和奖金方面的不得超过 40％。

1981—1982 年主要实行经济责任制,采取了利润留成、盈亏包干和以税代利、自负盈亏等三种主要分配方式。1982 年,首钢开始实行上缴利润递增包干办法,即以 1981 年上缴利润 27 亿元为基数,每年上缴利润递增 6％(1983 年又主动把递增率提高到 7.2％)。包死基数,确保上缴,超包全留,歉收自补,国家不再给首钢投资;留用利润的分配比例改为 6：2：2(生产发展基金、集体福利基金、个人消费基金);职工工资总额与实现利润按 0.8：1 挂钩浮动;承包期限为 15 年。然而,经济责任制也存在一些无法解决的问题。例如,在改革开放之初,由于缺乏基本的制度基础,无法真正实现权益的科学界定,企业间缺乏统一标准,且难以实现真正意义上的经济核算,很多情况下是根据领导的意愿进行,由此也造成了企业并不真正对经营结果负责。因此,在经济责任制实施一段时间后,改革初期的积极作用逐渐被其内在缺陷抵消,越来越多的问题开始显现。

为此,我国开始试行"利改税",核心是把国营企业向国家上交的利润改为缴纳税金,将所得税引入国营企业利润分配领域,税后利润全部留归企业,以使国营企业逐步走上自主经营、自负盈亏的道路。不过,由于当时我国的价格体系还没有完全理顺,利改税只能采取渐进式的方法分两步走:第一步,对国营大中型企业实行税利并存,也就是在企业的利润中先征收一定比例的所得税,对税后的利润采取多种形式在国家和企业之间进行合理分

配;第二步,在价格体系基本趋于合理的基础上,将国营企业应当
上交国家财政的收入分税种向国家缴税,由之前的税利并存逐步
过渡到以税代利。

这次税制改革,从根本上改变了我国税制的整体面貌,使我
国初步建立了适应有计划的社会主义商品经济的税收制度,对保
证财政收入、加强宏观调控、促进改革开放、推动经济与社会发展
起到了重要的作用,也为后来深化税制改革奠定了基础。

（二）增强企业活力成为经济体制改革的中心环节

20 世纪 80 年代中期,我国经济体制改革的重心由农村转向
城市,并提出要建立有计划的商品经济。党的十二届三中全会提
出:"增强企业的活力,特别是增强全民所有制的大、中型企业的
活力,是以城市为重点的整个经济体制改革的中心环节。"

从当时的情况看,放权让利改革极大改善了国营企业激励机
制,促进了国营企业生产积极性的提升。但国营企业是否为商品
经济下的法人主体,如何进一步处理好国营企业和国家、个人的
责权利关系等问题,尚未解决。与此同时,从当时国营企业的重
要性看,其在我国工业化进程中仍占据主体地位。例如,1985 年,
国营及国营控股企业、集体企业工业总产值占我国工业总产值的
99.5%,其中国营及国营控股企业占比为 76.0%;1990 年,国营
及国营控股企业、集体企业工业总产值占比为 96.9%,其中国营
及国营控股企业占比为 64.9%。在此背景下,党的十三大报告进
一步提出,转变国营企业经营机制,通过所有权与经营权分离搞
活全民所有制企业。实行两权分离,解决国家、企业、个人间的责
权利关系成为这一时期国营企业改革的中心任务。

1. 国企首聘"洋厂长"

1983 年 7 月 8 日，邓小平发表了"利用国外智力和扩大对外开放"的重要谈话，明确提出把引进国外智力作为一项重要的战略方针，作为对外开放的重要组成部分。同时，提出"尊重人才的价值，大胆使用外国人才"。65 岁的德国退休专家威尔纳·格里希就是在这样的背景下第一次来到中国，成为中国国营企业的首位"洋厂长"。海外舆论称之为中国对外开放和改革进程中"一件令人吃惊的新闻和成功的典范"。

为了抓好产品质量，新上任的"洋厂长"格里希每次进工厂都会带着他的"三件武器"——游标卡尺、吸铁石、白手套。游标卡尺用来检测零件的精度；吸铁石用于检查机器里有没有掉铁渣；白手套则是随时用来擦拭机器，检查有没有被脏物污染。改革举措给武汉柴油机厂带来了新气象：柴油机气缸杂质从 5600 毫克下降到 100 毫克以内，居国内领先水平；废品率从 30％—40％下降到 10％，产品使用寿命由 3000 小时增加到 6000—8000 小时。产机向东南亚 7 个国家出口，年出口量达到 5000 台，创汇超过百万美元[①]。自此之后，各地引进"洋厂长""洋顾问"的工作陆续开展，仅武汉市通过德国退休专家组织引入武汉工作的德国专家就有 100 多位，形成了"格里希效应"。到 20 世纪末，"洋厂长""洋顾问""洋教练"已经遍布中国各行各业。

"洋厂长"之所以发挥较大的作用，还有一个重要的条件，就是我国推进国营企业厂长负责制。1983 年 4 月，国务院颁发《国

---

① 推动全国国企改革影响深远，武汉开全国先河为国企聘请"洋厂长"[N]. 长江日报，2021-06-17.

营工业企业暂行条例》,首次明确了企业的法人地位,厂长(经理)作为企业的法定代表人。1984年,党的十二届三中全会《中共中央关于经济体制改革的决定》明确提出要实行"厂长(经理)负责制"。厂长(经理)负责制的建立对于在当时历史条件下完善国营企业领导体制、解决长期存在的党务和企业经营事务不分问题发挥了重要作用。

2. "包字进城,一包就灵"

在我国家庭联产承包责任制取得巨大成功的情况下,为了解决国营企业与国家、个人间的权责利关系问题,我国在工业国营企业中提出并推行了承包制。据国家统计局统计,至1987年底,78%的全国预算内全民所有制企业实行了承包制;大中型国营工业企业中,实行多种形式的承包经营责任制的占82%;小型国营工业企业中,改成集体经营、租赁和个人承包的占46%;大中型国营商业企业有60%以上实行了承包经营责任制。1987年、1988年两年,全国工业企业推行承包经营责任制增创利税350亿元,相当于1980—1986年的企业利税总和。承包经营责任制对于搞活企业、调动企业积极性发挥了重要作用。

3. 试行劳动合同制,打破"铁饭碗"

1983年2月22日,《劳动人事部关于积极试行劳动合同制的通知》出台。该通知指出,我国现行的以固定工为主体的用工制度,事实上已成为一种无条件的"终身制",它同分配上的平均主义结合为一体,造成了"铁饭碗""大锅饭"的严重弊病。该通知还指出,这种制度在客观上起了打击先进、保护落后的作用,严重地束缚了生产力的发展,极不利于实现党的十二大提出的战略目标。因此，用工制度上"铁饭碗""大锅饭"的积弊，势在必改。

在这样的情况下，《劳动人事部关于积极试行劳动合同制的通知》的发布，彻底打破了新中国成立后我国实行以固定工为主体的"终身制"用工制度，为改掉"终身制""铁饭碗""大锅饭"的弊病提供了重要措施。劳动合同制成为用工制度方面破旧创新的一项重要改革，有利于企业改善经营管理，进而提高经济效益。同时，也极大地调动了员工的生产积极性，工人们在"铁饭碗"逐渐被打破之后有了危机意识，生产效率也得以提高。

（三）迫切要求建立现代企业制度

党的十四大明确指出，"中国经济体制改革的目标是要建立社会主义市场经济体制"；十四届三中全会为国有企业确立了建立"产权清晰、权责明确、政企分开、管理科学"的现代企业制度的目标，由此使国有企业改革进入了现代企业制度建设阶段。从当时的实际情况来看，我国由传统企业治理结构向现代企业公司治理结构过渡中，一些矛盾和问题相当突出。我当时对此做了三点概括：第一，由于政企不分，企业组织结构严重不合理；第二，由于转轨时期的特点以及以"放权让利"为基本思路的国有企业改革，"内部人控制问题"突出；第三，由于改制中存在的"法外运行"及不规范运作，产生了国有资产流失的问题。从这个实际出发，如何更好地完善国有企业公司治理结构，也是我当时研究的重点课题之一。

1. 国有企业产权问题是关键

我在 1994 年 1 月发表在《海南日报》上的《从国有企业到国有资本——关于建立现代企业制度的一种主张》一文中谈到了我

对建立现代企业制度的理解：现代企业制度建立的关键问题，是国有企业产权问题。产权是一项含义广泛而深刻的财产权利，它自然不是指传统计划经济体制下的"经营管理权"，也不应当是"放权让利"思路的经营权或经营自主权，它是一项独立的财产支配权。产权改革，不单纯是一个明晰化的问题，也不仅仅是企业内部机制的转换问题，它更重要的是对企业财产的独立支配、运营和处分。产权是现代市场经济的概念，它应当按照市场的价值规律和竞争规律，在产权市场上进行流转、交换，更新组合，实现资源配置的最优化和经济效益的最大化。

2. 承包制无法解决产权明晰的问题

国有企业承包制在取得重大进展的同时，进一步推进了公司制的改革，但它也存在自身难以克服的缺陷。从当时国有企业发展实际看，承包往往是讨价还价的结果，无法真正实现两权分离。与此同时，承包人的短视行为越发明显。且由于国家监管体制尚不完善，所谓"自负盈亏"，实际上是"包盈不包亏"。同时，小作坊式的经营方式，往往带来部门之间、分厂之间、总厂和分厂之间的利益冲突。对此，我当时做了三点概括：

第一，由于政企不分，企业组织结构严重不合理。政企不分是国有企业实行有效的公司治理结构的主要障碍。在国有上市公司中，国家股作为大股东，平均控股权在 50％ 以上，有的高达70％—80％。这样的产权结构，产生在现行政企很难分开的环境背景下，使这些公司很难摆脱政府部门的行政束缚，公司董事会很难严格履行自己的职责。

第二，由于转轨时期的特点以及以"放权让利"为基本思路的国有企业改革，"内部人控制问题"比较突出。从当时的情况看，不少改制后的企业，董事长与总经理仍然由政府主管部门任命，甚至企业的领导成员分别由几个不同的政府部门组成，使董事会成为空壳，这些问题产生的原因是多方面的，但深层的原因是一些国有企业的产权制度改革滞后。

第三，由于改制过程中存在的"法外运行"及不规范运作，产生了国有资产流失的问题。虽然《公司法》已经出台，但如何严格执行，仍遇到一些问题。一方面，有法不依、执法不严的问题极具普遍性，"法外运作"已成为一些公司的"经验"；另一方面，《公司法》确有不完善的问题，滞后于改革实践。

在这样的情况下，解决公司制改革中各种问题的思路无非两种：一种是采取并强化行政手段。这可能对解决某些具体问题有暂时的效果，但由此会对从根本上解决国有企业的公司制改革问题产生许多不利影响，弄不好，甚至会动摇公司制改革的大方向。另一种是继续加大公司制改革力度，并使政府的改革与此相适合，解决国有企业改革的制度化问题。

二、从国有企业走向国有资本

20 世纪 90 年代初，国企已经出现大面积亏损，国企改革陷入了进退维谷的境地。《中国统计年鉴 1998》的相关统计数据显示，1978—1997 年的 20 年间，国有企业陷入了"三分之一明亏，三分之一暗亏，三分之一盈利"的困难局面。国有经济的地位和作用已经面临着严峻的考验。其出路在哪里？在我看来，出路就是要把国有资产推向市场,与其他经济成分共同发展、平等竞争。

我的理解是,从单纯地搞活国有企业,进而发展到搞活国有资产,从国有企业的概念,转变为国有资本的概念,这是从传统计划经济向市场经济过渡的一个质的飞跃,是建立现代企业制度的最根本的问题,也是建立社会主义市场经济体制的一个核心问题。为此,我在 20 世纪 90 年代初提出了从国有企业向国有资本过渡的观点。

(一)提出由国有企业转向国有资本

进入 20 世纪 90 年代初,国企进入新一轮改革阶段:方向是建立现代企业制度。建立现代企业制度,重大任务是调整优化国有经济布局,探索适应市场经济的"国有资产实现形式"。

1. 较早提出国有资产管理体制改革

1985 年,我在中央党校组织了一次改革理论研讨会。会后,我和刘克崮(后来担任国家开发银行党委委员、副行长)、王飞欣(后来担任国家发改委试点司干部)三人研究提出国有资产管理体制改革的建议。主要内容有:一是政府国有资产管理权和企业的生产经营管理权相分离;二是施行包括国有资产分权分层、各级政府收税在内的纵向管理分权制;三是加强政府的行业管理职能,建立健全国有资产部门。

就这个课题,后来我们又形成了一份内部报告,当时国务院总理于 1986 年 1 月 23 日听取了刘克崮的汇报,在听完汇报后说:"刘克崮刚才说了一个新观点,将国有资产管理职能独立,既可以解决、加强和改进国有资产管理的问题,还能有利于解决部门分割、条块分割的问题。"

2. 提出从国有企业到国有资本

20世纪90年代初，我撰写了一篇《从国有企业到国有资本》的文章。当时，就这篇文章的观点，我还电话征求了时任国家体改委宏观调控体制司司长楼继伟的意见。从1992年到1994年，我先后在相关报刊上发表了几篇文章。例如，《加快实现国有资产市场化》《把国有资本推向市场》等。我在《从国有企业到国有资本》一文中论述了从国有企业到国有资本的思路。我认为，国有企业改革，首先不是企业自身问题，或企业内部机制问题。国有企业改革的核心，或者说整个经济体制改革的中心环节，最终应当归结为搞活整个国有资产。只有搞活国有资产，解决国有资产的整个管理体制和运营机制问题，才有可能搞活国有企业，解决企业内部的经营机制问题。

（二）建议实现国有资产向国有资本的过渡

20世纪90年代，国有企业出现大面积的亏损。例如，据有关部门对1993年度2000多家亏损国有企业的调查，由于企业经营管理不善造成亏损的占三分之二以上。在我看来，效益低下等问题大都直接表现为企业管理不善。经济转轨过程中，企业管理问题日益突出，它的原因是多方面的：有体制转换时期的过渡性因素，也有企业管理层和职工素质不高的因素。但不容忽视的是，由于利益关系调整给企业管理带来的问题逐步突出，它是影响企业管理的深层次因素。

我在1995年7月发表的《市场竞争环境下国有经济的发展》一文中再次建议实现国有资产向国有资本的过渡，从总体上搞活国有经济。主要观点是：

第一,在市场经济条件下,国有企业改革要着眼于国有经济的总体竞争力和整体素质,以充分发挥国有经济对国民经济发展的主导作用,要力求解决企业管理者、劳动者同企业的稳定的利益关系,以奠定企业长期发展的动力基础。

第二,实现国有资产向国有资本的过渡,这同国有企业担负某些重要的社会职能并不矛盾。一些仍然需要国有企业重点承担的社会职能,可以运用经济手段进行调节,原则上应取消政策垄断,让非国有企业在适当范围内参与经营和竞争。至于转轨过程中,国有企业仍然在承担社会职能等方面的问题,都应当在改革中进行职能分解,逐步由社会承担和解决。

第三,实现国有资产向国有资本的过渡,要解决国有资产实物化管理与价值化管理的矛盾,让国有资产走向市场。同时,需要着力解决传统国有资产管理体制上的深层矛盾,改变传统计划经济体制下的政资不分、政企不分、多头管理等做法。

第四,实现国有资产向国有资本的过渡和转化,就是要从总体上搞活国有资产,而不是单纯地搞活每一个国有企业。国有企业应当按照市场经济的要求,优胜劣汰。要推动竞争领域的国有企业资产和产权进入市场,实行有偿转让和重组,实现资源和要素的重新配置、优化组合,保障资产价值的最大化和经济效益的最优化。

(三)寻求政企分开的有效途径

国有企业普遍经济效益低下、亏损严重的一个重要原因是政企不分。特别是在从传统计划经济向市场经济转轨的国家,政企不分所引起的矛盾更为严重,也更为突出。怎样解决政企不分的矛盾，如何寻求政企分开的有效途径，成为我当时研究的重点课题。

在实行政企分开的探索中，国际上采取的一种重要的方式是，通过建立政府管理部门和国有企业之间的中介机构，来构筑政府与企业之间的"隔离带"，从组织管理结构上切断政企之间的直接联系，在转轨经济中，更有利于克服政府的行为惯性。国有控股公司是国有资产投资中介机构的主要形式。以建立国有控股公司为中介，促进政企分开，有助于解决国有企业的传统体制与市场机制的深层矛盾。

要实现政企分开的目的，需要防止把国有控股公司变成行政性公司，即名为公司、实为政府行政机构，或既为公司又兼具行政管理职能。要避免国有控股公司成为行政性公司，就要避免在原有的政府主管部门基础上改头换面，而主要通过企业自身的联合、兼并、股份收购等办法，建立以资产为纽带的控股公司。

与此同时，建立国有控股公司，要求保障企业产权的独立性。这有两个方面的问题：一是国有资产管理部门与国有控股公司之间是财产授权委托关系，国有控股公司依法行使国有资产所有权，有独立的企业产权，国有资产管理部门及其他政府部门不得任意干预和非法干预国有控股公司的经营活动。二是国有控股公司与控股的企业之间是一种由投资控股引起的经济关系，彼此都是独立的企业法人。要防止在建立控股公司中搞行业垄断，尽可能以优势企业和行业牵头，组建多行业、综合性的国有控股公司。

（四）建言完善公司治理结构，被中央决策参考

1997 年 9 月，党的十五大报告明确提出，用 3 年左右的时间，力争到 20 世纪末大多数国有大中型骨干企业初步建立现代企业制度。党的十五大后，以建立现代企业制度为重点的改革攻坚全面展开。1999 年 9 月，党的十五届四中全会通过的《中共中央关于国有企业改革和发展若干重大问题的决定》进一步强调要建立现代企业制度，使企业成为自主经营、自负盈亏的法人实体和市场主体；同时强调在建立现代企业制度过程中，要继续推进政企分开，积极探索国有资产管理的有效形式，对国有大中型企业实行规范的公司制改革，面向市场着力转换企业经营机制。

1. 举办"中国公司治理结构国际研讨会"

如何坚持建立现代企业制度的改革方向，对国有大中型企业实行规范的公司制改革，使企业成为适应市场的法人实体和竞争主体？基于改革的实践需求，针对当时公司治理中的矛盾问题，1998 年 12 月 14—16 日，中改院召开了"中国公司治理结构国际研讨会"。我带领中改院部分研究人员形成了主题为"中国国有企业公司治理结构研究"的背景报告，并发表了题为《我国转轨中公司治理结构的若干问题》的报告。主要建议是：第一，在企业制度创新中实现政企分开；第二，国有资产的管理运作机构应当从政府机构里分离出来；第三，政府应注重研究和总结公司法人治理结构的规范运作。

2. 建议完善公司治理结构，加快建立现代企业制度

这次论坛结束后，在中改院提交的背景报告及我的发言基础

上，结合与会专家的讨论观点，中改院形成了《完善公司治理结构，加快建立现代企业制度（30 条建议）》，并附上了我们对修改《公司法》的具体建议。这份建议报告被中共中央十五届四中全会《中共中央关于国有企业改革和发展若干重大问题的决定》的起草组调用 50 份作为参考资料。2021 年中改院建院 30 周年之际，原国家经贸委副主任陈清泰在会上做了一番发言，他回顾道："1999 年，我参与党的十五届四中全会《中共中央关于国有企业改革和发展若干重大问题的决定》的起草工作时，中改院报送的《完善公司治理结构，加快建立现代企业制度（30 条建议）》的研究报告，成了起草组重要的参考文件。"

> **专栏 4.1：　内部人控制**
>
> 　　内部人控制是指现代企业所有权与经营权（控制权）相分离的前提下，由于企业的外部成员如股东、债权人、主管部门等的监督不力，企业的内部成员如厂长、经理或工人直接参与企业的战略决策，以及从事具体生产经营决策的各个主体掌握了企业的实际控制权。内部人通过对公司的控制，追求自身利益，损害了外部人利益。

3. 举办中国国有企业改革与现代企业制度培训班

推动国有企业改革、建立现代企业制度需要大量的一线人才，但从当时的情况看，我国在这方面的人才十分紧缺。1994 年10 月，中改院举办了中国国有企业改革与现代企业制度培训班，这应该是全国比较早的专门针对建立现代企业制度的培训班，时任中央政治局委员、国务委员兼国家经济体制改革委员会主任李

铁映同志出席开班仪式,并作了重要讲话。1996 年 4 月,中改院
又先后举办了职工持股暨股份合作国际研讨班;2000 年 8 月再次
举办了中国职工持股培训班;2000 年上半年,还为江苏省体改系
统干部、海南省政府的企业领导干部举办了职工持股专题培训
班。此外,从 1997 年开始,中改院连续举办了 13 期大中型国有
企业工商管理培训班,时任中国人民银行副行长、党组成员周小
川同志也曾为培训班专题授课。中改院的培训活动引起了各方
面的关注。1997 年被原国家经贸委认定为首批全国工商管理培
训机构后,为一汽集团、宝钢集团、上海石化、海南省 31 家骨干企
业和海南农垦系统培训了 600 余名企业领导干部。许多学员表
示,他们曾经到过许多地方参加培训,在中改院参加培训学到的
东西最多,不但学到了工商管理的基础知识、基本理论和最新技
术,而且了解了国有企业生存发展面临的突出问题和国有企业改
革的大方向。

（五）以公益性为导向调整优化国有资本配置

有一次,我在全国政协提案中提交了《以公益性为目标调整
国有资本配置》,会后媒体采访我,我说道:"首先要明确国企到底
是干什么的,国企应该从一般竞争领域当中退出,主要集中于关
系到国家经济命脉的行业,国有企业的投资应该有明确的界定。
但现实是,很多地方都是国有企业干,与民争利。"

在 2010 年 1 月出版的《第二次改革:中国未来 30 年的强国之
路》一书中,我对优化国有经济布局和结构提出了自己的理解:优
化国有经济布局和结构,提高国有经济的整体素质和质量,把国
有资产更好地集中在关系国家安全和国民经济命脉的重要行业

和关键领域，增强国有经济的活力和竞争力，更好地发挥国有经济的主导作用，需要对国有经济实施战略性调整与改组。为此，第一，在关系国家安全和国民经济命脉的重要行业和关键领域保持控制力。第二，在其他行业和领域，国有企业要通过资产重组和结构调整，在市场公平竞争中优胜劣汰，引入非公有制经济和外资，推进投资主体和产权多元化。

1. 20 世纪 90 年代中期研究优化国有资本配置

我和同事们对调整优化国有资本配置的建议最早可追溯到 20 世纪 90 年代中期。例如，1995 年，中改院在向中央有关部门提交的《从整体上搞活国有经济（20 条建议）》中提出，国有经济要逐步减少在一般竞争性领域的比重，将国有资产主要集中在基础产业、关键领域和公用事业领域。1997 年 4 月，进一步提出利用资本市场加快国有企业战略重组的建议。此后，在对基础领域改革的建言中，也初步涉及国有资本配置问题。例如，当时我们提出基础领域经济按照属性分为一般产品和公共产品。

2002 年 11 月，党的十六大确立实行国有资产国家统一所有、中央和地方政府分别履行出资人职责的新的国有资产监管体制。国资委正式挂牌以后，按照党的十六大精神，关系国家安全和国民经济命脉的大型国有企业、基础设施和重要自然资源等，由中央政府代表国家履行出资人职责；其他国有资产由地方政府代表国家履行出资人职责。2003 年国资委刚成立时，中央企业共有 196 家；2017 年底，国资委公布央企名录共 97 家。

2. 建议以公益性为目标调整国有资本配置

实际上，对于国有资本优化配置，当时大概有两个基本的主张:一个主张是要缩减国有企业总量,甚至有的提出国有企业私有化;另一个主张则认为,搞市场经济,为什么国有企业就不能追求利润呢?哪里有利润国有资本就往哪里去。对这两个观点我都不赞同。国有资本是我们大家的,要为全民所用,为社会的公共利益所用。

2011年2月,由我主持编撰的《民富优先:二次转型与改革走向》一书中首次完整提出以公益性为重点优化国有资产配置之后,2012年3月,我向全国政协十一届五次会议提交了以《以公益性为目标调整国有资本配置》的建议。建议以公益性为目标,调整优化国有资本配置。这份提案得到了财政部与国务院国资委的答复。财政部认为,严格限制国有资本投资范围很有必要,逐步把国有企业的资源使用租金和利润分红纳入财政预算收入体系很有道理;国务院国资委认为抓紧制定相关法律法规很有必要,下一步将认真研究。

3. 建议以公益性为目标推进国有经济的战略性调整

2012年4月,中改院召开了"走向公平与可持续——转型中的亚洲新兴市场经济体国际论坛"。在这次论坛上,我发表了题为"走向公平与可持续——转型中的亚洲新兴市场经济体"的主题演讲。会后,以此为基础,并结合与会专家讨论观点,我们形成了《以公益性为重点调整优化国有资本配置(16条建议)》,并上报中央有关部门。当时我的基本考虑是:发展方式转变,在相当大程度上依赖于国有经济的战略性调整;改变经济结构、调整和优化投资结构,重在国有资本的合理配置;改变国民收入分配格局、理顺利益关系,需要国有资本及其收益能够成为社会福利的重要来源。

具体建议是：首先，适应国家产业结构转型升级的要求，调整投资结构，使新增国有资本投资主要配置在自然垄断领域、公共产品领域，以及事关国计民生和国家安全的战略性领域；其次，国有资本逐步从一般竞争性领域退出，重点转移到公共产品领域；再次，把竞争性领域的国有资本，集中配置在事关中长期国民经济持续快速增长的能源、资源和高科技等新兴战略产业，充分发挥国有资本的优势，参与更高层次的国际竞争，以提升国家竞争力；最后，对确有必要保留在其他竞争性领域的国有资本，要提高收租分红比例。

党的十八届三中全会提出，"国有资本投资运营要服务于国家战略目标，更多投向关系国家安全、国民经济命脉的重要行业和关键领域，重点提供公共服务、发展重要前瞻性战略性产业、保护生态环境、支持科技进步、保障国家安全"。应当说，我当初对国有资本优化配置的设想和建议与中央要求是相符的。

4. 优化国有资本布局仍然任重道远

党的十八届三中全会以来，我在东北做关于国有经济布局的调研。从调研的情况看，优化国有经济布局仍是个重大问题。2021年5月18日，我受邀参加国务院国资委"十四五"规划专家座谈会，并做发言。我的理解是，优化国有经济布局是一件十分重要的事情，是涉及全局的战略性大问题。能不能从未来10年、20年甚至是30年更长远的角度出发，把这个事情做大，需要各个方面统一思想。

在我看来，国有经济布局仍面临一系列突出矛盾。第一，从结构布局来看，如果没有国有经济布局的优化调整，东北地区很难实现经济一体化。第二，从产业布局来看，比如鞍钢、本钢合并已经提了很多年，表面上看是两个钢厂的问题，实际上是产业布局和产业集中度的问题。产业布局的严重不合理，导致产业集中度不够，效益比较差。第三，从区域布局来看，东北地区国有经济布局严重不合理。三个省之间形成了同业竞争的产业布局。通过国有经济的布局优化，推动东北区域经济一体化，东北才能在东北亚区域经贸合作中发挥一定的作用。

做好国有经济布局至少有四个方面很重要：第一，战略性。一定要从战略上重视国有经济布局，使得"十四五"期间实现突破。第二，基础性。比如说能不能抓住时间窗口，布局数字经济产业，在这方面我国具有竞争优势。第三，协调性。既然是面向全国国资系统，那就需要有一定的协调性。现在谁来协调？如果没有统一的安排，仅靠某个部委，会比较难。第四，制度性。东北地区国有经济布局调整需要一些制度性安排。

三、推进股份制改革

20 世纪 80 年代至 90 年代，股份制改革是我国一项重要的改革。在当时，也是争论最大的一项改革。争论的焦点就是股份制是姓"资"还是姓"社"。对股份制改革的理解来自我在海南的具体改革实践与理论研讨。从海南的实践来看，股份制改革尽管存在这样或那样的问题，但总体来说，对实现国有企业向国有资本过渡、整体上搞活国有企业具有明显效果。我认为，股份制在产权界定、资产配置中有着不可替代的特殊作用。实行现代企业制度，发挥市场机制在资源配置中的基础性作用，重在股份制企业的建立和发展。应当说，正是股份制企业的初步发展，推动和促进了我国资本市场的形成。

（一）股份制由试点到全面推广

1980 年 11 月，《人民日报》刊登了一封读者来信，分析说，一方面，"企业必定会有多余的资金无处投放"；另一方面，"许多商品的生产，由于缺少资金，不能满足市场需要"，由此提出了"集股投资"的建议。1984 年，深圳出现了一个"万丰模式"，万丰村的党支部书记潘强恩提出了一个大胆的设想：发动村民参股兴建工业村。在那个"股"与"私"同姓的年代，"万丰模式"以股份制形式向传统公有制发起了冲击，在社会上产生了不小的震动。1983 年，重庆被选择为股份制改革的试点，试点企业之一的重庆嘉陵摩托集团，在实行股份制后，变成了"中国摩托之王"。

1. 股份制试点

面对各地股份制经济的试点，中共中央和国务院给予了积极支持。1986 年 12 月，国务院发布《关于深化企业改革增强企业活力的若干规定》（以下简称《规定》），明确指出各地可以选择少数有条件的全民所有制大中型企业进行股份制试点，并提出未来一个时期深化全民所有制改革的办法和方向。该《规定》指出：1987 年要在深化企业改革、增强企业特别是大中型企业的活力方面迈出较大的步子。全民所有制小型企业可积极试行租赁、承包经营；要推行多种形式的经营承包责任制，给经营者以充分的经营自主权；各地可以选择少数有条件的全民所有制大中型企业，进行股份制试点。

2. 股份制姓"资"还是姓"社"

股份制改革从探索那天起,就经受着姓"资"还是姓"社"的争论。1992 年初,邓小平在南方谈话中指出:"有不少人担心股票市场是资本主义,所以让你们深圳和上海先搞试验。看来,你们的试验说明了社会主义是可以搞股票市场的,说明了资本主义能用的东西,也可以为社会主义所用。证券、股市,这些东西究竟好不好,有没有危险,是不是资本主义独有的东西,社会主义能不能用? 允许看,但要坚决地试。看对了,搞一两年。对了,放开;错了,纠正,关了就是。关,也可以快关,也可以慢关,也可以留一点尾巴。怕什么,坚持这种态度就不要紧,就不会犯大错误。"[①]邓小平的这段讲话终结了长久以来关于股份制性质的争论,加快了企业股份制改革的步伐。

如何评价股份制的性质,它究竟姓"资",还是姓"社"? 对此,我在 20 世纪 90 年代初提出了自己的看法:市场经济条件下的公司制企业,是财产组合、生产经营的组织形式。它根本不同于传统体制下的企业所有制分类。企业实行公司制,就是寻求资产配置、生产经营的有效形式。股份制是公司制的基本形式,它能实现资产的有效合理配置。我国股份制的初步实践证明,它是国有资产优化组织的重要形式,不仅可以明晰产权,而且可以实现国有资产的保值增值。例如,9000 多家股份公司的净资产平均增长率为 42.4%,可统计的 1600 多家的净资产平均增长率为 12.5%,

---

① 李灏.终身难忘的教诲——忆 1992 年陪同邓小平视察深圳[J]. 党的文献,2002 (2):25-29.

这显著高于同期其他类型国有企业资产增长率。实践证明,股份制既不姓"资",也不姓"社",它是比较完善的资产组合形式。我国股份制企业的发展正处在起步阶段,对其作用估计不足,甚至做出错误的评价,会直接影响股份制企业的发展,对改革和发展的全局极其不利。

3. 国有企业股份制改革试点全面展开

1992 年 2 月 29 日至 3 月 4 日,国家体改委和国务院生产办公室联合在深圳召开股份制企业试点工作座谈会。会议交流了股份制企业试点工作的情况,研究了股份制经营方式对转换企业经营机制的作用,修改了《股份制企业组建和试点工作的规范意见》及配套的 10 项政策规定。随后,有关股份制的政策及法律法规相继出台。

到 1992 年底,全国各城市经批准建立了近 400 家股份制试点企业,使全国股份制企业达到 3700 多家。同时,国务院还批准 9 家国有企业改组为股份公司,到境外上市。

(二)股份制改革的"黄埔一期"

应当说,20 世纪 90 年代初,无论是研究层面还是实践层面,我国对股份制的了解都比较少,更缺乏实际操作的"经验"。因此,推进股份制改革试点需要大量的人才。在国家体改委支持下,1992 年中改院举办了全国及海南股份制改革人才培训班,为我国培养了最早一批股份制改革规范化运作人才。

当时,股份制实践研讨班的主题集中在三个方面:一是讨论我国股份制改革实践中的若干重大理论问题;二是广泛交流全国各地股份制改革试点的情况和经验,提出了股份制实践中的若干问题及建议;三是深入学习和讨论全国各地股份制改革的法规、法则和有关政策,以及股份制经济运作方面的专业技术知识。应当说,举办的两期研讨班无论对培养股份制改革人才还是对推动股份制改革实践都起到了明显成效。后来,有人把这两期研讨班称为股份制改革的"黄埔一期""黄埔二期"。

(三)解决国有商业银行不良债务的建议

我国经济体制转轨时期面临着的一项艰巨任务,是如何积极妥善地解决传统计划经济体制下所造成的大量债务问题。不全面彻底地解决债务问题,国有经济的战略性改组和国有银行商业化改革都难以迈开步子,难以取得实质性进展。债务问题已成为牵动和影响我国改革和发展全局的关键性因素。1995年,国有银行债务风险成为全社会关注焦点。在此背景下,我牵头的研究团队提交《以解决不良债务为重点加快商业银行体制改革的建议(30条)》,主张通过债务托管解决不良债务,为推进国有银行商业化改革创造条件。据我了解,这份建议对国有银行走向市场化运营产生了积极的促进作用。

1. 国有企业大面积亏损

1993年,我国出现改革开放以来最严重的经济过热。为实现经济"软着陆",国家采取了财政政策和货币政策"双紧缩",成功将通货膨胀率从1993年的14.7%、1994年的24.1%,下降到1995年的17.1%、1996年的8.3%、1997年的2.8%。[①]

在这一过程中,国有企业资金十分紧张,且承担着沉重的财

---

① 根据历年《国民经济和社会发展统计公报》公布的"居民消费价格"数据整理。

务负担,再加上财政针对国有困难企业的亏损补贴也逐步停止,国有企业在经营上陷入了前所未有的困境。

2. 一组数据引起"争议"

在国有企业大面积亏损的情况下,其资产负债率处在居高不下的状态。从 1980 年至 1994 年底,国有资产管理局对 2 万户国有工业企业的清产核资调查,显示出企业资产负债率从 18.7% 上升至 79%,流动资金负债率高达 93%,企业自有流动资金仅占 7%,企业的生产周转资金几乎全部靠贷款。

我在 1996 年发表的《加快以市场化为目标的中国商业银行体制改革》一文中列举了两个数字:国有企业的资产盈利率目前仅为 6%—7%,而贷款的平均利息率为 12%。如此之高的资产负债率和如此之低的资产盈利率,使国有企业的亏损严重,运作陷入困境,国有企业只得把亏损以赖账方式转嫁给银行。这不仅成为银行效益低下的直接原因,而且对银行的生存和发展造成巨大威胁。中国人民银行曾在 2002 年做过调研统计,在 20 世纪八九十年代国有商业银行不良贷款中仅 20% 是由自身经营不善所导致。

这组数据也引起了国务院主要领导的重视,并要求相关领导同志核查。我与我的同事在接到通知后对此做了核实,事后向领导同志报告了数据的来源。

3. 建议成立债务托管机构解决银行不良资产

庞大的不良债务问题不解决,国有专业银行在向自负盈亏的商业银行转型过程中迟早会出现信用危机,十分危险;国有企业背负着沉重的债务包袱,债务越滚越大,生产经营难以为继,最终将陷入无法摆脱的债务危机，也有可能因此而诱发严重的经济与社会问题。而银行对国有企业的贷款主要来自老百姓的存款，数千亿不良资产涉及存款人的利益如何保护，这更是一个需要高度重视的大问题。为此，由我牵头的课题组于1996年提出了建立债务托管机构的建议。

我们认为，从我国专业银行和国有企业的债权债务现状出发，迫切需要由政府组织建立一个具有高度权威性的债务托管机构，用3—5年时间一揽子负责经营、管理和处置目前国有商业银行的不良资产，并进而推动国有企业的重组。债务托管机构的主要任务有两个：

第一，托管机构从专业银行接管对企业的不良债务，把银行解放出来，确保银行经营业务的正常运作，使银行的商业化能真正迈开步子。

第二，托管机构通过拥有相关企业的债权，参与企业重组，进而推进企业全面的市场化改革。通过重组企业债权调整企业结构，强化企业经营管理，提高整体经济效益。

在此基础上，就托管机构接管不良债权时，银行、企业、政府等均应对债务重组做出贡献，我提出了5种解决办法：一是作为债权人的专业银行必须在债务托管过程中，以具有吸引力的折扣向托管机构转让债权。这个折扣应由银行的呆账准备金和一定的资本金来承担。二是债务托管机构需要政府适当注资，由中央财政和地方财政共同注入一定数量的资金，以便托管机构购买银行的不良债权。三是托管机构可通过多种方式筹措国内外投资者的资金，以此购买银行对相关国有企业的不良信贷资产。四是在企业重组中获得一部分债权补偿。托管机构接管不良债权后，可通过债转股、招商、租赁、转让、拍卖等方式化解不良债权。五是一部分不良债权的良性化。即由债务托管机构与企业重新签订债务偿还协议，使一部分不良债权化解为良性债权。

1999年，国务院决定在四大国有商业银行中分别成立资产管理公司，由建设银行率先进行信贷资产重组试点。改革开放多年的实践证明，采用金融资产管理公司方式处置国有银行的不良资产，对化解金融风险、支持国有商业银行的改革与发展起到了重要的推动作用，"政策性收购，市场化处置"的策略是完全可取的。

4. 20世纪90年代中后期建议推进商业银行股份制改革

建立债务托管机构，把银行的不良债权接过来，会为银行的商业化改革创造条件。但只有银企联动，配套推进，才能借解决国有企业债务问题的契机，建立符合市场经济原则的银企关系，从而奠定防范新的不良债务产生的制度基础。为此，我们建议应结合债务问题的解决，逐步对国有商业银行实行股份制改造。

维持单一的国有商业银行体制是不现实的，也是不必要的。国有银行要改造成为真正的商业银行，同其他国有企业一样，应实行产权制度改革，改变与国家的关系形式，成为市场主体。可借鉴我国已有的股份制商业银行发展经验，对国有银行进行股份制改造，改变单一的产权结构，既可扩大金融资本，增强自我发展能力，又能使国有财产主体明晰化、人格化，明确产权主体的财产责任和财产权利。

2003年底，中共中央、国务院决定先行对中国银行和中国建设银行进行股份制改造试点，这也意味着国有商业银行股份制改革正式拉开帷幕。

（四）建言股份制经济健康发展

截至 1997 年，我国经过股份制改革的国有企业有 9000 余家，在数十万户企业中所占比例不到 5％，其中上市公司不过 530 多家，占股份制国有企业的比重不过 6％，并且上市公司的国家股和法人股还不能流通。可见，我国的股份制企业不仅数量少，而且很不规范。为此，我在 1997 年发表的《转轨时期中国资本市场发展的几个问题》一文中建议，应当把发展股份制企业作为国有企业改革的一项重要任务，并且尽快形成以股份制企业为主体的现代企业结构。一些经营性的国有企业只要基本符合条件，经过改造，要大部分改组为股份制企业。特别是要加快把大中型国有企业改造成股份制企业的步伐。

1. 国有大中型企业的股份制改革

我在 1998 年发表的《我国股份制经济健康发展的正确方针》一文中列举了一组数据：我国有 6.8 万户国有企业，其中有 5.3 万户是小企业，大中型企业只有 1.5 万户。在这 1.5 万户大中型企业中，属于国家级重点型企业的有 5000 户。在实际推进国有企业股份制改革进程中，为了防止因试点失败而对国民经济造成不良后果，我们大多选择与国计民生关系不大的行业和小型企业进行股份制改造，从而形成了上市公司盘子小的问题，股市所涵盖的企业总体实力在国民经济中只占很小份额，很难充当宏观经济"晴雨表"和资本市场"稳定器"的作用。这是导致股市投机过度、波动频繁的一个重要原因。因此，我们建议尽快培育一批增长性高、竞争力强的集团化上市公司，增强其市场主体地位，发挥

"市场稳定器"的作用,这对保持资本市场的稳定发展有着十分重要的意义。

为此,我们建议在整体战略安排上,可以分三步走:第一步,在未来3—5年,以国有大中型企业为重点,基本完成对处于一般竞争性行业和部门国有企业的股份制改革;第二步,以基础产业和公用事业领域内的国有企业为重点,加快国有公共部门(通信、电力、航空、铁路、公路等)的股份制改革;第三步,以国有商业银行为重点,选准有利时机,加快我国金融领域的股份制改革。

2021年,上海证券交易所上市公司数量为2031家,占比为43.38%;深圳证券交易所上市公司数量为2569家,占比为54.87%;北京证券交易所上市公司数量为82家,占比为1.75%①。其中,国有企业共计1167家,特别是上市公司已经成为中央企业运营的主体。中央企业资产的65%、营业收入的61%、利润总额来源的88%都在上市公司。央企控股境内上市公司的户数占到整个上市公司总量的7.2%,贡献了全市场37.1%的营业收入、31.0%的净利润、23.3%的现金分红,为资本市场平稳健康发展提供了重要支撑。应当说,基本实现了当初设定的目标。

2. 以股份制改革为基础,发展多样的混合经济

以股份制改革为基础,发展多样的混合经济以寻求各类资本有效组合的形式,这是实现公有制形式多样化、调整和完善所有制结构的重要出路。我的理解是,股份制经济是各类资本有效结

---

① 数据来源:根据中国上市公司协会、智研咨询相关资料整理。

合的基本形式，是实现国有资产和非国有资产结合、实现国有资本自由进入或退出某些领域的交易成本最低的形式。调整和完善所有制结构不是从公有制走向私有制，它实际上是要实现在单一公有制基础上的资产形态及股权结构的调整和优化。

在大力发展股份制经济中推进所有制结构的调整和完善。发展混合经济是大有可为的，例如，除关系国家安全和国民经济长远发展，且又不宜由非国有企业控制或民间无力兴办的战略产业外，在一般竞争性领域，国有企业在原则上将逐步不再充当主要经营者的角色，在某些行业和部门可以减少国有经济比重，通过售股变现，扩大非国有资本的参与和取得可供国家机动支配的资金，用于急需的方面，不应当也没有必要强调和规定国有资产的绝对控股；在微观层次，在现属国有独资企业中，要打破单一国有股，实现多元法人股结构，在多元化的股权结构下，将克服企业资产所有者缺位的弊端，有利于公司治理结构的改善，使国有企业成为有较强竞争力和控制力的微观主体。

2003年10月，党的十六届三中全会《中共中央关于完善社会主义市场经济体制若干问题的决定》提出，要"大力发展国有资本、集体资本和非公有资本等参股的混合所有制经济，实现投资主体多元化，使股份制成为公有制的主要实现形式"。2013年，在党的十八届三中全会上，进一步将混合所有制经济上升到"中国基本经济制度的重要实现形式"的高度。党的十九大报告明确提出，"深化国有企业改革，发展混合所有制经济，培育具有全球竞争力的世界一流企业"。从当前和未来的情况看，混合所有制改革是新时代深化国有企业改革的重头戏，牵一发而动全身，仍面临诸多需要研究和实践的重大课题。只有混合所有制改革实现实质性突破，才能真正实现从"管企业"向"管资本"转变。

四、研究并推动海南建立现代企业制度

1988年海南建省，面临着企业少、小、弱等诸多问题。国营企业以小企业为主，手工作坊式的较多，而且多数处于严重亏损状态。由于国营企业的状况，海南的工业总产值在全国是倒数第2位，全省国营工业企业百元固定资产提供的利税为9元，而全国平均是18元。如何尽快培育一批与经济特区开放发展相适应的企业主体，成为海南改革发展面临的重大课题。

当时，我作为海南省体改办主要负责人，亲身参与了海南建省初期的国营企业改革。从海南的实践来看，股份制改革尽管存在这样或那样的问题，但总体来说，对实现国营企业向国有资本过渡、整体上搞活国营企业具有明显效果，并反哺了全国的相关改革探索。

（一）推行股份制改革试点

海南建省办经济特区之初，中央就提出支持海南推进股份制改革。1988年，国务院24号文件明确提出，海南要"积极推行股份制，包括国家控股和部门、地区、企业间参股，也可以向本企业职工和社会上发行股票"。《国务院批转国家体改委、国务院生产办关于股份制企业试点工作座谈会情况报告的通知》即国发〔1992〕23号文件又提出："向社会公开发行股票（不上市）的股份制试点，目前只在广东、福建、海南三省进行，其试点办法和发行股票的规模必须经中国人民银行和国家体改委批准。"

1. 为什么要推行股份制改革？

1988 年海南建省办经济特区之后，企业改革仍与内地一样，主要推行承包制，但遇到的困难又比内地特殊，特别是 20 世纪 80 年代末 90 年代初的企业治理整顿及国际市场变动等因素。一方面，大开放的格局难以形成，以大开放引进国际国内大财团、大企业的设想也难以实现，而且企业经营情况恶化，甚至亏损严重。1989 年前后，海南国营工业企业亏损面一直在三分之一以上。另一方面，海南的基础设施十分落后。80 年代末，海口是全国为数不多的连一个红绿灯都没有的省会城市。当时的海南岛，进得来，出不去。我作为厅级干部，买一张飞机票都很困难。

企业发展的出路在哪里？海南如何吸引各地企业？什么样的机制才具有吸引力？海南要发展市场主体，两个条件很重要：一是市场要活；二是体制要活。从当时的情况看，建立更具活力的企业制度，重要的出路在于推进股份制改革，加快建立以股份制为主体的现代企业制度。海南坚决走股份制道路就在这样一个背景下确定了。

2. 成立省股份制试点领导小组及其日常工作机构——联审办

建省办经济特区的头两年，海南在企业改革方面进行了一些探索，取得了一定的改革成效。但从总体上看，企业改革的步子不大、成效不明显。尤其是企业产权不明晰等深层次问题还基本没有破题。正是在这个背景下，省体改办提出，要抓紧时机进行规范化的股份制改革试点，为企业改革探索出一条新路子。

1990 年 12 月，省体改办向省委、省政府提交了《建议加快海南股份制改革试点的报告》(琼研字〔1990〕33 号)。报告提出五条主要建议:一是要尽快成立一个由省政府主管领导牵头、相关部门负责同志参加的股份制改革联审领导小组;二是要尽快颁发股份制改革试点意见,省体改办当时提交了《关于我省进行股份制改革试点的若干意见》;三是分步推进股份制试点,在有条件的公司进行股份制改革试点;四是进一步完善试行股份制的基本规则;五是要对现有的股份制企业进行清理和认证。

这些工作的开展,为全省股份制改革试点和证券市场发展做了充分的准备,海南股份制改革试点和股票发行的规范化试点工作即将拉开帷幕。

3. 试点工作全面铺开

1991 年上半年,海南省开始进行规范化的股份制改革试点。1992 年,股份制改革试点工作全面铺开。1993 年底,全省共批准股份制公司 125 家,批准发行总股份 206.59 亿股;全省有个人股上市公司 5 家,均在深圳证券交易所上市;法人股上市公司 5 家,其中在 STAQ 系统上市 3 家,在 NET 系统上市 2 家;在海南证券交易中心参与企业法人相互持股试点 6 家。

在国家体改委的支持下,海南的股份制改革在全国创下了多个"第一":国内第一家民营上市公司是海南新能源股份有限公司;国内第一家股份制航空公司是海南航空股份有限公司……在 1991 年,海南率先推进企业股份制改革,当时在深圳上市的 10 家异地公司中,海南就占了 4 家。可以说,股份制改革在海南经济发展起步阶段发挥了重要作用,对推动全国股份制改革也起到了积极的促进作用。

4."化公为私"还是"化私为公"?

在海南,股份制改革也并不是一帆风顺的。当时的分歧很大,股份制改革究竟是私有化还是社会化?是化公为私还是聚集社会资本搞建设?

当时,对于省体改办提出的要设立 20％的内部职工股的做法,有人担心这是不是在搞私有化,是不是侵占国有资产?我向省里主要领导汇报说,职工自己拿钱买企业的股票、支持企业建设,怎么是私有化?与其说是"化公为私",用"化私为公"概括可能还更客观。这是因为,设立内部职工股能够提高职工对企业的信心,充分调动职工的工作积极性,有利于搞活企业。

(二)推进海南国营企业改革

海南建省之初,国营企业多数处于亏损状态。如何推进中小国企改革,是当时企业改革的重点任务之一。

1. 深入企业调研

为了贯彻落实中央关于"配套、完善、深化、发展"承包经营责任制的要求,同时为了摸清海南国营企业的家底,1990 年初,省体改办组成调研组,对全省 5 个行业的 8 家亏损企业进行了深入的调查,并对全省工业口的 83 家国营工业企业的债务、经营状况等问题进行了为期 2 个月的摸底。同年 7 月份,省体改办向省政府领导提交了《关于我省国营工业亏损企业情况的调查及建议》。通过调查,我们了解到,1989 年,全省工业口国营工业亏损企业为83 家,占工业口国营工业企业的 31.7％;亏损企业亏损额达2485.33 万元,百元固定资产创利税为－4 元。这 83 家亏损企业大致分三种类型：一是经营性亏损企业，约占 50％；二是市场疲软、生产要素短缺造成亏损的企业，约占 45％；三是政策性亏损企业，约占 5％。

为使全省国营工业亏损企业尽快走出困境，我们在报告中建议：第一，对经营性亏损的企业，在继续完善承包制的同时，分别实行股份制、兼并、拍卖、破产等不同形式的改革；第二，对由市场疲软、生产要素短缺造成亏损的企业，主要是择优扶持，调整政策。

> **专栏 4.2：　首家破产企业**
>
> 　　1986 年 8 月 3 日，沈阳市防爆器械厂被沈阳市工商行政管理局正式宣布破产，成为新中国第一家破产的公有制企业。沈阳的大胆尝试和理论突破，为后来在全国更大范围内建立企业的优胜劣汰机制、为《企业破产法》的出台提供了有效的实践探索。

2. 推动组建椰树集团

1990 年初，根据省委领导指示，我带队去椰树集团就组建天然椰子汁饮料企业的问题进行了专门调查研究，并报请省政府批复授予天然椰子汁饮料企业更大自主权。之后，椰树集团在王光兴带领下，大胆改革企业管理制度，取得了明显成效。1991 年，椰树集团 5 项主要经济指标居全国同行业之首；从 1992 年起，椰树集团进入中国 500 家大型工业企业行列；1994 年，椰树集团在全国饮料企业中销量排名第一，被国务院列为海南省唯一的建立现代企业制度百户试点单位。1995 年 11 月，国家经贸委、海南省政府联合发文批复"椰树"(原海口罐头厂)《建立现代企业制度试点实施方案》,要求达到产权清晰、政企分开、权责明确、运行高效的试点目标。

20 世纪 90 年代中期,国家经贸委派来工作组,国家经贸委副主任陈清泰带头到椰树集团指导工作,推动落实"椰树"产权改制。后来,椰树集团在省、市支持下,推进员工持股,充分调动广大职工的积极性。正是坚持深化企业改革不断试点,才有了今天的椰树集团。

(三)推进农垦改革

农垦改革是海南国企改革的大头。建省之初,农垦占据全省五分之一的人口、四分之一的土地,是海南农业开发建设的重要基础。如何推动农垦改革,成为当时全省企业改革的头等大事。

专栏 4.3: 农垦

1956 年,中国政务院(后更为中国国务院)下设农业相关主管机构为农垦业、农林业、农牧业、农副业、农渔业五大部门。其中,农垦部的主要工作是,避免与农争地而在无农地区开辟新农业基地,从事农业生产,满足国家建设对粮食的需要。以农垦部的建立为标志,有计划、成规模、有系统、成建制地输送城市工人到没有农民从事农业生产的但完全适合农业生产和发展的地区进行农业生产。农垦系统的建立肇始于此,农垦系统的职工均是在编的国家正式职工和国家干部。

---

1. 下放地方管理

在海南筹备建省期间,建省筹备组决定成立海南省农垦总公司筹备组,把广东农垦对海南农垦的财务、物资等管理权接过来。1988 年 1 月 1 日,党中央、国务院决定,海南农垦的管理权下放,由海南建省筹备组直接领导和管理。自此,海南农垦从广东农垦划出,并下放给海南省直接领导和管理。同年 7 月,海南省农垦总局(公司)成立,属海南省政府序列,与海南省农垦总公司为"一套人马",对海南全省农垦企业、事业单位实行统一管理。至此,海南农垦的历史翻开了新的一页。

2. 深入农垦调研

1991 年 7 月,由我牵头省体改办组成专题调查组,到八一、西联、阳江、乌石、南海 5 个国营农场以及省农垦总局下属的橡胶厂、机械厂、家具厂,就如何充分发挥农垦系统在加快海南省现代农业发展中的重要作用进行了调查和研究。其间,还参观了几个农场的橡胶园、小水电站、生产车间、学校、医院、文化活动中心和职工住宅等,并同农场和工厂的领导、省农垦总局各业务部门的领导进行了座谈。

8 月初,省体改办向省委、省政府提交了《关于充分发挥农垦系统在加快我省现代农业发展中的重要作用的报告》(琼体改办字〔1991〕11 号),报告充分肯定了农垦在海南省现代农业发展中具有十分重要的地位和作用,客观分析了农垦当时面临的矛盾与困难,建议从全省经济发展的全局来考虑农垦系统的问题。

今天看来,海南农垦改革在各方面的支持下有重要进展,但仍面临诸多需要破解的重大任务。

第五章

为什么改革要实现城乡基本公共服务均等化？

——从建言农村最低生活救济制度说起

2003 年 7 月 1 日,我到海南儋州一个黎族村庄调研,到了一户人家,老头一条腿残疾,老太太长年卧床不起,儿子 30 多岁了,有精神疾病。这一家人是怎么生活的呢?老头把剩下的一条腿绑在犁耙上耕水田。因为没有劳动力,这个家庭极度贫困。我就问同行的镇领导:像这种家庭有没有救济?镇领导说:"我们申请了 3 个月,前几天刚下来。"我问他多少钱。他说:"5 块钱。"我听后很吃惊:"申请了 3 个月,才拿到 5 块钱补贴?"我真的不敢相信。

2005 年前后,我带队到甘肃刘家峡水库旁边一个农村调研,这个村子有百余户,大家签署了一份"集体公约":只要谁得病,治疗花 2 万元以上就放弃治疗。为什么? 一了解,在没有农村合作医疗的情况下,一个贫困户借 2 万元治病等于同时使 4—5 个家庭陷入贫困。

这两次调研给我很大刺激。2006 年 2 月 6 日,国务院总理温家宝在国务院小礼堂主持召开经济社会领域专家学者座谈会,就"十一五"规划纲要草案征求意见。会上,我给总理讲了调研的案例，并向总理建议，把"十一五"规划纲要草案中提出的"'十一五'期间国家鼓励和支持在有条件的地方建立农村最低救济制度"，改为"'十一五'时期国家在全国范围内实施农村最低救济制度"。没想到的是，几个月后，国务院在中央农村经济工作会议上明确提出，从当年开始，在全国范围内建立农村最低生活保障制度。这比原来的规划至少提早了5年。

民为邦本，本固邦宁。处理好改革与多数人利益，形成合理的利益结构是我国改革开放的重要实践和基本经验。正是由于打破了平均主义的藩篱，才使得改革赢得了广泛社会支持并形成社会合力。但是，能不能突破利益固化的藩篱，控制并缩小日益扩大的贫富差距，逐步形成合理的利益结构和社会结构，决定着全面改革的成败。

一、20世纪90年代初研讨社会保障制度

1990年5月，我随国家体改委组织的考察团去德国进行了为期半个多月的考察。德国的学者和官员在向我们介绍社会市场经济的情况时，大都涉及社会保障制度问题。在德国，社会保障制度是社会市场经济体系的重要组成部分，这给我留下了深刻印象。

这次考察后，我写了一份关于考察德国社会保障制度的专题报告，国家体改委在一定范围内印发了这份考察报告，这也成为我研究社会保障制度改革的起点。从20世纪90年代初开始，我与同事把一部分精力放到社会保障改革研究上。

（一）海南率先建立新型社会保障制度

1. 全程参与海南社会保障制度改革方案设计

建省办经济特区之初，海南省委、省政府就十分明确，要加速海南的经济建设，推进经济体制改革，需要加快建立新型社会保障制度，为企业提供平等竞争的社会环境。

在这个背景下，由我牵头进行海南全省社会保障制度改革的方案设计。我和省体改办的同事在调查研究的基础上，根据海南省经济社会发展的特点和需要，经过深入研究和咨询论证，提出建立海南新型社会保障制度的综合改革思路，并经反复测算，先后设计了《海南省社会保障制度改革总体设想》《海南省职工养老保险制度改革方案》《海南省职工医疗保险制度改革方案》《海南省职工待业保险制度改革方案》和《海南省职工工伤保险制度改革方案》。1991 年 6 月 1 日，省委讨论，原则上通过这些方案。随后，我们又草拟了职工养老保险、失业保险、工伤保险、医疗保险和公费医疗等 5 项暂行规定。1991 年 11 月，海南省政府陆续发布了《海南省职工养老保险暂行规定》《海南省职工待业保险暂行规定》《海南省职工工伤保险暂行规定》《海南省职工医疗保险暂行规定》。这 4 个暂行规定在全国来说是开了先河的。

回过头来看，海南省出台的社会保障制度改革方案，无论在广度还是深度上都有不少新的突破，并呈现出几个突出特点：一是社会化程度更高。通过改革，社会保障的内容比原来更多，包括了养老保险、失业保险、工伤保险、医疗保险等社会保险的几乎全部主要项目；保险对象的涵盖范围比原来更广，包括全省各种经济成分、各类行业企业的各种身份的职工。二是保险费征缴更公平。社会保障水平从本省经济发展的实际水平出发合理确定，各项社会保险资金由国家、企业（单位）、个人三者合理负担，各类企业和各种身份的受保人都按统一的社会保险费率公平缴纳。三是运行机制更合理。保险金的给付和保险费的缴纳相挂钩，权利与义务相统一，公平与效率相兼顾，吸引企业和职工个人缴费，促使管理机构强化管理的机制作用，保证新型社会保障制度的正常、有效、稳定运行。四是管理体制更趋完善。坚持社会化、制度化、科学化的管理原则，建立政事、政企分开的，统一、多层次的管理与监督机制，大幅度提高全省的社会保障管理水平。五是社会保障的实施更制度化和规范化。每一项社会保险制度的实施都以立法为主要手段，企业、职工个人和社会保障管理机构三大主体的行为都以法律的准绳来规范，使新制度的运转不受人事变动和各种人为因素的影响。

回顾这段历史，相关讨论仍不绝于耳。从新中国成立开始，我国就颁布了劳动保护条例，依据这个条例所建立的社会保障体制，发挥了重要的作用。但它的一个弊端也很突出，就是助长"大锅饭"现象，一切由国家包下来，一切由国有企业包下来，因而不可持续。海南的社会保障方案，改革了保障给付与缴费贡献相脱节的"大锅饭"统筹的弊端，坚持权利与义务、公平与效率相统一的原则，通过保险金给付与保险费缴纳紧密挂钩的办法，保证新型社会保险制度能够正常、有效和稳定运行。

我记得，当时我国的社会保障制度改革才刚刚开始，全国范围内也只是在国有企业进行探索和试点。而海南的改革方案，已经把从个体户到民营企业、从国有企业到机关事业单位所有城镇从业人员都纳入社保对象,充分体现了特区人敢闯敢试的创新精神。

2. 推动海南社会保障管理体制改革

为协调推进海南省社会保障管理体制改革,改变社会保障多头分块管理体制,提高管理效率、降低管理成本,我和省体改办的同事就社会保障管理体制改革提出诸多建议:

第一,建议成立社会保障综合改革领导小组。领导小组由省政府主要领导牵头,从有关部门抽调人员组成办公室。这一意见得到省委、省政府主要领导的采纳,并于 1989 年底成立海南省社会保障制度改革领导小组,以常务副省长为组长,我和省人劳厅厅长为副组长,13 个省直部门领导参加。同时我还兼任办公室主任,具体负责协调相关工作。

第二,建议组建省社会保障委员会。采取分步实施的办法,第一步主要做好三项工作:一是把当时的省社会保障改革领导小组改为省社会保障委员会;二是委员会下设一个 8—10 人的专职办公室,作为非常设机构,完成委员会交办的各项工作;三是组建海南省社会保障局,作为委员会领导下的事业单位。1991 年 7月,在社会保障制度改革领导小组基础上正式成立了全省社会保障委员会,由分管副省长为主任,14 个省直部门领导人参加,下设办公室,办公室设在省体改办。

第三,建议组建省社会保障局。1989 年 11 月,在省体改办提交的《关于我省社会保障制度改革工作意见的报告》中,提出建立政事分开的、统一的、多层次的管理体制:第一个层次,国家机关的宏观管理,包括拟法、立法、监督和必要的指导。由国家机关有关职能部门分别负责。第二个层次，经办执行机构。在条件成熟时设立"海南省社会保障局"（或"社会保险事业管理局"），依据国家社会保障法规和政策，筹集、管理和营运社会保险基金，对社会保险金的安全保值与增值负责，为劳动者和用人单位提供高效优质服务。第三个层次，社会保障投资公司和投资银行，负责发放和回收各类投资。

（二）承办全国体改系统第一个社会保障培训班

1991 年 11 月 16—25 日，中改院刚刚成立半个月，就和国家体改委联合世界银行在中改院举办"全国体改系统社会保障制度改革培训班"，全国 14 个省、自治区、直辖市和部分计划单列市体改委有关方面的负责人及海南省直有关单位、各市县体改办的负责人共 50 余人参加了学习。培训班邀请了国内外知名的社会保障研究和管理方面的专家学者讲课。培训期间，学员们不仅较系统地学习了国内外社会保障制度的理论和实践经验，并且对国务院相关文件下发后各地贯彻执行的情况及出现的问题、海南省的社会保障改革方案对各地的借鉴作用等进行了广泛的交流和讨论。同时，培训班学员对我国社会保障制度改革中的若干重大问题提出了一系列富有建设性的构想和建议。

虽然培训班只有 10 天，但大家感到收获很多。大家充分认识到，我国社会保障制度的改革，将进一步推动整个经济体制的改革，从某种意义上说，它是一切改革的重要基础。

培训班中，学员们普遍认为，我国是一个经济、社会发展极不平衡的大国，社会结构、经济结构、人口及劳动力等区域分布悬殊，与之相应的，人们的观念也存在极大差异。因此，各地区经济发展的模式不可千篇一律，我国社会保障制度改革的模式也不可能固定统一。培训班的教师和学员们都认为，在国家宏观政策的指导下，各地应从其实际情况出发，选择适合自己发展水平的改革模式，切忌生搬硬套。宏观上说，我国社会保障制度模式的选择也不能机械地套用西方模式或小国模式，应探索有中国特色的社会保障制度模式。

（三）承办我国第一个社会保障制度改革国际研讨会

1992 年 12 月 7—9 日，由国家体改委牵头，联合国开发计划署、世界银行、国际劳工组织联合举办了"中国社会保障与经济改革国际研讨会"。会议层次很高，国家计委、国家体改委、劳动部、卫生部、全国总工会的分管领导，联合国开发计划署驻华代表、世界银行副行长，以及海南省委、省政府主要领导等参加了会议，并做了演讲。此外，国际劳工组织及美国、日本、澳大利亚、瑞士、新加坡等地的专家和学者参加了本次研讨。

这次会议对加快建立和完善社会主义市场经济体制起到了重要促进作用，同时也为海南社会保障制度改革提供了一次借鉴国内外先进经验的良好机会。当时会议还就即将出台的《国务院关于职工医疗保险制度改革的决定（讨论稿）》进行了讨论。据我所知，这是国内较早的一次社会保障制度改革方面的高层次国际论坛，对后来全国研究讨论社会保障制度改革产生了一定影响。《人民日报》、新华社、中新社、《中国日报》、中央电视台《新闻联播》节目及对外英语广播节目、中央人民广播电台等 10 多家媒体对此次研讨会的成功举办进行了报道。

（四）研究提出我国社会保障制度改革的基本思路

1992年11月，受联合国开发计划署和海南省人民政府委托，我牵头的中改院社会保障制度改革研究课题组形成了《中国社会保障制度改革的基本思路》《中国养老保险制度的改革思路与海南省改革方案的主要特点》《中国职工医疗保险模式的选择与海南省改革方案的设计》《中国特色社会主义市场经济条件下的失业保险与海南省改革方案的主要特点》《海南省职工工伤社会保险的现状与建议》《中国社会保障管理体制改革的思路与海南省改革方案的建议》等6份研究报告。

《中国社会保障制度改革的基本思路》提出，从基本国情出发，认真研究世界各国一个多世纪以来和中国社会保障的历史经验，探索社会保障制度改革的新路子，建立适应中国特色社会主义市场经济发展客观要求的新型社会保障体制，已成为一项极其重要而迫切的任务。报告的主要观点包括：

第一，将现行单一层次的社会养老统筹改为基础保险加补充保险的多层次的养老保险。报告提出，我国养老制度的主要弊端在于保险金给付与保险费缴纳相互脱节，权利与义务不统一。养老费用的社会统筹制对于平衡企业间的养老负担和促进社会稳定虽曾发挥过积极作用，但是这种带有平均主义倾向的"大锅饭式"的养老统筹，使养老保障体系中受保人、企业和养老保险管理机构等三个主体的利益关系不能彼此结合和相互制约，主体行为严重扭曲，致使养老统筹制的运作缺乏内在的动力。

报告提出，我国养老保险制度改革应本着兼顾眼前与长远的原则，既发扬现行养老制度中社会共济性的长处，又注意避免其

"大锅饭"统筹的短处；既借鉴与引入个人账户制中的自我保障机制，又努力避免其缺少社会共济性的弱点。博采众长，把中国与外国、传统与革新的优势结合起来，形成社会保障与自我保障相结合、公平与效率相兼顾、权利与义务相统一的，社会化、科学化、制度化的新型养老保险制度。

第二，实行多层次、多形式的医疗保险制度。我国是一个多民族、土地辽阔、人口众多、经济发展极不平衡的国家，是一个现代工业社会和传统农业社会并存的发展中大国。根据我国的实际国情，确实不宜建立统一的社会保障模式。应该鼓励各省、自治区、直辖市建立符合本区域的社会保险制度，同时应建立多层次、多形式的社会保险体系，但必须考虑全国各地区的衔接及有利于人员流动。

报告提出，我国医疗保险制度改革的基本原则应该是：各类不同经济成分、不同行业的企业和不同身份的职工在医疗保险面前一律平等；医疗费用开支由国家、企业、个人三者合理分担；保障职工的基本医疗，努力减少医疗资源的浪费，逐步实现医疗服务和医疗保险的良性循环。医疗保险制度改革和医疗服务单位的内部改革与医药市场体制改革相配套。

第三，提出失业、工伤保险制度改革思路。报告提出，失业、工伤保险制度改革的基本目标是：逐步建立起适应社会主义市场经济发展的，有利于企业平等竞争、劳动力合理流动和社会稳定的失业、工伤保险制度。彻底改变国家规定标准、企业（雇主）支付待遇的权利保障办法和只在国营企业职工中实行失业保险的传统制度。

报告认为,失业、工伤保险制度改革应遵循三大原则:一是保障劳动者基本生活权利的原则;二是权利与义务一致的原则,即投保与给付基本挂钩,克服平均主义倾向;三是公平与效率统一的原则。

二、社会保障制度被纳入社会主义市场经济体制基本框架

1993年,《中共中央关于建立社会主义市场经济体制若干问题的决定》将"建立多层次的社会保障制度,为城乡居民提供同我国国情相适应的社会保障,促进经济发展和社会稳定"作为建立社会主义市场经济体制的主要任务之一,与"转换国有企业经营机制,建立现代企业制度""培育和发展市场体系""转变政府职能,建立健全宏观经济调控体系"等构成社会主义市场经济体制中的主要内容。这一重大突破为建立和完善中国新型社会保障制度提供了重要的依据。

(一)1992年明确建立社会主义市场经济体制时,将社会保障制度作为重要内容

第一,传统的社会保障制度的弊端日渐突出。我国社会保障制度是在1951年政务院颁布的《中华人民共和国劳动保险条例》的基础上逐步建立起来的,规定了职工在遇到生、老、病、死、伤、残等困难时,有获得各项保险待遇的权利。几十年来,我国社会保险制度在保障人民生活、促进经济和社会稳定发展方面发挥了

巨大作用。但是，随着商品经济的发展和改革开放的深入展开，这套社会保障制度已经越来越不适应形势发展的需要。

一是机制不合理。旧有的社会保障制度，国家把一切包下来，职工个人不用缴纳任何费用。这种保险机制，淡化了个人保险意识，导致一切依靠国家和企业的依赖思想，并诱发各种浪费，国家和企业的负担越来越重。

二是覆盖面狭窄。当时，社会保险制度只包括机关事业单位、国营企业和部分集体企业的职工，占人口 70％以上的城镇集体职工、个体经营者、三资企业的中方职工及农民均没有相应的社会保险制度。

三是社会化程度低。"文革"前，我国城镇职工的长期社会保险项目实行全国统筹，短期保险项目则由企业直接支付，社会保险的管理服务也部分实现了社会化。在"文革"中，这一体系受到严重破坏，未能完全恢复。除了养老社会保险外，其他社会保险项目均未实现统筹。而养老社会保险，除了少数省份外，大部分地区还停留在市县统筹阶段。社会保险的管理和服务基本由企业承担①。

四是保险体系不健全，管理体制混乱。社会保险项目不完善，各项保险之间缺乏统一的设计和协调。社会保险的领导、管理、经办、服务、监督较为分散。不同的项目由不同的部门管理，相同的项目也分成多个部门管理，机构重复、业务交叉，既影响管理效

---

① 国务院研究室社会保险制度改革研究组.关于我国社会保险制度改革的设想和建议[R]. 1992.

率，又增加了管理成本①。

第二，社会保障制度改革为不同性质的企业平等竞争创造了良好的社会条件。在传统的社会保障制度下，国有企业职工的生老病死统统由企业"包"了，使国有企业包袱沉重、步履艰难。外资、私营企业则轻装上阵，发展迅速，但其职工的长远利益得不到可靠的保障，不利于企业的长期稳定和发展。因此，建立新型的社会保障制度，不仅能够让国有企业在平等的条件下参与市场竞争，而且有利于外资、私营企业的长期稳定发展。

第三，社会保障制度改革是促进劳动力合理流动、适应产业结构调整的需要。在市场经济条件下，劳动力和各种生产要素合理流动是资源优化配置的客观需要，也是保持经济生活中的竞争动力、使经济充满活力的一个重要因素。为此，要通过改革，建立有利于劳动力合理流动和产业结构调整的社会保障制度。

第四，社会保障制度改革使国家、企业、个人三者利益得到合理的调整。在传统的社会保障制度下，各项保障费用由国家与企业大包大揽，个人不必承担任何义务，因此人们也不必关心社会保障制度的利弊得失。在新型社会保障制度下，社会保障费用由国家、企业、个人三者合理分担，使三个主体的物质利益相互结合起来，兼顾个人眼前利益与长远利益，有利于经济的发展和社会的整体利益。

第五，社会保障一定要与经济发展水平相适应。经济的发展客观上对社会保障提出了需求。同时，社会保障的发展取决于经

---

① 国务院研究室社会保险制度改革研究组. 关于我国社会保险制度改革的设想和建议[R]. 1992.

济发展的水平。在公平与效率问题上，应该明确认识：公平意味着公正和机会均等，而不是平均主义的"大锅饭"，绝不能借公平的名而搞超越经济发展水平的所谓"高保障"，绝不能让社会保障成为"养懒汉"的"庇护所"。在社会主义初级阶段，在市场经济条件下，要贯彻"效率优先、兼顾公平"的原则。

第六，中国经济发展的不平衡性要求有不同类型和不同层次的社会保障，不能搞一个模式。社会保障制度改革应当从实际出发，因地制宜，采取不同的模式，允许社会保障制度在全国范围内的多样化和多层次发展。

第七，经济的发展要求有一个稳定的社会环境，社会保障制度改革是铸造社会的稳定机制，同时也是培育社会的动力机制。改革必然导致一系列关系的调整和连锁反应，社会保障制度作为"稳定器"和"减震器"，发挥着重要的作用。

（二）逐步建立新型社会保障制度框架

第一，开始实行养老保险社会统筹。20 世纪 80 年代初，"企业自保"的办法已经造成了企业沉重的养老负担。纺织、粮食、制盐、搬运等行业中的老企业，退休费用相当于在职职工工资总额的 50％以上，个别企业甚至超过工资总额。1984 年，国营企业职工退休费用社会统筹首先在广东省江门和东莞、四川省自贡、江苏省泰州和无锡，以及辽宁省黑山等市县开始试点。1986 年 1 月，国家体改委、劳动人事部联合印发了《转发无锡市实行离退休职工养老保险统筹制度的通知》，要求各地扩大试点。截至 1987 年 5 月，全国已有 600 个市县实行退休费用社会统筹。尽管当时是在市县范围内实行统筹，统筹层次较低，但却是国营企业养老保险从"自保"走向社会化的重要一步。1986 年颁布的《国营企业实行劳动合同暂行规定》,建立了劳动合同制工人的养老保险制度。1991 年 6 月 26 日,国务院颁布的《关于企业职工养老保险改革的决定》指出:"随着经济的发展,逐步建立起基本养老保险与企业补充养老保险和职工个人储蓄性养老保险相结合的制度。改变养老保险完全由国家、企业包下来的办法,实行国家、企业、个人三方共同负担,职工个人也要缴纳一定的费用。"①退休费用社会统筹正式在全国推广。

第二,医疗体制三改并举。1992 年,国务院下发的《关于深化卫生医疗体制改革的几点意见》要求医院"以工助医、以副补主",开启了我国医疗卫生制度改革的市场化进程。1994 年《关于职工医疗制度改革的试点意见》和 1998 年《关于建立城镇职工基本医疗保险制度的决定》,基本形成了我国医疗保险管理的制度体系。2000 年 2 月 21 日,国务院印发《关于城镇医药卫生体制改革的指导意见》,全面启动医改。此次医改主要措施包括:将医疗机构分为非营利性和营利性两类进行管理;扩大基本医疗保险制度覆盖面;卫生行政部门转变职能,政事分开,实行医疗机构分类管理;改革药品流通体制,实行医药分家等措施。20 世纪 90 年代这一阶段的改革确立了"三医联动"基本架构,在措施上虽然也提出要坚持医疗卫生事业的福利属性,但总体来看制度导向更加强调市场机制作用。

第三,实行社会统筹和个人账户相结合的社会保险制度。

---

① 国家体改委办公厅. 十一届三中全会以来经济体制改革重要文件汇编(续一)[M]. 北京:改革出版社,1993:636-637.

1995 年 3 月,国务院下发《国务院关于深化企业职工养老保险制度改革的通知》,创造性地提出了"社会统筹＋个人账户"相结合的模式。1997 年,《国务院关于建立统一的企业职工基本养老保险制度的决定》统一规范了企业和职工个人缴纳基本养老保险费的比例,统一了企业职工的个人账户规模,统一了基本养老金的计发办法,提出了"老人老办法、新人新办法、中间人逐渐过渡"的方案。至此,统一的、统账结合的城镇企业职工养老保险制度正式确立,并初步实现了基本养老保险制度的省级统筹。

三、建言为农民提供基本而有保障的公共产品

在计划经济时代,农村居民的社会保障依赖于合作社与人民公社。随着家庭联产承包责任制的推行,原有社会保障的经济基础不复存在。随着城乡二元经济体制逐步被打破,将农民纳入国家社会保障体系,成为我国改革的重要目标。

21 世纪以来,我与同事通过农村调研发现,医疗、救济、子女教育等基本公共产品短缺,成为制约农村发展、制约农民摆脱贫困的重要因素。为此,我们不断建言为广大农民提供基本而有保障的公共产品。

(一)提出为农民提供基本而有保障的公共产品

第一,传统的农村社会保障失去了计划经济时代赖以存在的经济基础。20 世纪 50 年代以来,我国的社会保障一直实行城乡分割的二元制度。1956 年,第一次全国人民代表大会审议通过的《高级农业生产合作社示范章程》规定,农村无劳动能力的社员的

吃、穿、住、烧、葬都由合作社保障，这就是"农村五保供养制度"；1959 年的《关于人民公社卫生工作几个问题的意见》指出，"关于人民公社的医疗制度，目前主要有两种形式，一种是谁看病谁出钱，一种是实行人民公社社员集体保健医疗制度"。随着人民公社的解体，以及家庭联产承包责任制的实行，传统的农村社会保障失去了计划经济时代赖以存在的经济基础。

第二，受"身份"制约，农民未能真正享受到国家应当为他们提供的基本社会保障。我国宪法规定，中华人民共和国公民在年老、疾病或者丧失劳动能力的情况下，有从国家和社会获得物质帮助的权利。国家应该发展公民享受这些权利所需要的社会保险、社会救济和医疗卫生事业。实际上，由于"身份"的制约，农民没有真正享受到国家应当为他们提供的基本社会保障。例如，1993 年，农村卫生费用占全国卫生总费用的 34.9％，1998 年为 24.9％，5 年下降了 10 个百分点。1998 年全国卫生总费用为 3776 亿元，其中政府投入为 587.2 亿元，用于农村的卫生费用为 92.5 亿元，仅占政府投入的 15.8％，5 亿城市人口享受到的国家公共卫生和医疗投入是 8 亿农村人口的约 6 倍。

第三，为农民提供基本而有保障的公共产品是我国改革发展新阶段的客观要求与重大任务。进入 20 世纪 90 年代，随着市场机制的确立，农业作为弱质产业，农民作为弱势群体，在市场经济条件下处于十分不利的地位。应当因势而变，打破城乡分治的既有格局，实行城乡统筹发展，鼓励和支持大量农村剩余劳动力向城市转移，否则很难解决农民增收、农业发展、农村稳定等问题。就是说，在市场经济条件下，要打破解决"三农"问题的制度性障碍,首要的是改变城乡分治的政策框架和制度安排,政府有责任、有义务为广大农民提供基本社会保障。并且,经过 20 多年经济的持续快速增长,国家也初步具备了解决这一问题的能力和条件。

(二)建议政府履行其提供农村公共服务的职能

我们通过多次在农村调研发现,我国农村公共产品供给的短缺程度比城镇更为突出,广大农民对基本公共产品供给的要求更为紧迫和强烈。2003 年,我国第三次全国卫生服务调查发现,疾病是农村居民致贫的首要因素,大约三分之一农村贫困人口都是因病致贫①。2003 年 7 月 31 日至 8 月 1 日,中改院在海口召开了"中国农民权益保护国际研讨会",有 130 多名中外专家进行了讨论。我在会议上做了题为"为农民提供基本而有保障的公共产品"的主题演讲。会后,中改院向国家发改委提交了《为农民提供基本而有保障的公共产品(12 条建议)》。

与城市有所不同,我国农村公共产品供给遵循的基本原则是"自力更生为主、国家支持为辅",农村公共产品的供给主要不是公共财政,而是农民自己。以农村义务教育为例,其经费 78％由乡镇负担,9％左右由县财政负担,省里负担 11％,中央财政负担不足 2％。这种体制一方面表现为供给明显不足,另一方面也加重了农民负担。

如果中央政府和省级政府履行其提供农村公共物品的服务职能,把农民从自我供给的状态中解放出来,就会大大减轻农

---

① 迟福林. 以基本公共服务均等化统筹城乡发展[N]. 经济参考报,2008-12-12.

民负担,使农民将更多资源用于提高收入的投资上来。同时,提供诸如农村道路、农村电网等公共设施及服务,既优化了农村的投资环境,所产生的收入效应、消费效应、就业效应,也对启动农村消费、扩大内需和拉动经济增长具有明显的带动作用。

(三)建言农村最低生活救济制度

2003年前后,我在西部调研中了解到,西部大约70%—80%的新增贫困人口都是因病致贫、因病返贫[①]。我提出这一建议的主要想法是:

第一,建立农村最低生活保障制度是满足农民需求中最基本的公共产品、维护农民作为公民应当享有的生存权的最起码要求。最低生活保障制度是目前世界上绝大多数市场经济国家普遍实行的以保障全体公民基本生存权利为目的的社会救助制度。最低生活保障制度作为一种解决贫困问题的补救机制,是所有现代国家的社会保障体系中必不可少的基本组成部分,是社会保障体系中的最后一道"安全网"。

第二,从1997年开始,我国有条件的农村逐步建立最低生活保障制度,到2002年5月,全国得到最低生活保障的农村人口为338万人,占农村贫困人口的十分之一左右,享受的对象大部分是失去劳动能力的五保户、残障人士等。这就是说,我国农村最低生活保障制度,还带有社会救济的特点。在农村建立最低生活保障制度,有利于化解城乡矛盾,有利于促进城乡的协调发展,有利

---

① 迟福林. 以基本公共服务均等化统筹城乡发展[N]. 经济参考报,2008-12-12.

于解决农村的贫困问题。

第三，我国初步形成了建立农村最低生活保障制度的物质基础。我国综合国力明显增强，财政收入逐步提高，为建立农村最低生活保障制度提供了物质保障；长期以来，我国在城镇开展了社会救济和职工生活困难补助工作，摸索出一套办法，为建立农村最低生活保障制度奠定了良好的工作基础。

四、建立惠及 13 亿人的基本公共服务体系是伟大创举

2003 年 SARS 危机后，我深刻意识到公共产品短缺成为社会发展的突出矛盾，我和我的同事开始聚焦公共服务体制建设研究，并提出了建立惠及 13 亿人的基本公共服务体系、逐步实现基本公共服务均等化等观点。

2005—2007 年，中改院举办 6 次国际论坛，专门讨论加快推进基本公共服务均等化、建立基本公共服务体制等相关问题。2007 年，联合国开发计划署委托中改院撰写《中国人类发展报告2007/08》，我们以"建立惠及 13 亿人的基本公共服务体系"为主题高质量地完成了这份报告，得到了国内外的广泛好评。

（一）中国社会矛盾的阶段性变化：从私人产品短缺到公共产品短缺

1. 提出社会主要矛盾内涵的阶段性特征

2005 年 9 月 5 日，国务院总理温家宝在"21 世纪论坛"开幕

式的演讲中提出了我国发展面临的两大矛盾：一是不发达的经济同人们日益增长的物质文化需求的矛盾，解决这个矛盾要靠发展；二是经济社会发展同人口、资源、环境压力越来越大的矛盾，解决这个矛盾要靠科学发展。这对我有很大的启示意义。

2005年12月10日，在中改院联合挪威城市与区域发展研究所、瑞典斯德哥尔摩转轨经济研究所和德国技术合作公司共同举办的"政府转型与社会再分配——经济社会协调发展与构建和谐社会"国际论坛上，我以"我国社会矛盾的变化与再分配"为主题做了主旨演讲。我认为，伴随我国社会开始由生存型向发展型的转变，社会面临着两大突出矛盾：一方面，仍然面临着经济不发达的突出矛盾；另一方面，面临着公共需求全面快速增长与公共服务不到位、公共产品严重短缺的突出矛盾。后一个突出矛盾主要表现在就业、公共医疗、义务教育、社会保障、公共安全和环境保护等六个方面。

面对社会两大突出矛盾，三点判断很重要：一是我国仍然是一个发展中的大国。经济发展的水平还比较低，并且发展严重不平衡，经济发展对中国来说仍然是首要的任务。二是广大社会成员的基本公共需求呈现全面快速增长的客观趋势。基本公共服务的不到位，已是一个日益突出的问题。三是我国社会矛盾的变化对政府转型提出了更为紧迫、更为现实的要求。

2006年7月，在中改院主办的"中国：公共服务体制建设与政府转型"国际研讨会上，我从研究的角度提出，虽然我国社会主要矛盾没有改变，但我国社会主要矛盾的内涵已具备阶段性特征，并将其概括为四点：一是经济快速增长同发展不平衡的突出矛盾;二是公共需求全面快速增长与公共产品短缺的突出矛盾;三是经济持续增长与收入分配结构不合理的突出矛盾;四是经济发展、社会进步与公共治理建设滞后的突出矛盾。这些都对改革行政管理体制、完善公共治理结构提出了新的要求。

2. 公共产品短缺成为突出矛盾

21 世纪初,我到东北老矿区调研,不少下岗职工向我们诉苦,失去工作后他们的社会保障没能跟上,一些人对政府怨言很大。就全国范围内的舆论监测来看,矛盾比较尖锐的群体性事件,也大多是由公共产品的供给不足引起的。我在 2010 年出版的专著《第二次改革:中国未来 30 年的强国之路》一书中,明确提出:在我国开始进入发展型新阶段、全社会对公共产品需求全面快速增长的背景下,我国公共产品供给缺失、供给不到位的问题全面凸显,我国开始进入公共产品短缺时代。例如,在教育方面,2008年,我国公共教育经费支出占 GDP 比重约为 3.4%,而发达国家在 4%—6%,巴西、墨西哥、泰国等发展中国家也在 4%以上。我国供养一个大学生,不包括吃住等费用,需要一个农村家庭 13.6年的纯收入,需要一个城市家庭 4.2 年的纯收入。

从国际经验看,当人均 GDP 在 3000—6000 美元时,与人的自身发展相关的公共产品需求会呈现全面快速增长的势头。2010 年,我国人均 GDP 已超过 4000 美元,进入中高收入国家行列。在这个特定阶段,多数的私人产品开始由短缺走向过剩,与人的发展型需求直接相关的公共产品需求增长。同时,公共产品存在着制度性短缺。同样一个汽车事故,城里人比农民的赔偿金高 5—10 倍。这样的例子,当时并不少见。

（二）研究提出"我国进入发展型社会新阶段"

在数次调研和讨论过程中,我们逐步形成一个基本判断:尽管我国正处于并将长期处于社会主义初级阶段,但发展型的阶段性特征十分突出。与以往以解决温饱为重点的生存型阶段不同,我国已进入以人的自身发展为目标的发展型新阶段,人民群众日益增长的物质文化需求的内涵发生了重要变化(见表5.1)。

表5.1 生存型阶段与发展型阶段的结构特征

	消费结构特征	经济结构特征	社会结构特征
生存型阶段	经济发展水平不高,以温饱为特征的衣食住行等基本物质需求是整个消费需求的主体	农业在国民经济中的比例较高,工业、服务业的比例较低,经济发展对人力资本的要求程度低	多数社会成员从事农业,社会贫困发生率较高,社会分化不明显
发展型阶段	经济发展水平逐步提高,以人的全面发展为特征的消费需求多样化,基本物质需求比例明显降低	农业比例较低,工业、服务业在国民经济中占主导地位,经济发展对人力资本的需求程度较高	多数社会成员从事工业和服务业,由于市场和分工的拓展,社会群体开始分化

资料来源:中国(海南)改革发展研究院课题组. 中国人类发展报告 2007/08[R]. 2008-11-17.

2006年9月,中改院向中央有关部门提交的《加快建立社会主义公共服务体制》中,首次提出了我国正处在从初步小康向全面小康社会过渡、从生存型社会向发展型社会转变的关键时期。在这个过程中,应以人的全面发展为目标,必须关注和满足社会成员的基本公共需求。

2007年,联合国开发计划署委托中改院承担《中国人类发展报告2007/08》的研究撰写。在这份报告中,我们通过对经济发展水平、消费结构、产业结构、就业结构、城镇化进程等指标的深入分析,明确提出"中国人类发展进入新阶段",从生存型社会向发展型社会过渡。

(三)建言建立基本公共服务体制

2006 年前后,我与我的同事到挪威北部小城市调研,当地仅2 万人的一个小城市办了一所大学。我问当地的官员,为什么人口这么少能办成一所大学。他们告诉我,尽管学校难以与首都奥斯陆的大学相比,但是这里的生活条件、公共资源配置与奥斯陆基本没有区别。通过数次调研,我认为公共服务的提供不仅是一个资金问题,更是一个制度安排问题,尤其是公共资源配置的制度安排。

1. 建言"我国经济社会转型时期的公共服务制度改革与创新"

2004 年 3 月,"公共服务部门改革国际经验与中国事业单位改革国际研讨会"在北京召开。我在这次研讨会上发表了主题为"我国经济社会转型时期的公共服务制度改革与创新"的演讲,由于改革的不到位和实践中的某些偏差,学校、医院、科研等公益机构追求自身利益的倾向比较普遍。推进事业单位转型与改革,是缓解公共产品短缺、建立公共服务体系的重大任务。

2. 系统提出建立基本公共服务体制的相关建议

2005 年 12 月,中改院和挪威城市与区域研究所、斯德哥尔摩转轨经济研究所、德国技术合作公司共同主办"政府转型与社会再分配——经济社会协调发展与构建和谐社会"国际论坛。会后,中改院向中央有关部门提交了题为《适应我国公共需求变化,加强政府社会再分配职能》的报告，系统提出了建立基本公共服务体制的相关建议。例如，建立公共财政体制；建立科学的中央、地方政府公共服务分工体制；将事业单位纳入公共服务体制统筹规划和改革；积极探索符合我国国情的第三次分配机制；建立政府主导、社会参与、适度竞争、监管有力的公共服务体制；等等。

3. 提出《加快建立社会主义公共服务体制（18条建议）》

2006年7月，中改院主办了以"中国：公共服务体制建设与政府转型"为主题的国际论坛。我在此次论坛上发表了主题为"加快建立公共服务体制推进政府转型"的演讲。会后，我带领同事形成并向中央提交了《加快建立社会主义公共服务体制（18条建议）》，得到了中央相关方面的重视。在这份建议中，我提到，改革开放28年来，我国通过初步建立社会主义市场经济体制，基本解决了私人产品供给的问题，实现了初步小康的发展目标。在这样一个新的历史起点上，我们面临着全社会公共产品需求全面快速增长的严峻挑战。由此，加快建立社会主义公共服务体制，已经成为我国新时期改革攻坚的基本目标之一。

以解决基本而有保障的公共产品为重点，确立"十一五"时期社会主义公共服务体制建设的主要任务，可以从如下几个方面入手：一是强化政府促进就业的公共服务职能，尽快建立多层次、多渠道的就业服务体系；二是要通过对医疗制度的重新设计，使每个人都能享受基本的公共卫生和医疗服务；三是把义务教育纳入财政保障范畴，尽快实现城乡义务教育全部免费；四是按照"低水平、广覆盖"的原则，努力将所有的社会成员纳入社会保障体系；五是应继续加大力度，从制度上切实解决关系群众生命的生产、卫生、食品等公共安全方面的问题；六是高度重视环境问题，缓解生态环境不断恶化的趋势。同时，要尽快为困难群体提供基本而有保障的公共产品，实施新的反贫困治理战略；"十一五"时期建立社会主义公共服务体制宜选择农村为突破口。

4. 提出率先建立城乡统一的基本公共服务体制

2008年，我在"中国农村改革的新起点：基本公共服务均等化与城乡一体化"国际论坛开幕式上的演讲中提出，把统筹城乡发展、推进城乡一体化作为新阶段农村改革的基本目标，作为扩大内需、实现经济持续稳定增长的重大举措。在这个特定背景下，实现城乡基本公共服务均等化已成为新阶段统筹城乡发展、推进城乡一体化的重要任务。

演讲中，我提出率先建立城乡统一的基本公共服务体制的基本路径：一是全面推进以落实教育经费保障机制为重点的农村义务教育体制改革；二是全面推行新型农村合作医疗制度；三是全面落实农村最低生活保障；四是积极开展新型农村社会养老保险试点。

（四）加快建立惠及13亿人的基本公共服务体系

1. 向总理建议制定全国基本公共服务均等化规划

在2006年2月温家宝总理主持召开的经济社会领域专家学者座谈会上，我向温总理建议，实现基本公共服务均等化是一项全国范围内的系统工程，许多重要方面需要中央统一规划。尽管在标准上发达地区与落后地区有所差别，但在制度上应该统一。建议把建立公共服务体制作为"十一五"时期改革攻坚的重大任务。当时的主要考虑是：

第一，制定全国统一的基本公共服务均等化的范围和标准。在规划中确定全国性基本公共服务的范围、种类、标准，包括设施、设备和人员配备及相关财政投入标准。

第二，明确基本公共服务均等化的时间表。经过 5 年左右的努力，将城乡、不同地区和不同社会群体间基本公共服务人均财政支出差距控制在 30％以内，初步实现城乡基本公共服务均等化的目标。

第三，把基本公共服务均等化纳入政府政绩考核体系，硬化民生指标。逐步形成包括人大、社会公众、媒体等在内的多元参与、开放、透明、高效的评价体制，逐步完善基本公共服务均等化评估的制度保障，包括行政法规保障及财政投入保障。

2. 提出建立惠及 13 亿人的基本公共服务体系

在开展《中国人类发展报告 2007/08》的研究撰写过程中，经过研究和商议，我们认为"惠及 13 亿人的基本公共服务"是一个比较好的选择。

2008 年 11 月，这份报告正式出版①，并得到了广泛的好评。

---

① 《中国人类发展报告 2007/08》分为四章。第一章以"中国人类发展新阶段"为主题，采用 UNDP 的人类发展评估方法，定量评估了改革开放以来我国人类发展取得的巨大进步。第二章的主题是"基本公共服务：体制与政策"，在回顾改革开放以来中国公共服务体制变迁的基础上，总结了近年来中国在保障基本公共服务和促进基本公共服务均等化方面所做的努力、取得的进展，以及仍然面临的突出问题。第三章以"基本公共服务：目标与挑战"为主题，重点分析我国实现基本公共服务均等化面临的挑战，定量评估了义务教育、公共卫生和基本医疗、基本社会保障和公共就业服务等基本公共服务在城乡、区域和不同社会群体之间的差距，深入分析了这些差距的体制根源，讨论了基本公共服务均等化的内涵。在前三章评估与分析的基础上，第四章就"为 13 亿人提供基本而有保障的公共服务"提出了以促进基本公共服务均等化为目标、包括 9 个方面的体制和政策创新建议。

联合国系统驻华协调代表及联合国开发计划署驻华代表马和励评价道："我对参与本报告工作的所有专家学者以及迟福林先生带领的中改院的出色团队，为他们经过漫长而充满挑战的撰写过程所取得的完全成功，表示衷心感谢和热烈祝贺。"中国扶贫基金会会长段应碧指出："基本公共服务均等化是我国重要的公共政策目标。如何为13亿人提供基本而有保障的公共服务，是迫切需要深入研究的政策、体制、制度和机制创新的重大课题。本报告对该课题进行了广泛而深入的研究，提出了很多针对性很强的政策建议，对许多领域深化改革的政策决策都有重要参考价值。"

报告正式发布的第4天，我请参与报告撰写的20多人吃饭，有人在饭桌上掉下眼泪。的确，完成这份报告，大家付出了极大的艰辛。这份报告发布前的一个多月，我们集中在一起，几乎没有回家。有人连续工作一天一夜，中间只在沙发上躺半个小时。我有20多天是靠安眠药强制休息的。大家都感到压力很大，责任很重。为了这份报告，每个人真可以说是苦思冥想。

值得一提的是，当年11月27日全国政协原副主席、中改院董事局名誉主席陈锦华在中改院上报的"关于《中国人类发展报告2007/08》发布会情况的报告"上批示："中国和世界都需要这样的报告。要通过报告吸引、联系和团结海内外关心人类发展事业的专家学者。"这些肯定，令我和我的团队倍感欣慰。

在《中国人类发展报告2007/08》结尾有这样一段话："从我国基本国情看，建立惠及13亿人的基本公共服务体系，逐步实现基本公共服务均等化，是我国公平与可持续发展的必由之路，就其制度建设对于实现全面小康社会目标的意义而言，可同市场经济体制改革相提并论，并将对中国人类发展产生巨大而深远的影响。"这一段文字，我用了几个小时，是在下半夜2点多写出来的，我至今记忆犹新。

3. 建议把"初步实现基本公共服务均等化"纳入"十二五"规划

2009年，我在全国政协十一届二次会议上做了主题为"依靠改革扩大内需的建议"的大会发言，其中第二点提出"扩大消费需求，重在推进以基本公共服务为重点的社会变革"；与此同时，我向全国政协大会提案，专门就"尽快制定全国性基本公共服务均等化规划"提出具体建议。此后，中改院受国家发改委的委托做了5项与"十二五"改革相关的研究，其中一项就是"十二五"我国公共服务均等化的政策安排。在这份研究报告中，我们建议把"初步实现基本公共服务均等化"纳入"十二五"规划。

（五）建议广东率先在全国实现城乡基本公共服务均等化

2007年，我国城乡居民人均收入比已达到3.33∶1，若把基本公共服务，包括义务教育、基本医疗等因素考虑在内，城乡居民人均实际收入差距高达5—6倍。据此估算，城乡基本公共服务差距对城乡居民人均实际收入差距的影响度在30%—40%。我提出发达地区可以率先实现城乡基本公共服务均等化。

2008年5月，中改院与广东省财政厅联合举办"基本公共服务均等化专家座谈会"。会上，我做了题为"广东率先实现基本公共服务均等化的几点建议"的发言。我认为，广东率先在全国实现基本公共服务均等化，有着比较扎实的基础，并且，会使广东在我国新时期的改革发展中发挥更大的作用。我建议：强化政府公共服务职责，率先建立地方基本公共服务分工及问责体系；改革完善公共财政制度，率先推进新阶段的财税体制改革；加强基本公共服务均等化的制度建设，率先创新基本公共服务体制。

此外，中改院还受广东省财政厅委托，开展广东基本公共服务均等化研究。我牵头的课题组形成《广东省基本公共服务均等化规划(2009—2020 年)》咨询报告及 5 份子报告。报告提交后，广东省财政厅致信中改院，就中改院对广东推进基本公共服务均等化工作的大力支持和在《广东省基本公共服务均等化规划(2009—2020 年)》编制中卓有成效的工作表示衷心的感谢。2009 年 12 月，广东省人民政府印发了《广东省基本公共服务均等化规划纲要(2009—2020 年)》。这是全国第一份省级基本公共服务均等化规划。2009 年 6 月，受广东省财政厅委托，形成《珠三角基本公共服务一体化规划(2009—2020 年)》咨询报告及 4 份子报告，推动基本公共服务均等化政策落地。

五、进入发展新阶段：人民至上的社会治理

作为一个 14 亿多人口的大国，我国仍处于经济社会转型发展的关键时期，经济增长十分重要，养老保障、医疗教育等问题也日益突出。党的十八大提出"到 2020 年基本公共服务均等化总体实现"，"十四五"规划和 2035 年远景目标中又提出到 2035 年"基本公共服务实现均等化"。为此，要坚持在发展中保障和改善民生，在树立创新、协调、绿色、开放、共享新发展理念上进一步解放思想，真正实现"幼有所育、学有所教、劳有所得、病有所医、老有所养、住有所居、弱有所扶"。

（一）实现增长中的幸福

2013 年 6 月，默克尔在德国总理府举行了一个小型国际论坛，有 20 多个国家的专家、官员参加，主题是"什么对人民重要——福利与进步"，发言时间严格限定每个人 2 分钟。默克尔点名请我第一个发言，我以"增长与幸福"为主题谈道："中国正处于增长中的幸福和增长中的痛苦的双重矛盾中。首先，中国是个转型国家，老百姓在增长中获得了巨大的幸福，但是增长中贫富差距、环境保护、城镇化等问题仍然需要解决。中国如何在增长和幸福中找出一条新路子，正是我们着力解决的一个重大任务。"默克尔在点评时说，中国的改革发展和开放是中国增长和幸福的源泉，德国愿意进一步深化与中国的合作，共同实现增长和幸福的双重目标。接下来，默克尔和大家合影时，主动把我请到她的旁边。

我国仍处在社会主义初级阶段，发展不平衡、不充分的矛盾还比较突出。当前，我国城乡居民收入差距仍然偏高，城乡收入差距对全国收入差距的贡献达到 27% 左右。从趋势看，即便 2030 年城镇化率达到 70%，我国也仍将有 4.5 亿人生活在农村。因此，推进共同富裕的重要载体是城乡一体化，是城乡融合发展。目前，城市和农村已经建立了较为完善的公共服务体系，但是城市与农村的公共服务制度安排尚未完全统一，标准仍有一定差距。形成人人享有合理的分配格局，就是要逐步缩小城乡居民在享有基本公共服务方面的实际差距，推进城乡、区域、不同群体基本公共服务更加普惠、均等、可及，稳步提高保障标准、服务水平和服务效率。

2021年，我到浙江桐庐调研，虽然桐庐相较于浙江有的地区，其经济发展水平并不是最高的，但我感觉桐庐是初步实现共同富裕的一个典型案例。一是它的生态环境特别好，实现了绿色发展；二是城乡差距较小，城乡一体化水平较高；三是老百姓获得感很强，在基本公共服务、社会治理等方面，老百姓比较满意。

当前，我国已经全面建成了小康社会，历史性地解决了绝对贫困的问题。立足我国进入新发展阶段的现实需求，要以高质量发展为第一要务，以城乡一体化为主要载体，以城乡基本公共服务均等化为基本前提，以提高中等收入群体比重为重大任务，逐步形成共同富裕的体制机制。回答好、解决好这些重大课题，有利于实现我国经济社会的中长期可持续发展，有利于实现第二个百年奋斗目标，有利于应对世界百年未有之大变局。

（二）人民健康至上的公共卫生体系建设

2019年，受国家卫健委委托，中改院就改革完善公共卫生体系若干重大问题进行研究，形成了《以健康中国为目标重构公共卫生体系（30条建议）》。2020年3月，面对新冠疫情的严重冲击，中改院第一时间深入研究，在我主编的《人民健康至上——公共卫生体系变革挑战》中提出"人民健康至上的治理理念"，建议把以人民健康至上的理念推进以疾控为重点的公共卫生体系变革，作为我国经济社会发展与全面深化改革的重大任务。此后，我撰写了《以人民健康为中心深化公共卫生体系改革》《以人民健康至上的理念推进公共卫生治理体系变革》等文章，在《经济日报》等多家媒体上刊发，被《新华文摘》2020年第13期头条全文转载。

1. 以健康中国为目标重构公共卫生体系

回望历史，自新中国成立至 20 世纪 70 年代末，我国初步建立了覆盖县、乡、村三级医疗预防保健网的公共卫生体系。2003年"非典"疫情后，我国加大对公共卫生体系建设的投入。近年来，随着"健康中国"战略的提出和实施，我国公共卫生体系从"以治病为中心"向"以人民健康为中心"转变。经过多年努力，我国建立起以疾控体系为龙头，以公共卫生监管部门、专业公共卫生机构、相关医疗服务机构等为主体，覆盖城乡的公共卫生体系。

总的来看，在广大人民对卫生健康需求全面快速增长的背景下，建设公共卫生体系、扩大公共卫生基础设施建设、提高公共卫生发展水平仍有较大空间。要按照健康中国战略目标的要求，全面提升我国公共卫生体系的水平和质量。一方面，要理顺公共卫生体制，以体制创新提升公共卫生体系的效能。比如整合各种公共卫生议事协调机构，理顺各级政府公共卫生职责；建立健全公共卫生经费财政保障制度；深化专业公共卫生机构改革；等等。另一方面，要深化公共卫生体系变革。着力解决公共卫生，尤其是重大疫情防控在体制机制方面的不足；着力深化相关改革，加大公共卫生领域投入，提升公共卫生领域的供给质量。

2. 以人民健康至上的理念推进公共卫生治理体系变革

新冠疫情暴发后，我带领中改院研究骨干在春节期间加班加点研究相关对策。2020 年 3 月 8 日，中改院召开"以人民健康为中心的公共卫生体系治理变革"专家网络座谈会，就抗击新冠疫情中的公共卫生治理体系若干重大问题进行交流讨论。据了解，这是新冠疫情暴发后全国举行的第一个此类会议。

2020 年 4 月，《行政管理改革》第 4 期刊载了我撰写的《以人民健康至上的理念推进公共卫生治理体系变革》。我认为，新冠疫情，不仅暴露出我国在重大疫情防控体制机制、公共卫生应急管理体系等方面存在明显短板，更暴露出我国应对重大公共卫生事件的治理理念和治理举措还存在多方面问题。以人民健康至上的理念推进以疾控为重点的公共卫生治理体系变革，成为我国经济社会发展与全面深化改革的重大任务之一，成为我国走向现代化进程中亟须解决的重大课题。

我提出，2020 年是"十四五"规划谋篇布局之年，建议把完善公共卫生体系、应对公共卫生危机作为制定"十四五"规划纲要的重大课题，制定出台《公共卫生体系建设"十四五"规划》。

（三）应对高龄少子化的政策体制调整

近年来，我把老龄化社会的政策与制度安排作为国际比较研究和国际合作研究的重点之一。2018 年以来，围绕人口老龄化与退休政策、老龄化社会的治理等议题开展国际合作研究与交流研讨，我先后提出《以结构性改革破解老龄化矛盾》《实行以"选择性退休"为主要特点的退休制度（14 条建议）》《应对高龄少子化挑战的建议（20 条）》《应对高龄少子化结构性政策体制创新（16 条建议）》，为服务我国人口老龄化的政策决策提供了参考。

直面高龄少子化挑战，是我国走向高质量发展需要尽快解决的一个重大课题。未来 10—15 年，经济转型与社会转型高度融合，因此，我们需在 2035 年基本实现现代化与人口结构优化高度重叠，需要以更大的决心和魄力推动结构性政策调整，实现人口世代更替基本平衡。从 2004 年开始，我多次到挪威调研社会政策,并与挪威城市区域研究所联合举办"中挪社会政策论坛"。这个论坛关注从城乡协调发展到应对高龄少子化挑战等重点问题,在借鉴国际经验促进我国社会政策研究中发挥了积极作用。

1. 14 亿多人口大国的增长与养老

作为一个 14 亿多人口的大国,我国人口结构的历史性变化,带来一系列深层次的结构性矛盾和挑战。如何在老龄化社会中有效释放经济转型升级蕴藏的增长潜力? 如何通过结构性改革有效应对老龄化给经济增长带来的挑战? 如何在经济增长中妥善解决好数亿人的养老保障问题? 这些都已成为进入老龄化社会的中国迫切需要解决的重大问题。

2019 年 3 月,中改院与挪威城市区域研究所共同主办"老龄化社会的中国——2019 中挪社会政策论坛",我以"老龄化社会的中国:增长与养老"为主题做了发言。我提出,中国面临着人类历史上前所未有的增长与养老的结构性矛盾。一方面,中国经济转型升级正处于关键阶段。初步估算,我国的产业结构、城乡结构、消费结构仍有巨大的转型升级空间,服务业占比、城镇化率和服务型消费占比,在未来 5—10 年仍然有 10%—20% 的提升空间,这将带来巨大的新增市场,使经济有望在未来 10 年实现 5%—6% 的增长。另一方面,未来 10 年我国仍将处于人口老龄化快速发展的阶段。2018 年,中国 60 岁及以上人口已达 2.5 亿人,其中 65 岁及以上人口达到 1.67 亿人,占总人口的 11.9%。

中国老龄化的规模史无前例,老龄化阶段与发展阶段错位程度在人类历史上也是前所未有的。人口结构变化使我国宏观经济政策面临两难选择。在经济下行压力加大与老龄化进程加速交织并行的背景下,宏观经济政策的选择空间与灵活性受到双向挤压。以财政政策为例,一方面,要有效释放市场活力以推动经济增长,需要更大力度地减税降费,包括大幅减轻企业养老保险的缴费负担;另一方面,老龄化程度的不断加深,又要求不断扩大涉老公共支出规模。面对增长与养老的结构性矛盾,中国财政政策在相当长的时期内将面临推进减税降费与扩大涉老支出的两难选择。

老龄化社会的中国需要以结构性改革破解增长与养老的结构性矛盾。14 亿多人口的大国要在经济增长中解决养老问题,在扩大养老服务中释放增长潜力,不仅需要实行具有超前的、能够延缓和减轻老龄化冲击的产业、就业、人口等政策调整,更需要适应人口结构变化推进相关制度的重大变革。在快速的老龄化进程中,14 亿多人口的大国既要增长又要养老的双重战略任务,离不开多方的共同参与。这就需要在政府"建制度、保基础、严监管"的同时,调动多方积极性,有效发挥社会与企业作用,形成三方合力。

2. 实行选择性退休相关建议被采纳

"选择性退休"的政策建议,是 2019 年我率团到挪威考察期间,受到挪威第三次养老金改革的启发而提出的,即以延迟退休为目标,在一定年龄区间内由个人自主选择退休年龄。挪威的"选择性延退"政策把"选择性"和"普惠性"有机结合,兼顾了公平与效率。实行"选择性退休"的实质是把退休年龄选择的自主权交给个人,同时通过养老金调整机制强化对个人自主选择"延迟退休"的有效激励。在退休年龄、领取养老金的年龄、领取养老金的比例、继续就业等方面,鼓励根据自身情况自主选择不同的退休年龄和养老金领取方案。这样，通过选择性退休的结构性政策和制度安排，使得个人自主选择延迟退休成为常态，从而缓解劳动力不足、推动人口数量红利向人口质量红利转变。

3. 建言高龄少子化的政策与制度调整

在我看来，目前我国面临高龄少子化的挑战，与高收入国家相比，这个挑战来得太早，应对的时间空间约束更强。客观认识高龄少子化阶段性特点，有三个基本问题需要提出讨论。

第一个问题，我国高龄少子化的趋势有没有"固化"？我认为，与日本、韩国等国家的高龄少子结构已经"固化"有所不同，我国高龄少子化的趋势仍有动态变化的某些特点。一是生育意愿变化带有阶段性、结构性的特点。进入高收入阶段后生育率的下降是一个全球趋势。从我国的情况看，2020 年人均 GDP 仅有 1.05 万美元，中低收入者仍占多数，并且我国家庭生育观念的改变很难简单与发达国家的情况相类比。有关调查数据显示，我国育龄妇女的生育意愿子女数为 1.8，高于目前育龄妇女总和生育率 1.3 的实际数值。二是生育率的提升仍有较大的弹性空间。尽管这几年生育年龄人口有下降趋势，但 2020 年育龄妇女人数仍有 3 亿多人，绝对规模仍比较大。如果每年有 4% 左右的育龄妇女生育，就能够使新出生人口维持在 1200 万人以上，从而可以使人口负增长拐点出现的时间尽可能延迟。三是实际生育率受政策影响大。"二孩"政策实施后，出生人口中"二孩"占比由 2013 年的 30% 左右上升到 2017 年的 50% 左右，全国多出生"二孩"数量达 1000 多万人。随着"三孩"政策的实施，加上有效实施生育友好型的社会政策，估计部分"80 后""90 后""00 后"生育"二孩"

"三孩"还有相当大的可能。

第二个问题,生育率低的核心问题是不是"三育"成本过高？随着我国进入中高收入阶段,城乡居民的生育行为呈现出新的阶段性特征。一方面,"传宗接代""养儿防老"等功利性生育意愿逐步淡化;另一方面,家庭普遍重视生育、养育、教育质量,"三育"成本不断水涨船高。

无论城市还是农村,养育一个孩子从出生到大学毕业,通常需要几十万元甚至上百万元的开支。2020年,全国居民人均可支配收入仅为3.2万元左右,一对夫妇加起来6.4万元左右,对于一般收入家庭来说,生育、养育、教育等负担过重的问题确实带有相当的普遍性。2019年,我国15岁以上女性劳动参与率为60.6%,远高于47.7%的全球平均水平。孩子的生育、养育、教育,往往会给女性造成较多的工资收入损失,甚至失业或失去升职机会等。总的来看,"三育"成本过高导致"生不起"的矛盾较为突出。因此,需尽快将更多"三育"服务纳入基本公共服务均等化范围,如健全"三育"公共服务体系、加快实施覆盖城乡育龄妇女的生育补贴制度、形成支持"三育"的家庭福利体系等。

第三个问题,未来10—15年是不是应对高龄少子化的关键阶段？我认为,未来10—15年是应对高龄少子化的最后"窗口期"。从人口生育周期看,一代人口更替的重大趋势性变化需要10—15年,即使我国未来5年出现人口负增长的拐点,还会有10年的矫正期;未来10—15年,我国仍有条件保持4%—5%的经济增长。由此,调动更多财政资源、经济资源、金融资源、社会资源等解决问题的回旋余地仍比较大;我国到2035年基本实现现代化，需要高度关注和解决高龄少子化及其所带来的潜在生产率下降问题，以及未富先老问题。因此，要加快出台建设生育友好型社会的政策与制度体系。

我建议，要实行以支持家庭发展为导向的社会政策调整。我国高龄少子化伴随着家庭的小型化、离散化。2020 年，我国平均家庭户规模为 2.62 人，比 2010 年的 3.10 人减少了 0.48 人，已跌破"三口之家"的数量底线。当前，养老育幼的福利政策设计基本上以个人为核算单元，在平衡家庭关系上的作用明显不足。这就需要以家庭为单位统筹考虑"三育"福利政策的实施，有效整合民政、人保、税收、卫健等方面的资源，精准提升家庭的抗风险能力和福利输送能力。

第六章
为什么处理好政府与市场关系是建立完善社会主义市场经济体制的重大任务？
——从政府转型论文获孙冶方经济科学奖说起

改革开放 40 多年来,在从高度指令性计划经济走向社会主义市场经济体制的进程中,处理好政府与市场关系是一场具有深刻性、复杂性的历史变革。它不仅涉及长期形成的固有观念,更涉及利益关系的调整、政府职能的转变。随着社会主义市场经济体制的建立与完善,政府的角色也需要不断调整变化,政府治理变革始终是牵涉全面深化改革的重大课题。

　　2003 年,SARS 危机爆发反映出我国政府在公共卫生和社会领域方面的诸多短板。在这个特定背景下,我与我的同事较早提出从"经济建设型政府"向"公共服务型政府"转型的建议。当年 7 月 12 日,我在北京主持了以"建设公共服务型政府"为主题的改革形势分析会。会上,有专家有不同意见,说:"政府不搞经济建设,怎么叫政府呢? 政府不就是经济建设的主体吗?"2004 年,我到某个省会城市给处级以上干部讲建设公共服务型政府。讲完之后一位市领导就把我留下了,对我说:"迟福林,如果政府不是经济建设型政府,还叫政府吗? 我们这些人做什么呢?"

　　2003 年 6 月,中改院向中央有关部委报送了《从"经济建设型

政府"转向"公共服务型政府"的建议（14 条）》；12 月，向中央相关
部门呈报了《加快建设公共服务型政府的若干建议（24 条）》，12
月 24 日《经济参考报》以《加快建设公共服务型政府》为标题刊发
这份建议报告，对政府转型的实践产生了重要影响。后来，《加快
建设公共服务型政府》获 2004 年度（第十一届）孙冶方经济科学
奖（论文奖）。

我国是一个发展中大国，又是一个经济转型大国。适应经济
社会发展大趋势，有效地发挥政府在经济社会转型中的作用，是
我国改革发展的一条主线，也是我国全面深化改革开放最具有全
局性、深刻性的重大课题。

一、"小政府、大社会"的改革方向没有错

建立并完善社会主义市场经济体制，关键是发挥市场在资源
配置中的决定性作用、更好发挥政府作用。我们用了 40 多年的
改革实践探索，形成了理论与实践上的重大突破。我在主持海南
省体改办工作期间深刻感受到，解决好政府与市场关系，前提是
把握好政府职能与角色的调整。建设海南经济特区的实际情况
迫切需要处理好政府与市场的关系。

（一）中央要求海南建立"小政府、大社会"

1987 年底，我从中央机关到海南筹备建省办特区，作为省委
政策研究室和省体制改革办公室主要负责人，开始了一段谋划、
设计、推动经济特区建立社会主义市场经济体制基本框架的改革
实践。其中，"小政府、大社会"是一项在全国具有前瞻性、超前性

的改革实践，使海南建省办特区初期在改革开放历史中留下了重要一笔。

当时，作为我国唯一省级建制的经济特区，海南既承担了进行社会主义市场经济体制的改革试验，又承担了一场向政府权力开刀的改革试验——建立"小政府、大社会"新体制。当初的想法是，企业、社会自己能决定的事情政府不要管，最大限度地发挥市场和社会的作用，并形成有效的激励机制，真正使政府从习惯于直接管企业、批条子、分项目的旧框框中彻底摆脱出来，理顺政府与市场、政府与社会的关系。

1987年9月26日，中共中央、国务院《关于建立海南省及其筹建工作的通知》明确提出："海南建省后，各级机构的设置和人员编制的确定，要符合经济体制和政治体制改革的要求。要坚持党政分开、政企分开。机构要小，要多搞经济实体。机构的设置，要突破其他省、自治区现在的机构模式，也要比现在经济特区的机构更精干、有效一些，使海南省成为全国省一级机构全面改革的试点单位。"1987年底，我从北京到海南没几天，就参加了受中央主要领导委托来海南进行"小政府、大社会"专题调研的活动。这个调研组由时任国家体改委副主任贺光辉牵头，有四五人。经过一周多的调研，调研组认为，海南建立"小政府、大社会"的时机和条件成熟。

回到北京，调研组就向中央主要领导提交了专题报告，建议中央支持海南一建省就实行"小政府、大社会"的新体制。1988年5月，中央批准了海南"小政府、大社会"体制方案，正式拉开了海南行政体制改革的帷幕。

（二）起草许士杰书记讲话："小政府、大社会"的"庐山真面目"

1988 年 5 月 6 日,海南在香港举办了一场"海南发展计划研讨会",主要目的是让外面了解海南建省办经济特区的政策。当时,参会的媒体很多。会前,许士杰书记请我起草这次会上的讲话稿,这也是我到海南后第一次给许书记起草讲话稿。这份讲话稿的题目就是"讲讲大家关心的几个问题"。许书记的讲话提出了海南发展市场经济涉及的几个重要问题,重点介绍海南即将实施的"小政府、大社会"体制的"庐山真面目"。第一,"小政府"是能独立负责的高效率的政府工作系统。第二,"大社会"是海南办大特区,要实行多种经济成分和多种经济形式,要大力发展"三资"企业,发展外向型经济。第三,与此相适应,就必须实行政企分开,转变政府职能。这是建立"小政府、大社会"的关键问题。

（三）一场向行政权力大胆开刀的改革试验

1988 年 6 月 10 日,省体改办向海南省委、省政府提交了《关于建立"小政府、大社会"新体制的几个问题》,进一步详细阐述了海南为什么执行"小政府、大社会",其主要内容有哪些,今后如何建立"小政府、大社会"。

1. 如何建设"小政府"?

第一,加快构建能独立负责的、高效率的政府工作系统。当时海南省委工作机构没有设置与政府重叠的对口部门,只设置了办公厅、组织部、宣传部、统战部、体制改革研究室 5 个职能部门;不设不在政府任职而又分管政府工作的省委专职书记、专职常委。

第二，适应市场经济的内在要求，转变政府职能，建立合理的政府结构。实行政企分开，把政府机构分为 4 个系统、26 个工作机构。省属党政机构，比原行政区减少 25 个，人员编制减少 520 人。与全国其他各省相比，海南省属机构减少三分之一到二分之一。此外，使个人、企业、社会组织能依法决定自己范围内的事情，全面发挥社会组织在经济生活、政治生活、文化生活和社会生活中的重要作用。

经过两年运转，"小政府、大社会"初步取得了成效，如在省级层面初步完成了政府职能与管理体制的转变，初步实现了政企分开，促进了企业的发展，活跃了社会生活，与此同时，也反映出一些矛盾和问题。例如，由于政府职能弱、机构少、综合性强，有些方面没有独立设置主管厅局，有的厅局要对口中央的几个、十几个部门，上下关系在某些方面不是很协调；改革过程中政府机构和人员不断增加。到 1990 年 7 月，省政府直属厅局增加 6 个，内设处、室增加 38 个，人员编制增加 400 多个，行政支出也大幅增长。对此，我和体改办的同事通过大量调查研究，于 1990 年 2 月和 4 月两次向省委、省政府提出关于调整完善"小政府、大社会"的具体意见。

"小政府、大社会"体制中划定的政府主要职能有：一是保障社会经济运行的外部环境，制定和维护市场规则；二是进行经济预测和制定发展计划，发布经济信息，组织协调全社会的经济发展；三是开展公开协商对话；四是保护公共财产，主办公共工程，维护公共环境；五是普及科学文化，提供社会保障，做好公共服务等。

2. 如何建设"大社会"？

"小政府"启动后，要求"大社会"的改革相应跟上。1988 年 6 月 16 日，我在省工委会上做了题为"关于建立'大社会'体制的几点意见"的汇报。汇报中提出，应尽快出台"大社会"新体制；建立"大社会"体制，重在推进群众团体改革、专业经济管理部门改革和行政性公司改革、事业单位改革三类改革。

从实践看，"大社会"体制改革对社会功能的培育有明显的推进作用。从 1988 年 4 月到 1990 年 3 月，海南省申请成立的社会团体有 101 个，已批准成立的有 50 多家，包括各种学会、研究会、协会、联谊会等。这些社会团体承担了许多过去由政府承担的社会工作，在经济发展、文化教育、对外交流等方面发挥了重要作用。例如，当时成立的海南省企业家协会，是全国最早成立的企业家协会之一。

（四）"小政府、大社会"没有错

实行"小政府、大社会"，对海南发展外向型经济、培育市场体系、加强法治和制度建设起到了重要促进作用，并为海南建省初期经济起飞、逐步与国际市场对接奠定了良好的基础。两年多的实践证明，"小政府、大社会"体制是成功的，效果是好的。

到 1990 年，对海南实行"小政府、大社会"的实践结果，人们有不同的议论和说法。大体是两种意见：一种意见认为，海南实行"小政府、大社会"的方向是正确的，并且取得了积极的成果；另一种意见认为，海南实行"小政府、大社会"不符合实际，行不通。面对社会上的这些争论，我在 1990 年《新世纪》第 2 期发表了《海南实行"小政府、大社会"的方向没有错》的文章。总的看法是，

"小政府、大社会"的方向是正确的，它符合我国经济体制改革和政治体制改革的要求。第一，实行"小政府、大社会"的基本前提没有变。党中央、国务院决定在海南办全国最大的经济特区，实行更加特殊的政策，是实行"小政府、大社会"的基本前提。所谓更加特殊的政策，就包括"小政府、大社会"。第二，"小政府、大社会"的基础条件没有变。海南要逐步建立有利于商品经济发展、以市场调节为主的新体制框架，这是实行"小政府、大社会"的基础条件。尽管海南市场培育要有一个过程，但是正朝着这样一个方向发展。第三，"小政府、大社会"体制在实践中发挥了重要作用。当时许多投资者反映，在海南办企业比在其他地区有大得多的经营自主权，这些在"小政府、大社会"体制初创时期取得的成效，应从根本和方向上加以肯定。

客观来说，试验的前两年，"小政府、大社会"对经济社会发展起到了积极的作用。第一，缩减了机构和人员编制。省政府有27个厅、6个直属局、6个内设局，比原行政区机构减少20个，人员减少200多人。在全国也是最少的。第二，推进了社会功能的发展。通过"大社会"体制改革，各类社团在经济发展、文化体育、对外往来等方面发挥了重要的作用。第三，促进了经济的发展和市场机制的发育。经过清理整顿，全省新建各类公司、企业达6800家；两年来，生产资料市场调节率占72.8%，各种金融性公司，如城市信用社、外资银行、合资银行、外资保险公司达37家，外汇存款2.7亿美元。

特别值得一提的是，"小政府、大社会"管理模式，在建省办经济特区初期创造了对国内外投资者颇具吸引力的、较为宽松的、政府干预少的、经济自由度高的经济环境，以及政府办事环节少、办事效率高的投资环境。一段时间内，海南的"投资热"持续升温，国民经济和社会事业得到快速发展。此后，在国务院启动的几轮机构改革中，特别是海南体制改革中，探索"小政府、大社会"管理体制的理论发挥了较好的示范作用。尽管"小政府、大社会"的体制运行并不是一帆风顺的，但当时海南迎难而上的勇气，使"小政府、大社会"的改革试验取得了显著的成效，赢得了国内外的广泛赞誉，也得到了中央的充分肯定。

"小政府、大社会"是我国行政体制改革中一项影响深远的改革。"小政府"的"小"不仅在于设置的机构和人员编制少了，能克服"大政府"机构臃肿、人浮于事的弊端，更在于管的事情少了，有利于推动政府职能的转变。例如，1990 年开发开放浦东，将浦东升格为区一级政府时，就采取了"小政府、大社会"的公共治理模式。后来广东深圳、顺德形成的大部门体制，都具有"小政府、大社会"的重要特征。

时至今日，"小政府、大社会"体制改革探索，对推进以转变政府职能为核心的政府转型，尤其是对大部门体制改革，仍然具有十分重要的参考价值。前不久，我看了一本教科书，竟然把"小政府、大社会"与"颜色革命"画上了等号。这使我感到疑惑不解：到底是不了解这段改革历程，还是否定改革呢？

二、走向市场经济的政府与市场

回过头来看，改革开放是从改变计划经济体制开始的，而改变计划经济体制首要的就是对政府"统"得过多、过死"开刀"。在传统的计划经济体制下，政府职能包罗万象，对经济生活实行全面和高度集中的计划管理，企业成了政府的附属物，整个经济缺乏生机和活力。

改革开放以后，我国实行以市场为取向的一系列改革探索，到党的十四大明确提出建立社会主义市场经济体制的改革目标，使市场在国家宏观调控中对资源配置发挥基础性作用，有赖于政府职能转变的新突破。因此，转变政府职能，成为我国经济体制改革的内在要求和必然选择。

（一）从"打酱油的钱不能买醋"谈起

改革开放前，政府对主要经济活动实行直接管理，即生产按国家统一计划、产品由国家统一收购调拨、财务由国家统收统支、职工由国家统一调配、工资分配全国齐步走。企业没有自主权，产供销、人财物都集中在部委。企业没有人，问部里要；没有钱，问部里要；没有计划任务了，问部里要。

有一个例子，当时一机部在沈阳有个变压器厂，变压器厂生产需要大量的铜。变压器厂旁边有一个冶炼厂，可冶炼厂是归冶金部管的。冶炼厂生产铜，本来一墙之隔，买卖双方签个协议不就行了吗？可是那个时候，变压器厂需要的铜，需要由一机部从云南调到沈阳；而沈阳冶炼厂生产的铜，由冶金部统一配置调到全国各地。企业没有自主权，没有市场，都是按照政府计划来配置资源，造成了很大的浪费。1956 年 10 月 23 日，住进一机部部内招待所的企业人员达 1444 人；1956 年仅当年一机部第二机器管理局的统计报表竟然重达 8 吨。

1978 年 12 月 13 日,邓小平在中共中央工作会议闭幕会上的讲话《解放思想,实事求是,团结一致向前看》中提出:"现在我国的经济管理体制权力过于集中,应该有计划地大胆地下放,否则不利于充分发挥国家、地方、企业和劳动者个人四个方面的积极性,也不利于实行现代化的经济管理和提高劳动生产率。应该让地方和企业、生产队有更多的经营管理的自主权。"①在实践层面,政府早期的改革,重点是围绕着改革政府和企业关系展开的,包括放权让利、扩大企业自主权、增强企业活力。

在给企业扩大自主权的过程中,进一步精简政府机构,调整政府经济管理职能,不可避免地成为改革的重点。1982 年,邓小平提出"机构改革是一场革命"的著名论断,指出:"如果不搞这场革命,让党和国家的组织继续目前这样机构臃肿、重叠、职责不清,许多人员不称职、不负责,工作缺乏精力、知识和效率的状况,这是不可能得到人民赞同的,包括我们自己和我们下面的干部。"②当年,国务院组成部门机构已多达 100 个。机关工作人员数量有 5 万多人,达到了新中国成立以来的最高峰;单单是冶金工业部的正副部长加起来就有 24 位。

(二)党的十二届三中全会:按照政企职责分开、简政放权的原则进行改革

1984 年,党的十二届三中全会通过《中共中央关于经济体制改革的决定》(简称《决定》),首次明确我国社会主义经济是公有制基础上的有计划的商品经济。《决定》指出,政府机构的主要职

---

① 邓小平文选:第 2 卷[M]. 北京:人民出版社,1994:145.
② 邓小平文选:第 2 卷[M]. 北京:人民出版社,1994:396.

能应是制定经济和发展的战略、计划、方针和政策，协调各地区、部门、企业和经济之间的发展计划和经济关系；要遵循简政放权、政企职责分开的准绳进行变革。文件首次把政府职能转变提到日程上来。

《决定》在政府和企业的关系上，突破了企业是"行政机构的附属物""把国营企业同国家直接经营企业混为一谈"的错误观念和把政府集中统一、包揽一切的做法，明确指出"政企要分开、要简政放权"，"所有权和经营权要分开"，"企业要成为相对独立的经济实体、自主经营自负盈亏的商品生产者经营者，具有自我改造、自我发展的能力，是一个独立的法人"。

这样的一些突破，现在看起来是很明白、很正常的，但是在当时的情况下，却是很不容易的。《决定》发布后，国内外反应很强烈。国内万众欢腾，所有媒体热烈报道，主流声音占了绝对优势，反对改革的声音偃旗息鼓了。那时，邓小平在国内许多场合、在许多对外宾讲话中，都讲到这份文件，强调它的重大意义。1984年10月20日大会通过《决定》后，第二天他在中顾委开会时，一开头就说："比如《关于经济体制改革的决定》，前天中央委员会通过这个决定的时候我讲了几句话，我说我的印象是写出了一个政治经济学的初稿，是马克思主义基本原理和中国社会主义实践相结合的政治经济学，我是这么个评价。这两天国内外对这个决定反应很强烈，都说是有历史意义的。这个文件，我没有写一个字，没有改一个字，但确实很好。"[1]

---

①　邓小平文选：第 3 卷[M]．北京：人民出版社，1993：83．

（三）党的十三大：使政府对企业由直接管理为主转变到间接管理为主

改革的全面推进和深化，要求相应地转变政府机构的职能和管理方式。1987 年，党的十三大报告《沿着有中国特色的社会主义道路前进》提出要"大力发展有计划的商品经济"，指出政府与市场的关系是"国家调节市场，市场引导企业"；正式提出"转变职能"一词，"按照经济体制改革和政企分开的要求，合并裁减专业管理部门和综合部门内部的专业机构，使政府对企业由直接管理为主转变到间接管理为主"；提出"在政府同企事业单位的关系上，要按照自主经营、自主管理的原则，将经营管理权下放到企事业单位，逐步做到各单位的事情由各单位自己管，政府的责任是按照法规政策为企业服务并进行监督"。①

按照党和国家要求，1988 年开展了一次机构改革，撤销了 12 个部委，新组建了 9 个部委。② 总体上看，通过这一阶段的改革，初步摆脱了与高度集中计划经济体制相适应的行政管理模式的羁绊。

（四）党的十四届三中全会：转变政府职能，改革政府机构

1992 年，党的十四大提出要建立社会主义市场经济体制。按照党的十四大的战略部署，1993 年政府机构改革首次把"适应社会主义市场经济发展的要求"作为机构改革的目标，要求"坚决把

---

① 中共中央文献研究室. 改革开放三十年重要文献选编（上）[M]. 北京：中央文献出版社，2008：474.

② 国务院撤销的 12 个部委是：原计委、经委、机械委、电子部、航天部、航空部、煤炭部、石油部、水电部、核工业部、城建部、劳动人事部。新组建的 9 个部委是：国家计委、机械电子部、航天航空部、能源部、水利部、建设部、人事部、劳动部、物资部。

企业的权力放给企业；把应该由企业解决的问题，交由企业自己去解决"，这就明确了转变政府职能的重点任务。

1993 年的机构改革以"宏观管好，微观放开"为原则，以政企分开为中心，其目的是构建社会主义市场经济框架，重点是加强宏观调控和部门监督，强化社会管理部门。改革历时 3 年，形成了由 41 个国务院组成部门、13 个直属机关、5 个办事机构组成的行政体制，机构数量比改革前减少 27 个，人员编制精简了 20％。[1]

1997 年，党的十五大报告进一步指出，"转变政府职能要把企业的生产经营权交给企业；把大量的服务、协调、监督职能转给社会中介组织"。积极转变政府职能，实现政企分开，把企业生产经营管理的权力切实交给企业，是建立和完善社会主义市场经济体制的客观要求。为了与转变政府职能相适应，1998 年开始的又一轮政府机构改革对政府部门职责权限进行了调整，下放政府经济权力，撤销工业经济类部门，国务院的组成部门减少了 11 个。[2]

（五）"市场经济呼唤高效的政府"：90 年代末研讨政府与市场关系

1997 年 1 月，中改院与国家计委宏观经济研究院、联合国开发计划署、世界银行、德国技术合作公司共同主办了"市场经济条件下政府作用国际研讨会"，专门讨论政府改革与政府转型的相关问题。这次研讨会的主题是在当时国家计委主任陈锦华的建

---

① 刘进，杜恒林，曾志滨，等. 改革开放以来党领导机构改革的历史回顾[J]. 中国机构改革与管理，2021(4):9-12.

② 许耀桐. 中国行政体制改革的发展与启示[M]. 北京:华夏出版社，2004:91-113.

议下选定的。他说:"我到国家计委工作快 4 年了,这 4 年也正是我国改革深化,并开始建立社会主义市场体制的重要时期,计划工作变化很大,实践提出了许多需要政府研究的重大问题。我确信,邓小平关于建设有中国特色的社会主义理论、关于市场与计划的论述,完全可以指导我们处理好这个问题,可以找到妥善的办法。召开专门的研讨会,听取国内外专家的意见,集思广益,这就是我的初衷。"[①]

这次会议重点讨论了"政府与市场""政府与企业""中央与地方"三个议题。代表们指出,中国正处在一个很关键的时期,许多改革都同政府改革密切相关,充分发挥政府在市场经济条件下的作用,在很大程度上依赖于政府的自身改革。

市场经济条件下的政府作用,始终是一个世界性的课题。陈锦华在发言中提出,自从市场经济产生以来,有关政府作用的课题就一直为历代经济学家所关注,也成为各个经济学派不断探索、阐述和争论的重要话题。到了世界经济日益全球化、信息化的今天,这个问题又被赋予了新的内容。中国面临着这个问题,其他国家也面临着这个问题。只是国情不一,具体做法有差别而已。不管是西方发达国家,还是发展中国家,或者是转轨中的国家,都要面对这个问题,都要做出自己的选择。

此外,这又是一个历史性课题,是贯穿于人类经济学说史中的一条重要脉络。不同时代的经济学家对此都做出过不同的回

[①] 此为陈锦华主任在市场经济条件下政府作用国际研讨会结束时的讲话,被收录到《市场经济条件下政府的作用——市场经济条件下政府作用国际研讨会论文集》(民主与建设出版社 1997 年版)。

答,不同时代的政治家们对此也做出了不同的实际安排。但是人
类文明是不断进步的,经济是持续发展的,各国国情又不同,在不
同的发展阶段,政治制度、经济体制、社会伦理、价值判断的不同,
都会影响到政府的作用,影响到经济的发展。老问题解决了,新
问题又产生了。在历史的长河中,这是一个需要不断实践、探索、
完善的问题。

我在这次研讨会上发表了题为"中国经济转型时期的政府改
革"的演讲,提出了 4 个问题:如何适应社会主义市场经济体制的
需要,政府更好地履行公共管理职能？ 如何有效地发挥政府作
用,积极促进市场中介组织的发展？ 如何科学分析我国政府人员
的素质结构及其对实现政府职能的影响？ 如何确保在中央统一
领导和宏观调控下,合理划分中央与地方经济管理权限,充分发
挥地方政府在推动市场化改革进程中的作用？ 我认为,我国的改
革开放之所以取得举世瞩目的成绩,一个重要原因是政府的积极
推动。我国经济改革到了今天,许多深层次矛盾和问题都与政府
改革越来越密切地交织在一起。随着市场化进程的不断推进,政
府改革成了我国经济转型时期最具有全局性、长远性、深刻性的
关键问题。对宏观经济进行有效的调控,需要政府改革;市场秩
序的形成和市场环境的优化,也需要政府改革;国有企业的战略
性改组,更需要政府改革。可以说,加快推进政府改革,是我国下
一步经济改革的迫切要求和重大课题。经济体制的市场化变迁
要求与之相适应的政府职能转变及符合市场原则的制度性安排,
从而使政府更有效地履行职能。

会后,中改院于 1997 年 2 月 1 日形成了《中国经济转轨时期

加快政府改革的建议（25 条）》，提出：改革开放以来的实践表明，凡是重视市场作用、运用市场机制好的企业、地方和部门，经济就有活力，发展就快；相反地，发展就慢，困难也多。但是，我们也认识到，市场绝不是万能的，特别是在我国市场还未培育成熟，各种市场因素的水平还不高的情况下，一味放任，让市场的盲目性误导资源配置，对整个经济发展产生的负面效应也是很大的。因此，政府的宏观调控不可缺少。但是，政府的宏观调控必须符合市场经济的运行规律。我国的市场尚处于培育的阶段，整个市场经济还不规范，市场规则也很不健全，在这种情况下，政府的宏观调控一旦违背市场运行的规律，就会变成不必要的行政干预，就会阻碍经济的发展。因此，在体制转轨中我们很重要的一个任务就是要研究市场规律、熟悉市场规律、把握市场规律，任何与市场规律相冲突的政府宏观调控行为都必须审慎，都应尽可能避免发生。我认为，市场规律是客观的，是不以人的意志为转移的，我们只能认识它、尊重它和运用它，而不能违背它。政府要重视企业和个人的首创精神及有效竞争。政府的宏观调控，必须尊重和保护企业、个人的首创精神，创造必需的环境，推进公平和有效竞争。政府应当把该管的事管好，把不该管的放开，让企业自主经营。

会后，中改院形成了《深化政府行政管理体制改革加快政府职能的转变》研究报告，报告提出公共管理职能是市场经济中政府最基本的职能，认为要实现经济体制的转轨和经济增长方式的根本性转变，必须对现有的行政管理体制做重大改革，彻底转变政府职能。该文于 1999 年 11 月获"第二届全国行政管理科研成果奖"一等奖。

三、从"经济建设型政府"向"公共服务型政府"转型的建议被采纳

2003 年爆发的 SARS 危机，是我国发生的一次公共卫生重大突发事件。SARS 危机前期出现的某些失误和问题，暴露了当时经济体制、行政管理体制的某些严重弊端，也反映出改革发展实践中的某些问题和偏差。在这一背景下，我与同事围绕这一问题进行深入研究，先后提出了"向公共服务型政府转型""SARS 危机给中国改革敲响警钟"等改革建议，出版了《警钟——中国：SARS 危机与制度变革》《门槛——政府转型与改革攻坚》等一系列图书。

（一）提出从"经济建设型政府"向"公共服务型政府"转型

2003 年 SARS 危机后，中改院开始关注基本公共服务与政府转型等重大课题。2003 年 6 月，我牵头的课题组向中央相关方面报送了《从"经济建设型政府"转向"公共服务型政府"的建议（14条）》。

12 月，中改院又向中央相关方面呈报了《加快建设公共服务型政府的若干建议（24 条建议）》。文章提出，政府改革不仅成为公众关注的焦点问题，也成为我国下一步改革的中心和重点。在改革逐步深入的情况下，政府改革的实质是转型。由经济建设型政府向公共服务型政府转变，就是要探索现代市场经济条件下政府改革的新路。建设公共服务型政府要以人为本，为社会提供最

基本的公共产品和公共服务,着眼于解决当前最突出的经济社会矛盾。

(二)"建设服务型政府"首次写入政府工作报告

建设公共服务型政府提出之后,曾经引发了理论上的争议。令人高兴的是,时任国务院总理温家宝在 2004 年政府工作报告中提出:"各级政府要全面履行职能,在继续搞好经济调节、加强市场监管的同时,更加注重履行社会管理和公共服务职能。"

2004 年 10 月 18 日,我参加了温家宝总理主持召开的专家座谈会。会上,我以调研中了解到的情况为例,当面向总理建议:要加大公共服务支出在中央财政总支出中的总量与比例,特别是要逐年加大社会性公共服务的比重,政府要担当起公共服务方面的责任。2005 年 3 月 5 日,温家宝总理在第十届全国人民代表大会第三次会议上做的政府工作报告中明确提出"努力建设服务型政府"的目标。2005 年两会期间,温家宝总理在回答记者提问时,明确地把政府改革作为当年 5 项改革任务的第一项。

(三)建议将"加快行政管理体制改革"写入政府工作报告

2005 年,我出版了《门槛——政府转型与改革攻坚》。该书的主要观点是,我国改革攻坚能否取得实质性突破,关键在于能否跨过政府转型这道"门槛"。政府转型既是改革攻坚的重点,也是改革研究的重大课题。我在当时提出:"十一五"时期我国的经济增长方式要由政府主导转变为市场主导,进一步发挥市场在资源配置中的基础性作用;强化政府公共服务职能以化解日益增多的社会矛盾和社会危机因素。在我看来,我国经济的持续增长已在相当大程度上依赖于社会利益关系的协调和在此基础上的社会稳定。由此，"十一五"时期将进一步凸显政府改革的全局性、重要性、迫切性。

从当时的情况看，行政管理体制改革不突破，建设公共服务型政府就难以有实质性进展。例如，2006 年世界银行对 120 个城市12400 个企业的调查显示，在杭州，企业一年中只需花 8 天时间与政府部门打交道，在上海需要 60 天，在西部部分城市则需要 90 天。

2006 年 2 月 6 日上午，温家宝总理在国务院小礼堂主持召开经济社会领域专家学者座谈会，重点讨论政府工作报告和"十一五"规划纲要草案。我在这次座谈会上建议将"加快行政管理体制改革"写入政府工作报告，并建议"及早组织力量研讨'十一五'时期行政体制改革总体方案"。总理当场表示，"要把迟福林同志的这个建议写进政府报告"。

我高兴地看到，无论是当年的政府工作报告，还是"十一五"规划纲要，都用较大篇幅叙述"行政管理体制改革"，并明确"加快转变政府职能是深化行政管理体制改革的核心"。2006 年的政府工作报告强调"我们要加快推进行政管理体制改革，进一步转变政府职能"，"切实转变政府管理经济方式，加强社会管理和公共服务职能"。"十一五"规划纲要设置专章阐述"着力推进行政管理体制改革"，"按照精简、统一、效能的原则和决策、执行、监督相协调的要求，建立决策科学、权责对等、分工合理、执行顺畅、监督有力的行政管理体制，加快建设服务政府、责任政府、法治政府"。

四、以政府改革带动全面改革的突破

2008 年的国际金融危机逼迫我们重新思考如何处理好政府

与市场的关系,如何实现以政府改革带动全面改革的新突破。记得当年,我和研究团队将"危机挑战改革"作为中改院 2009 年度改革研究报告的主题。我们认为,国际金融危机不仅对中国经济社会产生深刻影响,而且对政府自身建设与改革也提出了严峻挑战。一方面,经济社会发展中的不确定因素增加,对政府工作的预见性、前瞻性提出挑战。在应对金融危机的过程中,政府既要应对眼前,也要着眼长远;既要顾及经济,也要重视社会、政治;既要把握总体,也要兼顾局部。另一方面,危机对政府的应对能力,特别是政府的应变力、执行力提出挑战。这既需要调动中央政府与地方政府应对危机的两个积极性,也需要发挥市场、社会的作用,形成全社会应对危机的合力。

(一)在全国政协会议围绕政府转型做发言

我在 2008—2017 年担任了第十一届、第十二届全国政协委员。以一名政协委员的身份,在人民政协的平台上尽心履职,为改革建言献策,我将这段经历视为宝贵的人生履历。特别是作为一名改革研究学者,我深感有责任为全面深化改革多建言、多发声。

在每年的全国政协会议上,最受瞩目的就是来自各个界别政协委员的大会发言。在 2008—2017 年这 10 年担任全国政协委员期间,我有幸 5 次被选中在全国政协会议上发言。据我了解,这样的大会发言频率在全国政协委员中并不多见。我十分感谢人民政协平台对我的信任,这不仅是一种肯定,也是一种挑战,更是一份责任。至今回想起来,我仍然十分激动。值得一提的是,我在全国政协会议上做了 5 次发言,几乎都是以处理好政府与市场关系为主题的。

第一次大会发言：建言以行政管理体制为重点的全面改革。2008 年 3 月 9 日，我在全国政协十一届一次会议上以"推进新阶段全面改革的三点建议"为题大会发言。我认为，行政管理体制改革不仅涉及政府转型及公共服务领域的问题，也涉及经济发展方式转变等一系列问题。当时的主要考虑是，同以往的 30 年相比，新阶段行政管理体制改革的现实需求要大得多、迫切得多。我认为，实现经济发展方式的转变，关键在于通过行政管理体制改革，实现经济运行机制由政府主导向由市场主导的转变；确立政府在基本公共服务供给中的主体地位和主导作用；形成一个合理的中央与地方权力和利益格局，并建立与此相适应的财政税收体制和官员考核机制。发言还建议，按照经济发展方式转变的现实需求，按照完善公共治理结构的要求，推进大部门制。这次发言受到国内外媒体的广泛关注。

第二次大会发言：建言推进以转变经济发展方式为主线的政府转型。2011 年 3 月 10 日，我在全国政协十一届四次会议上以"推进以转变经济发展方式为主线的政府转型"为题做大会发言。我当时提出：今年是"十二五"时期的开局之年，也是经济发展方式转变的关键之年。实践证明，转变经济发展方式的关键是政府转型。"十一五"规划曾明确把加快行政体制改革作为改革攻坚的重点。5 年过去了，行政体制改革虽有多方面进展，但经济发展方式转变的体制性障碍仍十分突出。为此，我在发言中提出 3 点建议：一是尽快改变政府主导型的经济增长方式。建议"十二五"时期加快推进以强化经济性公共服务为主要职能的政府转型：以治理通货膨胀为重点,提高经济决策的科学性,增强宏观调控的预见性;提高市场监管的有效性,尤其是加强食品、药品等公共安全和垄断行业的市场监管;强化中长期规划的科学性和刚性约束,重点加大遏制违法批租土地行为的力度。二是确立并实施民富优先的改革导向。尽快出台收入分配制度改革方案,提前初步实现城乡基本公共服务均等化,加快财税体制改革。三是以公益性为重要目标优化国有资源配置。要以公益性为导向、以改善民生为目标调整国有资源配置。加大对国有垄断行业收租分红力度,用于补充基本公共服务投资,用于社会建设。

第三次大会发言:建言以政府改革带动全面改革的突破。2013 年 3 月 7 日,我在全国政协十二届一次会议上以"以政府改革带动全面改革的突破"为题做大会发言。之所以在如此重要的场合提出这一建议,主要是因为党的十八大以后,改革再次成为全社会关注的热点问题,以改革红利释放发展潜力的氛围和趋势正在形成。全社会对能不能抓住当前政府换届的改革时间窗口,以政府改革为切入点实现全面改革的突破有着很大的期待。在这次大会发言中,我提出 4 点建议:一是以改变"增长主义"政府倾向为重点理顺政府与市场关系,着力解决经济运行中行政审批、行政垄断两个突出问题;二是以政府向社会放权为重点深化社会体制改革;三是把优化权力结构作为行政体制的重点,建立以大部门制为重点的行政决策系统,法定化、专业化的行政执行系统和权威性的行政监督系统;四是把全面推进政务公开作为政府自身建设的重大任务,抓紧出台政务公开、财政公开、司法公开的具体方案,强化司法监督、媒体监督、公众监督,尽快制定本届政府降低行政成本的行动计划。

第四次大会发言：建言以发挥市场决定性作用为重点深化全面改革。2014 年 3 月 7 日，我在全国政协十二届二次会议上以"以发挥市场决定性作用为重点深化全面改革"为题做大会发言。我认为，2013 年 11 月党的十八届三中全会决定提出的"使市场在资源配置中起决定性作用和更好发挥政府作用"，是一个历史性突破：不仅牵动经济体制改革，也将倒逼全面改革。我在发言中强调形成"市场决定"的有为政府。"市场决定"不是不要政府，而是需要一个尊重市场规律的有为、有效、有力、有责的政府。一是要建立公平竞争导向的宏观调控体系，要把宏观调控与行政审批职能严格分开，与财政金融体制改革有机结合，建立以独立货币政策和公共财政政策为主的宏观调控体系。二是尽快出台负面清单与权力清单，要以负面清单管理界定政府边界，倒逼行政审批改革，中央政府尽快制定和公布负面清单和权力清单，鼓励支持有条件的地方先行试验。三是推动地方政府向公共服务主体回归，明确把地方政府由市场竞争主体转向公共服务主体作为行政体制改革的重大任务；以建立公共服务导向的中央地方财税关系为目标，尽快形成新一轮财税体制改革的行动方案；以废除 GDP 政绩考核体系为重点，尽快形成地方政府经济行为的制度约束。

第五次大会发言：建言深化结构性改革重在处理好政府与市场关系。2017 年 3 月 9 日，我在全国政协十二届五次会议上以"供给侧结构性改革重在处理好政府与市场关系"为题做大会发言。我提出，党的十八届三中全会明确了"使市场在资源配置中起决定性作用和更好发挥政府作用"的改革方向与重点。当前，由于政府与市场关系尚未理顺，经济转型与增长面临着体制成本过高、市场开放不足等突出问题。深化供给侧结构性改革，重在处理好政府与市场关系。以处理好政府与市场关系为重点，深化供给侧结构性改革，决定经济增长潜力的释放，决定经济转型升级的进程，决定结构性改革的成效。因此，需要紧紧抓住政府与市场关系这个"牛鼻子"，实现全面深化改革的重大突破。为此，提出了 5 点建议：

一是处理好"三去一降一补"中的政府与市场关系。去产能、去库存、去杠杆的本质是实现市场的供求平衡，推进新旧发展动能转换。为此，要更多地运用市场手段、法治手段，推动企业优胜劣汰、优化重组，防止已经化解的过剩产能死灰复燃。政府的主要职责是降成本、补短板：要在减税、降费、降低要素成本上加大力度，尤其是降低制度性交易成本要有实招。尽快实施企业自主登记制度，适时取消企业一般投资项目备案制等。要尽快补上人口城镇化这个短板，通过释放新型城镇化的巨大内需潜力，为扩大就业与房地产去库存找到根本性出路。

二是处理好深化国有企业改革中的政府与市场关系。以"管资本"为主是国有资本做活、做优、做强的重要条件，但目前尚未破题，使混合所有制改革难以有大的突破。建议：加快推进政府由"管企业"为主向"管资本"为主的转型，抓紧出台国有资本投资、运营的改革方案，尽快形成国有资本管理新体制；尽快向社会资本推出一批垄断行业重大项目，使重点领域和关键环节的混合所有制改革在当年能有实质性进展。

三是处理好深化农村土地制度改革中的政府与市场关系。以落实农民土地财产权为重点推动城乡关系的深刻变革，盘活农村土地资源，释放城乡一体化的巨大红利，是农业供给侧结构性改革的重要任务。建议在严格用途和规划管制的前提下，发挥市场在农村土地资源配置中的决定性作用。

四是处理好服务业发展中的政府与市场关系。破解服务业领域有需求、缺供给的突出矛盾，关键是打破行政垄断与市场垄断。要把服务业市场开放作为供给侧结构性改革的重大任务之一，尽快出台改革行动方案。建议：在1—2年内实现服务业竞争性领域对社会资本全面放开，非竞争性领域引入竞争机制，争取到2020年使服务业市场化程度接近工业；要推动服务业市场双向开放，到2020年服务贸易占外贸的比重要超过20%；以服务贸易为重点推进国内自贸区转型，大幅缩减负面清单；全面推进粤港澳服务贸易一体化，促进和服务于"一国两制"实践进程；加快推进某些产业项下的自由贸易进程，支持具备条件的地区先行先试。

五是处理好监管变革中的政府与市场关系。当前，简政放权到了放管结合的新阶段，需要把监管变革作为政府改革的重点，加快推进审批与监管严格分开，提高监管的独立性、专业性和权威性；着眼于防范系统性、区域性金融风险，尽快组建综合性国家金融监管机构，强化监管的统筹协调；尽快组建统一的国家反垄断机构，统一反垄断执法权，建立行政垄断的审查机制；从中央到地方建立统一权威的食品药品监管体制，实现职能、机构、队伍"三统一"。

(二)"放管服"改革:社会智库首次参与国事评估

2015 年 7 月,受国务院办公厅委托,中改院承担"推进简政放权、放管结合、优化服务"相关政策措施落实情况的第三方评估工作。这是社会智库首次参与国事评估。8 月 15 日,我带领团队共同完成《推动简政放权改革向纵深发展——关于"简政放权、放管结合、优化服务"政策落实情况的第三方评估报告》。

9 月 16 日,国务院总理李克强主持召开国务院常务会议听取汇报。我代表课题组就参与全国简政放权政策落实情况的第三方评估做简要汇报。在调研中我们发现,监管转型滞后已成为深化简政放权的突出矛盾,主要表现在监管转型滞后的矛盾问题突出、监管转型滞后掣肘简政放权改革,要以监管转型为重点形成深化简政放权的现实路径。建议把监管转型作为深化简政放权改革的主攻方向,对现有监管体制进行总体设计和系统性重构,以此带动"含金量"更高、社会受益面更广、带动经济转型升级更直接的行政权力下放。

监管转型滞后已成为深化简政放权的突出矛盾。我们在调研中发现,监管转型滞后的矛盾问题比较突出。2015 年的股市异常波动和天津爆炸事故,从不同侧面暴露了监管转型滞后的问题:监管理念变革滞后具有普遍性;监管体制改革尚未破题,监管的漏洞比较多;监管方式比较陈旧,社会参与监管严重不到位;监管立法滞后。虽然行政审批权下放仍有很大空间,但由于监管转型不到位,担心"一放就乱"成为政府部门进一步下放权力的主要顾虑。当前的一个突出问题是,"谁审批、谁监管"的传统思维方式,在实践中往往演变成了"不审批就不用监管""要监管就要审批"。就是说,不把事前审批与事中事后监管严格区分开来,并形成事中事后为主的监管体制,简政放权改革很难向纵深推进。

深化监管体制改革是监管转型的关键。我们建议,完善包括专业性监管和综合性监管在内的监管体系,实现行政审批与市场监管严格分开。尽快形成完善监管职责体系的具体方案,为政府部门深化简政放权创造条件。第一,完善专业性监管,尤其是在金融领域要加强监管专业性。第二,完善综合性监管。在食品药品安全等更多领域采取综合性监管,形成宽职能的监管队伍。第三,行政审批与监管分离。一些需要保留审批事项的部门,应当成为科学规范、有效的审批部门,行政审批与市场监管在机构上应严格分开。再比如,推行法人承诺制,形成以企业信用为基础的事后监管;全面实施企业自主登记制度;适时取消企业一般投资项目备案制。

推进重点领域的监管转型。比如,推动金融监管转型是当务之急。无论是提振经济信心,还是加快经济转型升级,都有赖于一个健康、稳定的资本市场。近年来,金融创新倒逼金融监管转型的特点十分突出。当前,稳定资本市场不仅牵动经济转型,还涉及社会稳定。为此建议:第一,尽快形成混业监管的制度性、机制性安排。第二,以监管转型释放内需潜力。当前,国内消费需求低迷有一个收入问题,但更有消费品市场监管不到位的突出矛盾:不少消费者宁愿购买高价洋奶粉也不愿意消费价格低廉的国产奶粉。适应全社会消费需求升级的大趋势,由监管部门牵头,建立国家层面权威的第三方消费品溯源平台,形成统一标准,实现全程溯源,保证溯源数据信息的真实性和完整性。第三,以服务业为重点推进垄断领域的监管转型。多年来,服务业领域难以对社会资本放开,关键问题在于服务业领域的行政垄断没有真正被纳入反垄断的范围。随着服务业市场的壮大,反垄断对于保障服务业健康发展非常必要。具体来说:一是反垄断要常态化、制度化,对内外资企业平等监管,谁垄断就调查谁,不搞选择性执法,不偏袒任何一方。二是审查并规范涉及行政垄断行为的行政文件。不少行政垄断行为都有行政文件,比如条例、规章或意见等依据,解决这一问题既要让行政部门在出台相关行业政策、指导性文件之前向反垄断委员会备案,又要建立反垄断审查机构对其审查的机制。三是尽快对现行行政法规进行系统的反垄断审查,废除各类导致行政垄断的行政法规。

(三)完成总理"布置作业":行政权力结构改革课题

2013 年,党的十八届三中全会做出全面深化改革的战略部署之后,我和中改院研究团队将"市场决定——十八届三中全会后的改革大考"作为年度中国改革研究报告的主题,同名图书出版后获得各方面的好评。2014 年 12 月,《经济体制改革》刊登了我的一篇文章《中国的改革大考》。2016 年 8 月,我出版了个人专著《改革大考——经济转型与结构性改革》。我在文章和专著中指出,我们党执政以来经历了两次大考。1949 年党的七届二中全会后毛泽东同志提出的"进京赶考",是第一次历史大考;1978 年党的十一届三中全会确定"以经济建设为中心"、开启改革开放的历史进程,是第二次历史大考。当前正面临第三次历史大考,即党的十八届三中全会决定推进国家治理体系和治理能力现代化的改革总目标,并由此建设现代化国家。在我看来,"推进国家治理体系和治理能力现代化"作为新时期全面深化改革的总目标,远远超出了30多年前开启的经济体制改革的范畴、广度和深度,并涉及深层次的行政权力结构改革。

2015年1月26日下午,国务院总理李克强主持召开座谈会,听取专家学者和企业界人士对《政府工作报告》的意见建议。在这次座谈会上,我提出了"行政权力结构调整"的建议。李克强总理当场"布置作业",希望我所在的中改院深入研究从中央政府到基层政府的权力结构。李克强总理在这次座谈会上提出,如果连权力结构都没弄清楚,就给市场"发号施令",代企业规划,这是政府"不该做的工作"。

在这次座谈会后,我和我的同事加班加点系统梳理我国历次行政权力结构调整的基本历程、经验与矛盾问题,并分析国际行政权力结构调整的基本经验。在此基础上,完成了《面向2020年的行政权力结构改革(60条建议)》。在这份报告中,我们提出行政权力结构改革成为新阶段简政放权改革向纵深推进的关键和重点,在全面深化改革中居于中枢地位,牵一发而动全身。这份报告中建议的"市场监管总局""金融监管总局""国家移民局""国家监察委员会"等建议都在后续的机构改革中有所反映。虽然不知道有没有我们的功劳,但这至少说明我们的研究与实际趋势是相符的。

当时,我们提出优化行政权力结构调整已成为政府改革的关键和重点,要以行政权力结构改革促进国家治理体系和治理能力现代化。其中,关键是以理顺决策主体关系为重点强化行政决策系统,为此,要形成决策权在国务院与组成部门的合理分工,通过大部门制改革整合过于分散的决策权，以提高独立性和专业性为路径强化行政执行系统。

专栏 6.1： 纵深推进简政放权改革（8 条建议）

1. 明确"打通最后一公里"的具体目标。建议全面实施企业自主登记制度；适时取消企业一般投资项目备案制；尽可能少用或不用产业政策干预企业投资行为。

2. 把加快监管转型作为简政放权改革的重点。建议对现有市场监管体制进行总体设计；以专业化、技术化、标准化为重点创新监管方式；调动包括社会公众、媒体、法律等多方面的力量加强市场监管；适时调整市场监管机构，当务之急是建立国家金融监管总局。

3. 实现职能定位调整优化与规范部门权责清单有机结合。建议调整优化部门职能定位；调整优化部门内设机构；按照新的部门职能定位规范部门权责清单。

4. 实现调整优化行政权力结构与规范部门权责清单有机结合。建议调整综合性部门和专业部门之间的关系；调整专业部门之间的关系。

5. 在全国范围内推广普及行政审批标准化、信息化。建议以行政审批标准化、信息化规范约束政府行为；抓紧出台全国行政审批标准化、信息化的改革方案；建立全国统一的社会信用体系。

6. 加快清理"红顶中介"，推行"一业多会"。建议自上而下清理与行政审批相关的中介服务事项；推行"一业多会"。

7.建立中央与地方公共职责分工体制。建议按照中央、省、市(县)三级政府的框架梳理各级政府权责清单。

8.加快简政放权改革的相关立法、修法。

五、大变局下政府改革和转型是一场深刻变革

当今世界正经历百年未有之大变局,并对政府改革与转型提出新的要求。2022年4月博鳌亚洲论坛期间,我在由凤凰网财经、北京大学国家发展研究院联合主办的"2022博鳌·凤凰网午餐会"上提出:当前,和平与发展的时代主题面临严峻挑战。国际政治、经济、安全格局正经历重大调整。俄乌冲突以后,发展与冲突是当前全球面临的突出矛盾。对此必须要有充分的认识,而且要做好应对的准备。

在这个特定背景下推进政府改革和转型,需要以实现国家治理体系与治理能力现代化为总目标,以统筹安全与发展为基本要求,以强化国家对外职能为重点,加快形成与基本实现社会主义现代化相适应的公共服务职能,走出一条深化行政体制改革的新路子。

(一)统筹发展与安全的政府治理

2018年,党和国家组织结构和管理体制的系统性整体性重构,为完善和发展中国特色社会主义制度、推进国家治理体系和治理能力现代化提供了有力的组织保障。进入2022年以来,尤其是俄乌冲突以来,我把自己研究和关注的重点放在了统筹发展

与安全的政府治理上。俄乌冲突引发国际形势的重大变化，正如习近平总书记强调的："和平与发展的时代主题面临严峻挑战，世界既不太平也不安宁。"①发展与冲突将成为国际经济政治关系的新常态。下一步的政府改革和转型，需要充分考虑强化统筹发展与安全的重大战略。

河南考察提出统筹粮食安全与发展。2022 年 6 月 18 日，我到河南考察，并在由河南省社会科学院、中改院、商务部国际商报社共同主办的以"全面深化改革开放，高质量建设现代化河南"为主题的现代化建设高端论坛暨第十三届中原智库论坛上做了以"统筹粮食安全与发展"为主题的演讲，提出了几点自己的看法：河南作为农业大省，需要突出强化在国家统筹粮食供给安全中的核心作用；要尽快向育种强省过渡，重中之重是形成种子科技创新与种业发展的新格局；我国粮食价格总体稳定，但仍需要充分估计国际粮食价格快速上涨带来的严重冲击。要以"成本＋基本收益"为原则制定实施最低收购价格。

湖北考察提出统筹科技发展与安全创新。2022 年 6 月 25 日，我到湖北考察，并在由湖北大学、中改院共同主办，湖北大学商学院、湖北省开放经济研究中心共同承办的"构建高水平对外开放新高地暨首届中部智库论坛"上发表了主题演讲。我认为，中国作为世界第二大经济体，需要以全球视野谋划科技创新能力提升，把握好自主创新和开放创新，把握好"硬科技"和"软科技"，把握好国内布局与国际布局，在复杂多变的科技创新环境中赢得主动。湖北科技创新处于全国"第一方阵"，且拥有丰富的科教资

---

① 习近平同美国总统拜登视频通话[N].人民日报，2022-03-19.

源,有条件成为我国统筹开放创新与自主创新的示范区。湖北应加强推进科技创新资源整合,深化科研要素市场化改革;促进企业、高校、科研院所等创新主体组建更加紧密融合的创新链。

东北形势分析会提出统筹发展和安全推进东北经济一体化。2022年8月11日,我在由中国东北振兴研究院主办的"2022年上半年东北经济形势分析与展望"专家座谈会上提出:第一,客观判断东北经济发展面临的新形势、新挑战。疫情给经济发展带来较大冲击,统筹经济发展与疫情防控的挑战加大;东北经济转型带来的挑战;周边环境变化给东北经济发展带来挑战。第二,进一步明确东北统筹安全与发展的重大任务,包括粮食、能源与产业的安全与发展。第三,突出国家统筹安全与发展中的东北责任。例如,东北亚区域合作中的东北责任,促进东北亚区域产业链稳定合作中的东北责任,促进东北亚区域经济一体化进程中的东北责任。在我看来,面对世界百年未有之大变局,统筹发展和安全已成为新发展阶段推进东北振兴的重要目标。从现实看,统筹东北地区发展和安全,需要在推动东北经济一体化中寻求新动力、实现新突破,并由此提升东北地区经济社会发展的能力和维护国家国防安全、粮食安全、生态安全、能源安全、产业安全的能力。

从对上述区域开放与发展的现实需求看,未来的政府改革和转型更需要置于以高水平开放强化统筹发展和安全的战略之下来考虑。适应国际形势变化,必须强化底线思维,在保障安全的前提下谋划经济社会发展,要以高水平开放促进形成统筹发展和安全的保障机制。比如,把强化国家粮食安全、能源安全、科技安全等,作为政府改革和转型的重点;在国际金融市场风险向我国传导压力增大的背景下,统筹金融发展和安全,要在高水平开放中强化国家金融安全战略职能,守住不发生系统性金融风险的底线;适应全球数字经济发展新趋势,要从国家层面统筹数据安全和数字经济发展;等等。

（二）行政体制改革需要破解高水平开放下的政府治理

如何破解高水平开放下的政府治理,是我近几年研究的一个重点。在我看来,面对世界百年未有之大变局,推进高水平开放成为影响我国改革发展全局的关键因素,是布局改革发展的一条主线。适应高水平开放的重要趋势,"构建职责明确、依法行政的政府治理体系",提升政府治理效能,是推进国家治理体系和治理能力现代化的重要任务之一。

2020年12月6日,我在第九届中国行政改革论坛上做了题为"以政府治理变革推动制度型开放进程"的演讲,提出了3个观点:

第一,制度型开放的重大任务是服务贸易发展,要以政府治理变革推动服务业市场高水平开放,以形成服务贸易发展大环境。推进服务贸易发展、补齐服务贸易的突出短板,既是以扩大内需为导向推进高水平开放的重大任务,也是更深程度参与国际经济大循环、增强国际合作和竞争新优势的重大举措。这就需要以服务业市场高水平开放为重点,推进制度型开放进程,尽快形成服务贸易发展的市场环境。政府要在推进规则、规制、管理、标准等对接方面发挥重要作用。服务业市场开放既涉及准入制度、行政审批制度,更涉及服务领域的规则、规制、管理、标准等方面的制度性、结构性安排，其复杂程度与敏感程度远超制造业。以粤港澳大湾区为例，若"三地"服务业管理标准尚未融合，金融、法律、会计等规则尚未对接，便难以实现粤港澳服务贸易一体化的实质性突破。从现实需求看，应率先在教育、医疗、文化、旅游等国内市场需求比较强烈的领域引入国际现代服务业管理标准。同时，全面推广跨境服务贸易负面清单管理制度。

第二，制度型开放的本质特点是竞争中性，要以政府治理变革建设高标准市场体系，以强化竞争政策的基础性地位。竞争中性既是高标准市场体系的基本特征，也是制度型开放的本质特点。当前，面对经济全球化的新趋势、新挑战，需要在制度型开放中确立竞争中性原则，在打造市场化、法治化、国际化营商环境，激发市场主体活力等方面实现新的突破。推进制度型开放、建设高标准市场体系，要把强化竞争政策的基础地位作为政府治理变革的重要导向，以保障各类市场主体在要素获取、准入许可、经营运行等方面的平等地位。竞争政策与产业政策是政府开展宏观经济治理的两种工具。当前，在我国发展的阶段、条件、环境发生明显变化的背景下，差异化、选择性的产业政策越来越不适应于制度型开放与高标准市场体系建设。这就需要加快推进产业政策转型，全面清理妨碍公平竞争的产业政策，推动实现产业政策向普惠化、功能性转变；制定适用产业扶持政策的负面清单，将产业扶持政策严格限定在具有重大外溢效应或关键核心技术的领域；制定更加清晰透明的政府权责清单，明确政府参与宏观经济治理的边界与权限。

第三，制度型开放的重要条件是监管转型，要以政府治理变革推动监管转型，以构建安全、高效、透明的监管体系。制度型开放既涉及监管范围的调整，也涉及监管理念的变革，更涉及监管权力结构的调整。推动监管转型，既是政府治理变革的重大任务，也是推进制度型开放的迫切需求。例如，释放服务型消费需求的巨大内需潜力直接依赖于服务业市场监管的有效性；适应新经济发展的新趋势，监管变革既要规范化，以实现公平竞争和防范风险，也要避免用"旧制度管理新经济"，以适应制度型开放与创新发展的新需求。从实际情况看，"监管盲区"、监管缺位及某些监管过度等问题仍然比较突出。这需要以制度型开放倒逼监管转型，尽快改变监管标准、监管重点、监管规制等方面与服务业市场开放、新经济发展不相适应的局面。要把服务监管作为监管转型的重点，推进市场监管的主要对象由商品为主向服务为重点的转型。尤其是对新型服务业态，要在支持鼓励其发展的同时，积极探索对其有效监管的路径。要加快明确新经济、新业态行业标准，重点加强在统计数据分类归属、网上消费者保护、知识产权保护、跨境数字产品税收征收等方面的规则探索，并把探索健全包容审慎的触发式监管机制摆在突出位置。

（三）2035年基本实现社会主义现代化要强化政府公共服务职能

我国2035年基本实现社会主义现代化的目标，对政府公共服务职能提出了新的需求。顺应这一发展趋势，深化行政体制改革要把强化政府公共服务的改革摆在突出位置。

2021年12月11日，中国行政体制改革研究会主办了第十届中国行政改革论坛，论坛主题为"两个百年历史交汇点：行政体制改革回顾与前瞻"。我在这次论坛上做了主题演讲,就2035年基本实现社会主义现代化要强化政府公共服务职能做了比较系统的阐述。

第一,政府公共服务职能的时代需求。2035年基本实现社会主义现代化的目标,伴随着经济社会结构转型,对完善政府经济调节、市场监管、社会管理、公共服务等方面的政府职能提出新的时代需求。例如,适应社会主要矛盾变化,强化政府的公共消费职能;完善与新经济形态相适应的市场监管职能;适应高水平、制度型开放格局,强化对外经济职能;强化有效应对人口老龄化的公共服务职能;强化收入分配调节职能。

第二,加快形成专业高效的公共服务体制。进入新发展阶段,公共服务职能的履行呈现新的时代特征:一方面,走向现代化进程中的公共服务向专业领域延伸是一个大趋势;另一方面,数字经济时代的技术创新在公共服务领域的广泛应用,正在重塑现有的行政流程和行政格局。为此,要建立专业高效的公共服务执行系统,构建专业、高效的公共服务执行体系,从制度安排上保障公共服务的专业执行力。

要积极探索在公共服务专业领域设立法定机构。从我国的基本国情出发,要深入研究提出行政系统法定机构建设的行动方案及相关的法律法规。例如,要在数字经济管理、开发区管理、食品药品监管等对专业技术要求比较高的公共管理领域设立法定机构;要用改革创新的办法兴办公共服务机构,支持鼓励教育、科技、文化等领域的部分行政机构转制为法定机构,形成以公共服务业绩为导向的新体制;完善公共服务政府采购制度,创造条件在公共服务采购中实现程序的公开透明,实行非歧视性原则,做到体制内外一视同仁、内外资一视同仁。这样,既有利于减少政府采购的财政成本,又有利于增强政府采购的公平性。

第三,以强化公共服务为重点推进政府治理现代化。进入新发展阶段,有效提升公共服务效能,成为政府治理现代化的重大任务。要借助现代化的理念、手段,以强化公共服务为重点推进政府治理现代化。要强化政府公共服务理念,全面确立以公共服务为中心的治理理念;以强化公共服务职能为重点优化调整中央、地方关系,尽快完成基本公共服务的中央、地方职责划分,形成新基建投资的中央、地方成本分担机制,全面实现责任与财力相匹配。

要以公共服务为重点推进政府治理改革。以数字化赋能公共服务,推动大数据、人工智能、云计算、移动互联网、物联网、区块链等高新技术在公共服务领域的广泛运用,推动各部门数据资源共享,通过技术创新和流程再造形成以服务对象为中心的新型管理方式;扩大公共服务的社会参与,以有限的财政资金调动包括市场主体、社会组织等多元主体参与公共服务供给,并形成公共服务的第三方评估机制;推进公共服务制度化、标准化、法定化,形成相关规范,使各类公共服务供给主体有所遵循,在更高层次上确保公共服务的广泛性、公平性、可及性、持续性。

在我国基本实现社会主义现代化的进程中,"推进国家治理体系和治理能力现代化",直接依赖于政府的改革与转型。这是一场新的改革大考。考得好,我国就将走上公平可持续的发展之路,就将迈进现代化国家行列。

进入新发展阶段的政府改革与转型，将更具深刻性、复杂性。继续巩固机构改革成果，完善党和国家机构职能体系，推进国家治理体系和治理能力现代化，远远超出了过去40多年行政体制改革的范畴、广度和深度。

第七章
为什么要将对外开放作为基本国策？
——从"开放是最大改革"说起

最近几年,我和中改院将研究重点更多放在了"开放"上,先后出版了《二次开放:全球化十字路口的中国选择》《新型开放大国:共建开放型世界经济的中国选择》等年度改革研究报告,还出版了《赢得未来:高水平开放的中国与世界》《建设更高水平开放型经济新体制》,分别入选了国家出版基金项目、"十三五"国家重点出版物出版规划项目、全国高校出版社主题出版项目;连续 5年召开以"中国与世界"为主题的中国改革国际论坛。为什么要把主要精力放到"开放"上? 我的主要观点是,高水平开放是中国的历史选择。

一、中国开放的大门越开越大

改革开放 40 多年的实践证明,我国成功把握经济全球化所带来的历史机遇,始终坚持对外开放的基本国策,成功实现从封闭半封闭到全方位开放的重大转折,不仅推动了我国自身的较快发展,而且为全球经济可持续发展做出了重大贡献。伴随对外开放进程的不断深入,我国逐步探索建立开放型经济体制,并由此走出一条以开放倒逼改革、以深化改革促进开放的路子。

(一)确立对外开放的基本国策

从改革一开始,邓小平同志就明确指出,对外开放是我们坚定不移的国策,不是开放得过头,而是开放得还不够。要进一步扩大对外开放,胆子要大些,步子要快些,要实行"大开放"的方针。

1. 闭关自守是长期落后的重要原因

1978 年,我国经济总量排世界第十位,占世界经济总量的 1.8%;人均国民总收入 190 美元,处于低收入国家行列;与国际市场的联系较少,外贸依存度仅为 4.7%,货物进出口总额为 206 亿美元,人均外汇储备折合人民币不足 1 元。[①]

"文革"结束后,邓小平同志便提出要派人出去看看,特别要看看发达国家是如何发展经济的。1978 年前后,为了学习外国先进技术,引进外资,改变落后面貌,全国掀起了一股出国出境考察热潮。据当时的国务院港澳办公室统计,从 1978 年 1 月至 11 月,经香港出国和去香港考察的人员达 529 批,共 3213 人。其中,共有 12 位副总理及副委员长以上的中央领导人,先后 20 次访问了 50 多个国家。仅当年中国社科院的《经济研究参考资料》刊登的出国出境考察报告就有 101 期。这些出访考察团被形象地称为对外开放的"侦察兵"。

---

① 隆国强. 构建开放型经济新体制:中国对外开放 40 年[M]. 广州:广东经济出版社,2017:245.

邓小平同志深刻认识到当时中国与世界的差距，提出我们"同发达国家相比较，经济上的差距不止是十年了，可能是二十年、三十年，有的方面甚至可能是五十年"的判断，并强调"现在是我们向世界先进国家学习的时候了"，要实现中国的现代化，"必须要有一个正确的开放的对外政策"。[①] 他深深地感到："中国经济发展水平不仅同发达国家的差距进一步扩大，而且还被一些发展中国家和地区远远甩在了后面。关起门来搞不成现代化，中国的国门必须打开，不然就有被开除出球籍的危险。"[②]

1978 年 12 月，党的十一届三中全会确立以经济建设为中心、实行改革开放的方针，由此拉开了我国改革开放的大幕。全会强调指出，"在自力更生的基础上积极发展同世界各国平等互利的经济合作，努力采用世界先进技术和先进设备"。至此，对外开放成为我国实现现代化的基本国策。1984 年 10 月 20 日，党的十二届三中全会通过《中共中央关于经济体制改革的决定》，其中明确提出，"进一步贯彻执行对内搞活经济、对外实行开放的方针，加快以城市为重点的整个经济体制改革的步伐"，"十一届三中全会以来，我们把对外开放作为长期的基本国策，作为加快社会主义现代化建设的战略措施"。

2. 关起门来搞社会主义是不会成功的

1991 年，我发表了《实行"大开放"的方针》的评论员文章。我提出，对外开放，包括经济、文化、社会等各方面的全方位开放。

① 邓小平文选：第 2 卷[M]. 北京：人民出版社，1983：132.
② 余玮. 邓小平和特区的故事[EB/OL]. 中国共产党新闻网，http://cpc.people.com.cn/GB/85037/85038/7759329.html.

建设有中国特色社会主义的一项重要任务，是从本国的实际出发，在扩大对外开放中走出一条自己的道路。

实行"大开放"的方针就是要使我国的经济发展尽快走向国际化，在激烈的国际竞争中发展壮大自己，永远立于不败之地。如果不善于抓住时机，在对外开放中发展自己，就不可能掌握主动并在国际竞争中站稳脚跟。

我国对外开放从引进技术和设备开启。1978年，我国同国外签订了22个重点引进先进技术和成套设备的项目，共需外汇130亿美元（1978年已签约部分为78亿美元），折合人民币约390亿元，加上国内工程投资200多亿元，共需约600亿元。这一年，我国引进项目已经签约金额相当于前5年（1973—1977年）成交总额的2倍，相当于1950年到1977年28年引进累计完成金额的89.2%。

令我印象特别深刻的是，20世纪90年代我曾经陪同国家体改委主任陈锦华到国外出访，他一直讲"以市场换技术"。"以市场换技术"战略的主要目标是通过开放国内市场，引进外商直接投资，引导外资企业的技术转移，并通过消化吸收，最终形成我国独立自主的研发能力，提高我国的技术创新水平。那个年代，我们让出巨大的市场，换取国外的先进技术、换取外汇，再逐步进行合资经营、引进外资等。

3. 对外开放是改革的必然要求

作为一名改革研究的学者，我始终认为，打开国门、对外开放是推进改革的必然要求，二者相辅相成，缺一不可。1999年，我在《中国对外开放的历史背景和基本特征》一文中提出，对外开放与经济改革是一个统一整体，要实行开放与改革并举的方针。文章中提出，如何认识对外开放与改革的关系，有以下3点特别重要：

第一，对外开放与经济改革是一个统一整体。正确处理开放、改革、发展、稳定之间的关系，具有极其重要的意义。开放需要体制保障，改革需要推动的力量。邓小平同志曾精辟地指出，改革是发展的动力，对外开放也是改革。改革和开放相辅相成，哪些地方开放得早，开放就快；哪些地方改革同开放结合得好，经济体制改革的步伐就大，发展就快；哪些地方的改革不断深化，制度有所创新，哪里的对外开放就搞得好。

第二，以外贸体制改革的具体实践为例。对外开放起步以后，我国开始进行外贸体制改革。1979年8月13日，国务院发布《关于大力发展对外贸易增加外汇收入若干问题的规定》，提出"千方百计发展出口商品生产，积极组织非贸易外汇收入"，并要求改革现行的外贸管理体制。1978—1982年，国家进出口委推动对垄断外贸体制的改革试点。1984年9月15日，国务院同意并批转《对外经济贸易部关于外贸体制改革意见的报告的通知》，确立了外贸体制改革的基本原则是：政企分开，经贸部专司管理；外贸经营实行代理制度；工贸结合，技贸结合，进出结合。1988年2月发布《关于加快和深化对外贸易体制改革若干问题的规定》，指出全面推行对外贸易承包经营责任制。1988年起，国家全行业实行承包经营责任制，到年底全国各类对外贸易企业已发展到5000余家。当年我国对外贸易总额首次突破千亿美元大关，达1027.8亿美元，比1987年增长24.4%。

第三，开放也是一种对计划经济体制的改革。改革的目标是建立社会主义市场经济体制。市场经济是开放经济，是以市场机制为基础在全球范围内的资源配置方式。对外开放是对闭关自守的否定，是对封闭起来、以高度集中的计划经济体制配置资源的改革，意味着资源配置的空间、方式都会发生根本性的变化。

（二）中国对外开放的大门越开越大

40 多年对外开放的历程是如何走过来的？我国的对外开放以兴办经济特区为突破口，完成了由经济特区到沿海开放城市，再向内地扩展的多层次的探索和实践；从加入世界贸易组织到"一带一路"倡议，坚持"引进来"与"走出去"并重；从设立自由贸易试验区到探索建设自由贸易港，加快构建开放型经济新体制，积极参与全球经济治理。我国正加快由经济全球化的参与者、追随者向推动者、促进者转变。

1. 从"超国民待遇"到"准入前国民待遇加负面清单"

改革开放初期，我国主要依靠优惠政策吸引外资。随着外资规模的不断扩大，20 世纪 90 年代前后，我国开始以不断调整《外商投资产业指导目录》为重点逐步拓宽外资的投资领域。2013 年，上海自由贸易试验区设立，并公布了我国第一份外资准入负面清单，开启了"准入前国民待遇加负面清单"管理制度的实践；2017 年 6 月，首次形成了全国统一的外商投资准入负面清单。2018 年 4 月 13 日，习近平总书记在庆祝海南建省办经济特区 30 周年大会上郑重宣布，"党中央决定支持海南全岛建设自由贸易试验区,支持海南逐步探索、稳步推进中国特色自由贸易港建设"①,开启了对标世界最高开放形态的探索。

2. 产业开放重点逐步由制造业向服务业过渡

加入世界贸易组织以来,为兑现入世承诺,我国积极推进制造业与服务业市场开放。到 2018 年 5 月,在制造业 31 个大类、179 个中类和 609 个小类中,我国完全对外资开放的产业已有 22 个大类、167 个中类和 585 个小类,分别占 71％、93.3％ 和 96.1％;服务业对外开放正在加快推进。世界贸易组织定义的 160 个服务贸易行业,我国入世时承诺开放 100 个,到 2018 年已经开放了 120 个。2018 年 4 月 10 日,习近平主席在博鳌亚洲论坛 2018 年年会开幕式上的主旨演讲中明确提出,进一步扩大以金融业为重点的服务业市场开放。② 此后,我国宣布了包括逐步取消银行、保险、证券等领域外资股比限制等一系列金融业开放举措。

3. 从"鼓励出口"到"主动扩大进口"

改革开放初期,我国利用丰富的劳动力优势积极发展"三来一补",出台一系列政策鼓励企业出口,以缓解外汇紧张的矛盾。同时,我国加快推进以内外贸一体化为重点的外贸管理体制改革,扩大企业进出口自主权。2004 年,将外贸经营权管理由审批制改为备案登记制,取消外贸经营权的限制。2018 年 4 月 10 日,习近平主席在博鳌亚洲论坛 2018 年年会

---

① 在庆祝海南建省办经济特区 30 周年大会上的讲话[N].人民日报,2018-04-14.
② 习近平在博鳌亚洲论坛 2018 年年会开幕式上的主旨演讲[EB/OL].人民网, http://jhsjk.people.cn/article/29917187.

开幕式上的主旨演讲中明确提出,"中国不以追求贸易顺差为目标,真诚希望扩大进口,促进经常项目收支平衡"①。这标志着我国对外贸易理念的根本性变化。此后,我国推出了如大幅降低汽车进口关税,以暂定税率方式将包括抗癌药在内的所有普通药品、具有抗癌作用的生物碱类药品及有实际进口的中成药进口关税降为零等一系列扩大进口的举措。

(三)对外开放不仅深刻改变中国,也深刻影响世界

1. 对外开放深刻改变中国

通过 40 多年的对外开放,我国成为世界第一大货物贸易国。1978—2021 年,我国货物贸易总额由 206.4 亿美元增长到 6.05 万亿美元,占全球货物贸易的比重由 0.8% 提高到 13.5%。据世界贸易组织统计数据,2013 年,我国超越美国成为货物贸易第一大国,居世界第一位,进出口总额比美国高出 2500 亿美元。自此以后,除 2016 年由于美元升值,我国以美元计价的货物进出口总额被美国超过外,其余年份均稳居世界第一位。

通过 40 多年的对外开放,我国成为吸引外资最多的发展中国家。1983—2021 年,我国实际使用外资金额由 9.2 亿美元增长到 1734.8 亿美元,年均增幅接近 15%,我国既是吸引外资最多的发展中国家,也是继美国之后全球第二大外资流入国。

通过 40 多年的对外开放,我国成为全球对外投资大国。2021 年,我国对外直接投资量 1788.2 亿美元,成为全球第三大对

---

① 习近平在博鳌亚洲论坛 2018 年年会开幕式上的主旨演讲[EB/OL].人民网,http://jhsjk.people.cn/article/29917187.

外投资国和发展中国家中最大的对外投资国。2013—2021年,我国累计非金融类对外直接投资11281亿美元,稳居世界前列。

2. 40多年对外开放深刻影响世界

通过40多年的对外开放,我国成为世界经济增长的主要稳定器和动力源。2008年国际金融危机以来,在全球经济艰难复苏的情况下,我国经济持续保持中高速增长。2021年我国GDP达17.7万亿美元,占世界比重达到18.5%,比2012年提高7.2个百分点,稳居世界第二位。2013—2021年,我国对世界经济增长的平均贡献率达38.6%,超过G7国家贡献率的总和,是推动世界经济增长的第一动力。

通过40多年的对外开放,我国形成了覆盖全球的贸易网络,推动全球贸易进程。到2018年,我国贸易伙伴已经由1978年的几十个发展为231个;到2020年,我国已成为120多个国家和地区的最大贸易伙伴;到2022年,我国已与26个国家和地区签署了19个自贸协定,自贸伙伴覆盖亚洲、大洋洲、拉丁美洲、欧洲和非洲。21世纪以来,我国与新兴市场和发展中国家的贸易持续较快增长。

通过40多年的对外开放,我国致力于推动构建人类命运共同体。人类命运共同体的倡议得到越来越多国家和人民的欢迎和认同,"构建人类命运共同体"被写入联合国多个决议。推动构建人类命运共同体,是促进世界和平发展的中国智慧和中国方案,也是中国为促进实现人类共同美好未来的大国担当。

二、经济特区:杀出一条血路

几年前我到日本,有的专家问:"请猜一猜,我们最愿意去中国什么地方?"同行的人答道:"是上海、北京?"但是日本专家回答:"深圳。"此后,我与德国企业家也谈到了类似的话题,从后者的口中也得到了类似的答案。他们认为,深圳是一个开放城市、创新城市,创新已经成为深圳的一张名片。从改革开放初期的小渔村到今天的全球创新之城,深圳经济特区已成为我国改革开放最亮丽的一张名片,更将为未来全面深化改革开放起到重要示范作用。一次,中央网信办组织"经济特区40年"的媒体采访活动,记者问我如何形容经济特区。我回答了6个字:窗口、试验、示范。

(一)为什么改革开放从经济特区开始?

1979年7月15日,中共中央、国务院批转《中共广东省委、福建省委关于对外经济活动实行特殊政策和灵活措施的报告》,同意在深圳、珠海、汕头和厦门试办出口特区。1980年8月,中央批准在深圳、珠海、汕头、厦门设置经济特区。

1978—1983年,我国建立了4个经济特区,完成了对外开放的第一步,也是关键的一步。经济特区、开放城市率先进行了以市场为取向的改革,率先推动了从封闭型经济到开放型经济的转变。我国的经济特区实行特殊的经济政策和经济管理体制,其目的主要是引进境外资金、先进技术及管理经验,并进行以市场导向为主的改革试点。基本特点主要有:一是特区企业的进口均免征关税,同时享受较低的所得税政策;二是对于国外某些高技术含量的产品，允许内销，以市场换技术；三是拥有较大的经营活动自主权和管理权限；四是在坚持以公有制为主体的前提下，允许多种经济成分并存；五是市场调节的范围更大和覆盖率更高。

以邓小平同志为核心的党中央创办经济特区的战略思想，内容十分丰富，涉及一系列重大问题。

第一，经济特区在对外开放中要起到前沿、窗口的作用。经济特区是我国实施对外开放战略的产物，经济特区率先走向国际市场，与国际经济接轨，对我国的对外开放起到了重大的推动作用。邓小平特别强调，经济特区总的指导思想是要放，不是收，他鼓励经济特区在对外开放方面，要大胆地干、大胆地闯。经济特区能否发展，首先要看其能否在对外开放中有所作为、有新的贡献。

第二，在实行"一国两制"、祖国和平统一进程中发挥特殊作用。我国的经济特区主要选择在沿海地区，这同我国港、澳、台的特殊国情密不可分。邓小平同志寄希望于经济特区的建立发展能够为实现"一国两制"、祖国和平统一做出特殊贡献。邓小平同志几次谈到海南时，都谈到了台湾的情况。正是由此，邓小平提出，海南发展起来，是一件很了不起的事情。经济特区的"了不起"，就是因为它在与港、澳、台的联系与合作中能够扮演重要角色，发挥特殊作用。香港回归祖国，成功地实行"一国两制"，经济特区起到了重要的促进作用。今后一个时期，经济特区的重要作用，就是要为促进香港的繁荣稳定，为用"一国两制"原则实现祖国和平统一继续发挥特殊作用。

专栏 7.1："深圳逃港"

20 世纪 50 年代至 80 年代，有将近 100 万名内地居民，由深圳越境逃往香港，史称"大逃港"。

从 1955 年开始出现逃港现象起，深圳历史上总共出现过 4 次大规模的逃港潮，分别是 1957 年、1962 年、1972 年和 1979 年，共计 56 万人（次）；参与者来自广东、湖南、湖北、江西、广西等全国 12 个省（自治区）62 个市（县）。

据《广东改革开放史》记载，1966—1978 年，香港农民人均收入从 1600 港元（折合人民币 448 元）增至 13600 港元（折合人民币 4365 元），而同期宝安人均收入从 108 元增至 134 元，两者的收入比从 4：1 扩大到 32：1。巨大的经济落差导致广东珠三角等地出现了"逃港潮"。当时流行的民谣说："宝安只有三件宝：苍蝇蚊子沙井蚝，十室九空人离去，村里只剩老和小。"

第三，在改革方面经济特区要敢闯、敢试，真正起到先行试验的作用。邓小平同志从一开始就鼓励经济特区在改革中要敢于"杀出一条血路来"，在改革中要"敢冒""敢闯"，并对经济特区的改革试验给予坚决支持。

专栏 7.2："杀出一条血路来"

1979 年，中央决定在深圳创建经济特区。改革开放总设计师邓小平对广东的领导同志说："还是办特区好，过去陕甘宁就是特区。中央没有钱，你们自己去搞。杀出一条血

路来。"①

1980 年 8 月，深圳经济特区正式成立。中国改革开放的第一炮在深圳打响。深圳这个昔日荒凉的边陲小镇顿时拉开了轰轰烈烈的建设高潮。从此，这里成为我国改革开放的窗口、试验田、排头兵。

（二）亲眼见证"三天一层楼"的深圳速度

1979 年 1 月，中央批准交通部香港招商局在深圳的西部海岸租用土地创办蛇口工业区。同年 4 月 5 日，中央在京召开工作会议，广东省委汇报了利用广东自身的优势，先走一步，在沿海划出一些地方，单独进行管理，设置类似海外的出口加工区和贸易合作区，以吸引外商前来投资办企业的想法。会议间歇，邓小平同志与广东省委第一书记习仲勋同志谈话。他说："你们上午的那个汇报不错嘛，在你们广东划出一块地方来，也搞一个特区。过去陕甘宁边区就是特区。中央没有钱，你们自己搞，要杀出一条血路来。"②

1979 年 7 月 15 日，中共中央、国务院批转《中共广东省委、福建省委关于对外经济活动实行特殊政策和灵活措施的报告》，提出"关于出口特区，可先在深圳、珠海两市试办"③。1980 年 5 月

---

① 中共中央党史研究室. 中国共产党的九十年：改革开放和社会主义现代化建设新时期[M]. 北京：中共党史出版社、党建读物出版社，2016：702.

② 余玮. 邓小平和特区的故事[EB/OL]. 中国共产党新闻网，http://cpc.people. com. cn/GB/85037/85038/7759329. html.

③ 中共中央书记处研究室经济组. 对外开放政策文献汇编（一九七九年七月——一九八五年四月）[M]. 北京：中共中央党校出版社，2004：34.

16 日,中共中央、国务院关于《广东、福建两省会议纪要》的批示颁布,文件决定正式将特区定名为"经济特区"①。

1985 年,我作为中央党校改革研讨小组组长带队到深圳做调研,看到深圳跟时间赛跑似的谋发展。在蛇口我亲眼见到房子建设速度非常快,几乎"三天一层楼",他们提出"时间就是金钱,效率就是生命"的口号,他们拼命地干、拼命地改,这一建设速度当时在全世界都是最快的(我国香港地区当时最高速度是五天一层,美国是四天一层),这就是著名的"深圳速度"。当时我还见到深圳市的几位领导。他们都说,我们根本不存在上班 8 小时,是 24 小时! 每天干劲十足,累了倒头就睡。

我在中央党校期间,人们对深圳经济特区到底是搞资本主义还是社会主义议论相当广泛。这次深圳调研给我一个深深的震撼:这才叫社会主义改革的奇迹! 这才是坚定的社会主义! 这才叫社会主义制度的优越性,也只有改革才能发展社会主义! 同时,也促使我思考:深圳靠什么能发展这么快? 值得总结的经验是什么?

三、从经济全球化的参与者到经济全球化的推动者

改革开放 40 多年来,我国对外开放由"引进来"为主转向"引进来""走出去"并重,开放重点由制造业为主转向以服务贸易为

---

① 钟坚,等. 中国经济特区文献资料:第 1 辑[M]. 北京:社会科学文献出版社,2010:43.

主,我国在经济全球化中的角色由积极参与者转向重要推动者。

（一）加入WTO：改革开放的一个重要里程碑

从1995年7月11日正式提出加入WTO的申请,到2000年完成历时15年的"复关"和加入WTO谈判,到2001年12月11日正式成为WTO的成员,标志着我国全面重返世界经济舞台,开始融入经济全球化。加入WTO带来的最大、最深刻的变化就是我国的第二次开放、第二次改革。

1. 中美双边谈判后主持第一次专题报告

1999年11月10—15日,中国政府代表团同美国政府代表团在北京就中国加入WTO问题举行谈判。11月15日,中美两国签署了关于中国加入WTO的双边市场准入协议,我国10多年的"入世"之路迈出至关重要的一步。11月19日,在中美签署关于中国加入WTO的双边市场准入协议4天后,由我主持,时任国家外经贸部副部长龙永图在中改院做了一场主题为"中国与WTO"的专场报告。时任海南省委书记杜青林、省长汪啸风等省领导,各厅局主要领导、企业高级管理人员及在中改院培训的学员200余人参加。这场专题报告是中美双边谈判协议签署后的第一场专题报告。

在完成这一最为重要、最为艰难的双边谈判之后,2001年12月11日,我国正式成为WTO的第143个成员,这一里程碑式的事件标志着我国对外开放进入新的阶段。

2. 提出"入世是中国的第二次改革"

我国加入WTO,不仅使某些行业和产品面临严峻挑战,而且使我国的经济体制和运行机制受到严峻挑战。因为从更大意义上看，加入 WTO 带来的最大、最深刻的变化将体现在经济体制上，它将带来我国的第二次开放、第二次改革。

一方面，第二次开放将是从政策性开放走向全面的体制性开放。我们对 WTO 问题的关注，过去主要集中在产品、行业、企业等方面所面临的压力和挑战上，多是从微观层面考虑问题，而对于经济政策、经济体制、经济法规这些宏观的深刻问题却思考甚少。随着我国加入 WTO 的临近，我们已越来越清楚地看到：加入 WTO 所承诺的八个大字"遵循规则、开放市场"，说到底是我国的体制和经济运行机制必须按照 WTO 的一般原则向国际社会实行逐步的、普遍的全面开放，要使得我国的经济政策、经济体制、经济法规逐步符合 WTO 的一般原则。

另一方面，全面的体制性开放将倒逼改革。在过去 20 年里，我国的改革和发展战略基本上是按照国内的需求和当时的生产力发展状况来确定的，而现在整个外部条件发生了变化，要适应 WTO 及全球化的大趋势，必须把我国未来的发展放到国际大环境中，要适应这种国际环境，按照经济全球化的发展趋势来确定自己的发展战略，实行正确的改革开放战略。从这个意义上讲，加入 WTO 锁定了我国改革开放的方向和速度。

（二）"一带一路"：经济全球化新主角

2013 年 9 月和 10 月，习近平主席在出访中亚和东南亚国家期间，先后提出共建"丝绸之路经济带"和"21 世纪海上丝绸之路"的重大倡议，得到国际社会高度关注。2015 年 3 月 28 日，国家发展改革委、外交部、商务部联合发布了《推动共建丝绸之路经济带和 21 世纪海上丝绸之路的愿景与行动》。

专栏 7.3：“一带一路”

"一带一路"（The Belt and Road，缩写 B&R）是"丝绸之路经济带"和"21 世纪海上丝绸之路"的简称，2013 年 9 月和 10 月中国国家主席习近平分别提出建设"丝绸之路经济带"和"21 世纪海上丝绸之路"的合作倡议。依靠中国与有关国家既有的双多边机制，借助既有的、行之有效的区域合作平台，"一带一路"旨在借用古代丝绸之路的历史符号，高举和平发展的旗帜，积极发展与沿线国家的经济合作伙伴关系，共同打造政治互信、经济融合、文化包容的利益共同体、命运共同体和责任共同体。

2015 年 3 月 28 日，国家发展改革委、外交部、商务部联合发布了《推动共建丝绸之路经济带和 21 世纪海上丝绸之路的愿景与行动》。截至 2021 年末，我国已与 145 个国家、32 个国际组织签署 200 余份共建"一带一路"合作文件，涵盖投资、贸易、金融、科技、社会、人文、民生等领域。

2018 年夏季达沃斯论坛上，国家信息中心发布了《"一带一路"大数据报告 2018》。在这份报告中，我没想到自己被列为具有影响力的 30 名智库专家之一。说句实话，我不是研究"一带一路"的专家。近几年，我着重从"二次开放"的角度，谈了自己对"一带一路"倡议的基本判断。实际上，如何以"一带一路"倡议为总抓手，加快形成对外开放的大平台、大通道、大布局，是我近年来研究的课题。

1. 对"一带一路"倡议的理解

近几年，无论是在演讲还是在文章中，我经常用三句话阐明我对"一带一路"倡议的理解：

第一，以基础设施为依托。基础设施互联互通是实现"一带一路"倡议"五通"的关节点。"一带一路"沿线国家和地区基础设施建设需求巨大。有研究表明，2016—2020年，"一带一路"沿线国家和地区基础设施合意投资需求至少达10.6万亿美元。巨大的基础设施建设不仅本身可为当地带来就业与收入的增加，而且对实现"一带一路"沿线国家和地区发展战略对接具有关键性作用。

第二，以产能合作和服务贸易为重点。目前，我国与"一带一路"沿线国家和地区间的产能合作和服务贸易合作已经展开。总的来看，服务贸易远滞后于货物贸易及企业"走出去"进程，滞后于产能合作的实际需求。2016年前三季度，我国与"一带一路"沿线国家和地区服务贸易额仅占贸易总额的10%。重货物贸易而轻服务贸易、贸易自由化程度比较低，导致"一带一路"沿线国家和地区贸易成本居高不下。未来，在深化产能合作的同时，拓展服务业领域的合作，成为"一带一路"倡议可持续发展面临的重大任务。

第三，以构建多层次的自由贸易区网络为目标。以"一带一路"沿线国家和地区为重点，加快建立跨国、跨区域自由贸易区网络，探索对外开放新的路径和模式，有利于我国在国际经贸规则制定中赢得主动，有利于拓展经济转型空间，有利于创造更好的外部发展环境，有利于在新一轮全球贸易和投资自由化、便利化进程中发挥更大作用。

2. "一带一路"的外延与内涵

2017 年 5 月 14 日，我受邀参加"一带一路"国际合作高峰论坛。此次论坛是习近平总书记 2013 年提出"一带一路"重大合作倡议以来召开的规格最高的国际会议。这次论坛给我三点深刻感受：

第一，"一带一路"的外延正不断扩大。"一带一路"秉持的开放、包容、共享、均衡的理念，是一个开放式的倡议，将逐步跨越"一带一路"沿线国家和地区，成为包括发达国家在内的全球共商、共建、共享的大平台。

第二，"一带一路"的地位作用正在提升。"一带一路"倡议不仅涉及区域合作，而且是推动开放、包容、共享、均衡的经济全球化的新动能，它将实现内外互动、相互融合的新发展大格局。

第三，"一带一路"的内涵也正在丰富。"一带一路"应以基础设施互联互通为依托，以产能合作与服务贸易为重点，以构建自由贸易区网络为目标。

3. 以构建自贸区网络为目标推进"一带一路"进程

构建"一带一路"自贸区网络，由此形成重要的制度安排至关重要。因此，2017 年 3 月两会期间，我向全国政协专门提交了《以构建自由贸易区网络为目标推进"一带一路"进程》的提案。其中的主要建议是：

第一，务实推进"一带一路"与自由贸易区网络的融合。比如，加快推进上海合作组织自由贸易区建设，创造条件使之成为"一带一路"中的多边自由贸易区；打造"10＋1 自贸区升级版"，推动与东南亚国家的"一带一路"合作进程。

第二，推进产业项下灵活多样的自由贸易进程。对条件尚不成熟的国家，争取实行基础设施项下、服务业项下的自由贸易政策安排，以在一定程度上实现自由贸易的突破。比如，在旅游、医疗健康、数字经济和电子商务、科技创新等领域实施自由贸易政策。

第三，积极与"一带一路"沿线国家和地区共建跨境经济合作区。比如，在主要港口和口岸建立边境经济合作区；沿"六大经济走廊"建立境外经贸合作区；在主要节点建立一批跨境经济合作区；争取将基本具备条件的跨境经济合作区提升为双边自由贸易区。由此，形成"一带一路"多种形式的经济合作圈，务实推进"一带一路"自由贸易区网络建设。

4. 提出"泛南海经济合作圈"的构想

2016 年 8 月，我和我的同事形成了《抓住机遇加快构建"泛南海经济合作圈"——建设 21 世纪海上丝绸之路的海南国际旅游岛》的研究报告，正式提出了"泛南海经济合作圈"的构想。

这里的一个基本判断是，"经略南海重在打好'经济牌''开放牌'，以海南更大程度的开放实现南海更大力度的开发，目的是通过广泛性、开放性、互补性的区域互利合作，增强互信，促进协调发展；目标是把南海建成和平之海、友谊之海、合作之海，打造'利益共同体''命运共同体'"。

"泛南海经济合作圈"提出后，得到了海南省委、省政府的高度重视。2017 年，这一构想被写入当年的省政府工作报告。与此同时，我们也在考虑："泛南海经济合作圈"是一个大战略，其突破口何在？2017年,我向全国政协大会提交了《关于支持以海南为中心构建"泛南海旅游经济圈"的5点建议》,提出率先构建"泛南海旅游经济圈",以实现"泛南海经济合作圈"的重要突破,并建议尽快将其上升为国家战略。此后,2017年4月,"积极争取泛南海旅游经济合作圈成为国家战略"被写入海南省第七次党代会报告。

（三）从"一次开放"到"二次开放"

面对世界百年未有之大变局,在开放与改革直接融合、开放倒逼改革、开放是最大改革的大背景下,中改院将扩大开放作为改革研究的重点,提出"一次开放"到"二次开放"、推进以服务贸易为重点的开放转型、服务业市场开放、以高水平开放形成改革发展新布局等系列研究观点。

1.《转型闯关:"十三五"结构性改革历史挑战》提出"二次开放"的基本内涵

2016年3月,我在主编的《转型闯关:"十三五"结构性改革历史挑战》一书中提出,新阶段的"二次开放"起点、目标、重点、路径、形式等都发生了重大变化(见表7.1)。在此背景下,推进"二次开放"的基本要求、战略重点与重大任务都有所不同。我认为,"十三五"是我国新一轮的发展期,正值全球新一轮科技革命、能源变革、互联网大潮的交汇期,更与全球自由贸易进程相融合。要以服务贸易为重点,来推动外贸转型,推动我国的多边、双边自由贸易进程。以服务贸易为重点的二次开放,将成为我国新一轮对外开放的重要组成部分。

表 7.1　从"一次开放"到"二次开放"情况对照

	"一次开放"	"二次开放"
起点	低收入水平 工业化初期(国内) 制造业全球化(国际)	中等偏上收入水平 工业化中后期(国内) 服务业全球化(国际)
外部环境	全球化的制度安排比较稳定	全球化的制度安排不稳定,面临变数
内部禀赋	劳动力无限供给,资本短缺	劳动力供给下降,资本剩余
开放重点	货物贸易 制造业市场开放	服务贸易 服务业市场开放
开放途径	融入既有的国际市场	通过"一带一路"主动开辟新市场
资本流向	"引进来"为主,净流入	"引进来"和"走出去"并重,净流出
开放路径	加入 WTO	全面实施自由贸易战略
开放体制	构建外向型经济体制:围绕出口导向战略形成一系列鼓励和扶持出口型工业发展的体制机制	构建开放型经济新体制:以自由贸易为导向构建对外开放的体制机制
国际角色	国际规则的接受者、参与者、跟随者	国际规则的推动者、促进者

资料来源:二次开放:全球化十字路口的中国选择[M]. 北京:中国工人出版社,2017:60-61.

2.《二次开放:全球化十字路口的中国选择》提出"二次开放"的重大任务

2017 年 3 月,我主编的《二次开放:全球化十字路口的中国选择》一书正式出版并在北京发布。我在书中提出,我国的经济转型进程将是同世界经济深度互动、向世界不断开放市场的过程。扩大对外开放与国内经济转型有机结合,才能够在国际经济形势变局和国内经济转型压力的双重背景下把握自己的选择与行动;

尽管短期内经济全球化已经出现曲折并且有可能倒退，但从中长期看，经济全球化的大趋势难以逆转；新时期我国扩大对外开放，不仅对自身经济转型升级具有重要促进作用，而且将对全球自由贸易和经济全球化带来重要影响。

《二次开放：全球化十字路口的中国选择》一书出版后，被多个省区市党校用作领导干部学习培训材料；入选 2017 年国家社科基金中华学术外译项目（多文种版），其中英文版由五洲传播出版社翻译出版并向全球发行；入选 2017 第一财经年度推荐书籍、《中国新闻出版广电报》优秀畅销书榜、百道网好书榜。有专家撰文评论道："本书敏锐地观察到当前经济全球化面临的新形势、新挑战，系统提出了我国新阶段改革开放的新思路，不仅立意新颖，而且具有战略性、前瞻性，是新时期改革开放理论的重要创新。"在我主编的《二次开放：全球化十字路口的中国选择》中，我提出"二次开放"的三大任务：

第一，推动以经济转型升级为目标的结构性改革。在"二次开放"中赢得国内发展和国际竞争的主动，具有决定性意义的举措是推进经济转型进程，释放经济转型的巨大增长潜力，为我国未来 10 年 6％左右的经济增长提供重要支撑。这就需要深化以经济转型为目标的结构性改革。

第二，推动以打破垄断为重点的服务业市场开放。我国进入经济转型的关键时期，无论是形成服务业主导的产业结构，还是形成以服务贸易为重点的对外贸易新格局，都需要把服务业市场开放作为重中之重。在这个特定背景下，以服务业市场开放的重大行动加快现代服务业发展，既是经济转型的重大任务，也是应对经济全球化挑战的重大举措。

第三，推动以监管变革为重点的政府改革。在经济全球化深刻复杂变化的背景下，以开放转型形成良好的经济预期，很大程度上取决于政府监管职能的有效性。无论是防范开放转型的经济、金融风险，还是建立公平竞争的市场环境，都对政府监管变革提出了迫切要求。

（四）推动以服务贸易为重点的开放转型

服务贸易是近几年我研究的重点领域之一。在我看来，服务贸易不仅是衡量一个国家现代化水平的标志之一，也日益成为全球自由贸易进程的重点与焦点。2015年，我担任国务院第三方评估组组长到教育部举行座谈，当时参与的有十几个司长。当谈到以教育为重点的服务业开放时，一位资历比较老的司长马上就站起来了："老迟，教育不能谈开放，这涉及意识形态。"我说："是在中国法律制度下、按照中国的要求允许国外高等学校来办大学涉及意识形态呢，还是我们的孩子到国外的大学去学习更涉及意识形态呢？"2018年，国家主席习近平在首届中国国际进口博览会开幕式上的主旨演讲中明确提出，"加快电信、教育、医疗、文化等领域开放进程"[①]。

1. 由以货物贸易为主向以服务贸易为重点的转型

作为"十三五"规划专家委员会委员，我曾参与"十三五"规划从起草纲要到草案形成的整个过程。当时，我建议将2020年我

---

① 习近平出席首届中国国际进口博览会开幕式并发表主旨演讲[N].人民日报，2018-11-06.

国服务贸易占外贸总额的比重提高至 20％左右。我提出这一建议的主要依据是，在国内服务型消费需求全面快速增长的背景下，如果服务业市场开放有重要突破，到 2020 年服务贸易实现 20％左右的目标是有条件的。更重要的是，在服务贸易成为全球自由贸易焦点的情况下，无论是区域全面经济伙伴关系协定（RCEP）、中日韩自贸区等多边自贸区谈判，还是中美、中欧等双边投资协定谈判，相当一部分都涉及服务贸易。加快我国服务贸易发展，是由贸易大国向贸易强国迈进的关键举措，也是提升我国在全球自由贸易进程中话语权的重要条件。正是在这一考虑下，我在包括"第五届全球智库峰会""中国服务贸易年会"等多个场合提出，要加快推进由以货物贸易为主向以服务贸易为重点的开放转型。

专栏 7.4：　RCEP

《区域全面经济伙伴关系协定》（Regional Comprehensive Economic Partnership，RCEP）是 2012 年由东盟发起，历时 8 年，由包括中国、日本、韩国、澳大利亚、新西兰和东盟十国共 15 方成员议定的协定。

2020 年 11 月 15 日，第四次区域全面经济伙伴关系协定领导人会议以视频方式举行，会后东盟十国和中国、日本、韩国、澳大利亚、新西兰共 15 个亚太国家正式签署了《区域全面经济伙伴关系协定》。《区域全面经济伙伴关系协定》的签署，标志着当前世界上人口最多、经贸规模最大、最具发展潜力的自由贸易区正式启航。

2022 年 1 月 1 日，《区域全面经济伙伴关系协定》正式生效。

```
专栏 7.5: RCEP 智库联盟成立

    2022 年 9 月 23 日,RCEP 智库联盟(RCEP Think Tank
Network)正式成立。RCEP 智库联盟由中改院和新加坡国立
大学东亚研究所共同倡议成立。

    RCEP 智库联盟包括中改院、新加坡国立大学东亚研究
所、中国海洋发展基金会、中国社会科学院世界经济与政治研
究所、中国日报社国际传播发展研究中心、日本国际经济交流
财团、韩国东亚财团、老挝国立大学中国研究中心、马来西亚
新亚洲战略研究中心、泰国国立法政大学东亚研究所、越南社
会科学院东南亚研究所、柬埔寨皇家科学研究院中国研究所、
柬埔寨亚洲愿景研究院等 9 个 RCEP 成员方的 13 家创始
智库。

    RCEP 智库联盟将搭建开放型、多层次的智库交流机制,
围绕 RCEP 实施政策分析、能力建设、人文交流等开展交流合
作,进行 RCEP 实施年度评估、国别需求研究和区域经济数据
库建设;此外还将根据 RCEP 协定条款,选取货物贸易、海关
程序与贸易便利化等主题开展联合研究。
```

2. 加快推动粤港澳服务贸易一体化

2015 年,我到珠海横琴调研,发现澳门大学珠海校区外建了
一堵高墙,澳门大学珠海校区内的部分学生来自内地,但所有师
生不能自由进入横琴,更不能自由进入珠海市。据我了解,内地
想去澳门上大学的人员比例在增加,澳门吸收内地学生来读书的
需求也在增加。2016 年,澳门高校中非本地居民学生的比例由

2013 年的 36.8％上升至 45.3％,来自内地的硕士生、博士生比例甚至已超过澳门本地学生。但当时的管理体制限制了内地与澳门之间的人文交流,也难以充分发挥澳门大学在人文交流方面的桥梁作用。

为此,我曾先后多次提出加快推进粤港澳服务贸易一体化,以此落实党的十九大报告提出的"要支持香港、澳门融入国家发展大局",并在包括全国政协会议、南方智库论坛、横琴自贸片区专家委员会年度工作会议、泛珠论坛等多个场合呼吁此事。事后看来,这些建议得到了相关方面的重视。2018 年 5 月 4 日,国务院印发《进一步深化中国(广东)自由贸易试验区改革开放方案》,其中明确提出,"深入推进粤港澳服务贸易自由化"。我在 2018 年第七届南方智库论坛与第十二届泛珠论坛上再次呼吁加快推进此事,广东的众多媒体也做了大篇幅报道。

在我看来,加快粤港澳大湾区建设,关键点与突破口都在于能否实现粤港澳服务贸易一体化。由此,不仅能为港澳融入国家发展大局提供重要抓手,也为建设富有活力和国际竞争力的一流湾区和世界级城市群提供重要动力,并使粤港澳大湾区在我国推动形成全面开放新格局、构建开放型经济新体制中继续扮演"领头羊"的重要角色。

3. 建言建立中欧自贸区

2014 年 4 月 1 日,习近平主席在比利时布鲁日欧洲学院发表重要演讲,提出"建设改革进步之桥"①。当天下午,在比利时由中

---

① 习近平在布鲁日欧洲学院的演讲[N].人民日报,2014-04-02.

改院与欧洲学院合作举办的"中国改革对欧洲及世界影响"的高层研讨会上，我提出中欧智库联合发起建立"中欧改革论坛"的倡议，引起与会欧洲智库的响应。会后，中改院与欧洲政策研究中心以及德国国际合作机构于10月31日在海口签订合作协议，正式设立"中欧改革论坛"。

2015年2月26—27日，由中改院与欧洲政策研究中心、德国国际合作机构联合举办的"中欧改革论坛"启动研讨会在比利时布鲁塞尔举行。世贸组织前总干事拉米在演讲中谈道：第一，我很赞成迟先生为了更好推动中欧经贸合作进程的观点；第二，中欧之间必须探讨一条跟美国的TPP不同的贸易自由化的路子，这个可以找到；第三，中国好，欧洲才好。在此次会议上，我提出中欧智库加快中欧自贸区可行性联合研究的倡议。会后，欧洲政策研究中心负责人找到我，说愿意与中改院分头成立中欧自贸区研究课题组，开展中欧自贸区的可行性研究，然后向各自政府建议。

2016年5月，由我牵头，中改院课题组形成了《中欧自贸区——2020：深化中欧合作的重大选项》研究报告。这份建议报告提出，2020年建立中欧自贸区，既有客观需求，又有现实可行性。建议尽快合并中欧BIT与FTA谈判，加快实施早期收获项目。遗憾的是，2018年11月我再到欧洲去，欧盟的态度开始变了。

四、以高水平开放赢得未来

习近平总书记重申："中国构建更高水平开放型经济新体制

的方向不会变,促进贸易和投资自由化便利化的决心不会变。中国开放的大门只会越开越大,永远不会关上!"①在 2022 年 10 月 1 日的国庆招待会上,李克强总理重申"改革开放是中国的基本国策,是推动发展的根本动力"②。

(一)稳步推进高水平、制度型开放

1. 进入制度型开放新阶段

坚定不移扩大改革开放,实行更加积极主动的开放战略,推动由商品和要素流动型开放向规则等制度型开放转变,是我国进入新时代扩大开放的重要趋势。

改革开放以来,我国商品要素开放的进程不断加快,商品和要素流动型开放取得重大成就。比如,我国关税总水平由加入 WTO 时的 15.3% 降至 2021 年的 7.4%,远低于大部分发展中国家。面对复杂多变的世界经济形势,特别是新冠疫情对经济全球化的严重冲击,加快推进制度型开放已成为我国建立高水平开放型经济新体制的重大任务。

要看到的是,疫情蔓延正在严重冲击经济全球化,并深刻改变全球化既有格局。一是疫情在全球蔓延,使经济全球化遭遇更大的"逆风"和"回头浪",大国经贸关系面临更为复杂的变化,全球跨国直接投资将大幅下降;二是在疫情冲击下,全球供应链本地化、区域化、分散化有可能成为重要趋势,宏观经济政策将会更加强调内向发展和自主发展,关键技术和核心环节技术与服务管

---

① 与世界相交 与时代相通 在可持续发展道路上阔步前行[N]. 人民日报,2021-10-15.
② 李克强在庆祝中华人民共和国成立七十三周年招待会上的致辞[EB/OL]. 中国政府网,http://www.gov.cn/xinwen/2022-09/30/content_5715295.htm.

控力度将会进一步加大；三是疫情冲击下全球经贸格局与秩序将进一步加速重构。在此背景下，我国扩大开放将面临更加复杂多变的外部环境。

以制度型开放全面对接国际高标准市场规则体系，这是适应新时代我国高水平开放新要求的重要举措。制度型开放充分体现了改革与开放的高度统一，使对外开放的重点向规则、标准、制度等层面延伸。

2. 以扩大内需为导向推进高水平、制度型开放

2020 年，我在以"高水平开放的中国与世界"为主题的第 86 次中国改革国际论坛上发表了"以高水平开放赢得未来"的主旨演讲。在演讲中我指出，中国有 14 亿多人口，中等收入群体超过 4 亿，是全球最具潜力的大市场。展望未来，中国广阔的内需市场将继续激发源源不断的开放和创新潜能。把扩大内需作为推进高水平开放的重要导向是大势所趋。

14 亿多人口的巨大内需潜力是形成强大国内市场的重要基础。未来 5—10 年，我国经济转型升级处于关键时期并蕴藏着巨大的内需潜力。14 亿多人口的内需大市场是世界的市场、共享的市场、大家的市场。超大规模内需市场潜力的释放，将为我国实现高质量发展提供更大空间，也将为经济全球化注入更多正能量。中央提出构建以国内大循环为主体、国内国际双循环相互促进的新发展格局，这绝不是封闭的国内循环，而是更加开放的国内国际双循环；绝不是短期举措，而是与我国经济转型升级趋势相适应的中长期发展战略。

3. 以高水平开放打造对外开放新高地

进入新发展阶段,我国实行高水平开放有着鲜明的时代特征:以制度型开放为突出特点,以推动服务贸易发展为重大任务,以打造高水平开放新高地为重要突破,以构建高水平社会主义市场经济体制为重要保障。

第一,发挥地缘优势,优化开放布局。当前,美国主导的印太经济框架(IPEF)正在对 RCEP 构成挑战,它试图以"公平竞争标准"取代"投资贸易自由化"。为应对冲击,一方面,应积极促进 RCEP 自由贸易进程,适时启动 RCEP 扩容与升级;另一方面,把东盟作为我国对外开放战略布局中的关键,加快建设形成各种合作机制,尽快打造中国—东盟自由贸易区 3.0 版,发挥海南自由贸易港在促进中国—东盟经贸合作中的战略枢纽作用。

第二,以标准、规则对接为重点加快服务贸易发展进程。这方面已有的举措应继续向前推进并不断完善,包括:推进粤港澳大湾区服务贸易一体化进程;在广东实行对港澳更加精简透明的跨境服务贸易负面清单;推动粤港澳服务领域规则、管理、标准等方面的全面对接;推进粤港澳服务贸易项下人才、货物等自由便利流动与高效配置;在前海深港现代服务业合作区全面实现服务业规则互认,探索不同法系、跨境法律规则衔接;在横琴粤澳深度合作区构建规则衔接澳门、接轨国际的制度体系等。

第三,以服务贸易为重点推进自由贸易试验区转型升级。各自由贸易试验区要突出地区产业发展优势,促进区域开放与区域发展的融合,从实际需求出发,稳步推进某些服务贸易项下的自由贸易。

（二）在高水平开放中统筹安全与发展

当前，国际政治、经济、安全格局正经历重大调整，经济全球化和区域经济一体化进程将发生一些重大变化。俄乌冲突后，我接受新华社记者的一次内部采访。我认为，在国际经济政治格局复杂变化的大背景下，发展与冲突成为全球面临着的突出矛盾。总的看，"西边"的主要矛盾是冲突，"东边"的主要矛盾是发展。客观地看，我国是一个幅员辽阔的国家，发展仍然是主要矛盾。没有发展就没有安全，没有发展就没有根本。

1. 要以高水平开放促发展强安全

发展与安全相互融合、互为条件。发展是目标，没有发展就难以形成持久可靠的安全保障；安全是前提，没有安全保障就难以形成良好的发展环境。在发展与冲突成为全球突出矛盾的特定背景下，需要在高水平开放中促进发展，在开放发展中强化安全保障。我国在高水平开放中统筹发展和安全，不仅对自身中长期发展具有决定性影响，而且有利于营造稳定安全的内外部环境。过去几十年，在和平与发展成为时代主题的背景下，我国在持续扩大开放中融入世界经济，既实现了自身经济的较快增长，也提升了在全球治理中的战略地位。当前，"和平与发展的时代主题面临严峻挑战，世界既不太平也不安宁"，我国发展面临的外部矛盾风险因素将会明显增多。适应国际形势变化，必须强化底线思维，在保障安全的前提下谋划经济社会发展。

统筹发展和安全关键在于推动高水平开放。目前，我国相当规模的重要原材料仍然需要进口，适应世界百年未有之大变局，要以高水平开放实现发展和安全的动态平衡。在这一过程中，既要加快建设全国统一大市场，促进各类商品要素资源自由流动，提高国内大循环效率，又要增强供需体系韧性，实现更加安全的发展；还要把握机遇，以高水平开放务实推进区域性、全球性合作。总的来看，在高水平开放中统筹发展和安全，有利于充分释放市场潜力与活力，有利于赢得国内发展与国际合作竞争的主动。

以统筹发展和安全为主要目标推进高水平开放。从实践看，按照统筹发展和安全的要求推进高水平开放，重在优化内外开放布局，在扩大共同利益中形成"你中有我、我中有你"的更大范围、更高水平的安全发展。比如，要推进以规则、规制、管理、标准为重点的制度型开放，主动对标国际高水平经贸规则，建设现代化经济体系；努力把海南建设成为有世界影响力和中国特色的自由贸易港，使其在区域发展合作中发挥战略枢纽作用；优化以东盟为重点的对外开放布局，深化中欧合作，为我国统筹发展和安全赢得更大的战略回旋空间。

2. 以高水平开放推动高质量发展

发展是解决一切问题的基础，是破解一切矛盾的保障，是我国保持战略定力的条件。作为具有巨大发展潜力的经济大国，未来相当长一个时期，我们必须坚定不移推进高水平对外开放，以开放促改革促发展促转型，从而更好应对风险和挑战，推动经济高质量发展。

以高水平开放推动形成新发展格局。构建以国内大循环为主体、国内国际双循环相互促进的新发展格局，是与我国经济结构转型趋势相适应的中长期发展战略，强调开放与发展的相互融合、国内市场与国际市场的紧密连接。当前，面对国际形势的新变化，我们既要协同推动高水平开放与强化国内市场建设，在加快构建内外对接的市场制度规则体系方面全面破题，还要在高水平开放中补齐产业链、供应链、创新链短板，进一步增强产业链、供应链、创新链韧性和竞争力，加快构建新发展格局。

高质量发展重在高水平开放。我国实现高质量发展，既取决于产业结构、消费结构、城乡结构、能源结构等方面的转型，也取决于科技结构、城乡结构等方面的调整优化。

在高水平开放中打造新优势。我国是全世界唯一拥有全部工业门类的国家。2021 年，我国从发达国家和地区进口高科技产品占进口总额的比重仍然较大。因此，要在高水平开放中主动适应全球分工体系调整重组，打造更加稳定的区域产业链供应链。同时，要在高水平开放中发挥我国超大规模市场优势，持续打造法治化、国际化、便利化营商环境，形成国际竞争新优势。

3. 以高水平开放强化发展战略

面对世界百年未有之大变局，以高水平开放强化统筹发展和安全的战略，有利于推进经济社会发展转型，有利于提高我国国际竞争力和话语权，有利于在打造稳定安全的大环境中赢得中长期发展的战略机遇。

以高水平开放促进形成统筹发展和安全的保障机制。比如，在国际金融市场风险向我国传导压力增大的背景下，统筹金融发展和安全，要在高水平开放中强化国家金融安全战略职能，守住不发生系统性金融风险的底线；适应全球数字经济发展新趋势，要从国家层面统筹数据安全和数字经济发展。

以高水平开放强化国家对外发展战略。未来几年,国际经贸规则与秩序将面临深度调整,为适应这一变化,要强化国家国际贸易谈判、管理等职能。同时,随着我国对外援助规模扩大,要强化国家对外援助的战略统筹职能,在对外援助中增强中国倡议、中国理念、中国主张的国际传播能力。

（三）以制度型开放促进制度性变革

2021年,我出版《建设更高水平开放型经济新体制》一书,在书中我提出了"以制度型开放促进制度性变革"的主张。

1. 制度性变革依赖于制度型开放

推进规则、规制、标准、管理等制度型开放,是形成以服务贸易为重点的高水平开放新格局的基本需求,也是推动服务业领域制度性变革的重大任务。"十四五"时期建设更高水平开放型经济新体制,需要在服务业领域的制度型开放和制度性变革上实现重大突破。一方面,要推进服务贸易领域规则、规制、管理、标准等更大程度与国际接轨;另一方面,要实质性推动服务业领域市场对内对外开放进程,尽快打破服务业领域的各类市场垄断与行政垄断。这既为释放民营企业的强大活力创造市场条件,又为外资企业发展拓展更大的投资空间。

2. 高水平开放有赖于高标准市场体系的建设

构建高水平社会主义市场经济体制,核心在于深化要素市场化改革,充分发挥市场在资源配置中的决定性作用,包括深化土地要素市场化改革,建立城乡统一的土地要素市场;着眼于释放人才活力,尤其是科研人员的活力,加快改革人才管理体制,建立以人为中心的科技创新激励机制，释放巨大的创新潜能；保护企业家人身安全和财产安全，激发企业家潜能，充分发挥企业家在资源优化配置中的重要作用；打造市场化、法治化、国际化营商环境，在竞争中性、市场透明、知识产权、环保标准等方面做好制度安排，切实减少不必要的行政干预。

3. 以服务贸易为重点建设高水平开放型经济新体制

当前，服务贸易已成为全球自由贸易与经济增长的重要动力，也是我国推动高水平开放的重点所在。以服务贸易为重点构建更高层次开放合作新格局，是加快建立高水平开放型经济新体制的关键所在，是充分发挥我国超大规模市场优势和释放经济转型升级内需潜力的重大举措，是构建新发展格局的重大任务。这就需要加快推进服务业对内对外开放进程。

2021年，我在"构建新发展格局的中国与世界"第 87 次中国改革国际论坛的主旨演讲"以高水平开放推动形成新发展格局"中曾经做过以下三个概括：第一，我国是全球最具潜力的大市场，现在是，今后也是；第二，我国是开放型世界经济的重要推动者，现在是，今后也是；第三，我国是全球经济增长的"主引擎"，现在是，今后也是。我认为，进入新发展阶段，我国实行高水平开放有着鲜明的时代特征：以制度型开放为突出特点，以推动服务贸易发展为重大任务，以打造高水平开放新高地为重要突破，以构建高水平社会主义市场经济体制为重要保障。对于我国自身发展而言，需要继续高举对外开放的大旗，正如长江黄河不会倒流，中国对外开放的大门绝不会关上。

五、开放是最大改革

2017年，中改院在北京举办《新型开放大国：共建开放型世界经济的中国选择》新书发布会。我在会上提出"开放是最大改革"。当时，国家发改委一位司长在会上说："我不太赞成老迟说的，改革就是改革，开放就是开放。"我说："第一，中国的改革从什么开始？打开国门。不打开国门怎么能搞改革？第二，到今天为止，开放和改革是紧密联系在一起的，很难分开，因为我国已经进入世界的主流，并且已从参与全球化转到推动全球化。第三，中央提出了制度型开放。什么叫制度型开放？规则、规制、标准、管理，这些本身就是一个制度变革的内容。从这个意义上说，开放是最大改革。"

（一）高水平开放与深层次市场化改革的直接融合

改革开放40多年来，我国坚持对外开放，坚持深化市场化改革，推动了自身的转型和发展。例如，适应全球制造业转移的趋势，我国在制造业领域率先开放，引进外资，市场化改革取得了历史性突破。但从现实需求看，适应经济转型升级趋势，我国服务业领域的市场化改革还相对滞后。随着经济服务化进程的加快，高水平的对外开放与高质量市场经济直接融合并呈现出新的时代特征。

我国进入高水平开放的新阶段。进入新发展阶段，14亿多人口的高水平开放，是以构建新发展格局为基本要求，以制度型开放为突出特点，以推动服务贸易发展为重大任务，以推动区域性、全球性自由贸易进程为战略目标，以打造高水平开放新高地为重要突破，以构建高水平社会主义市场经济体制为重要保障。这是观察我国中长期改革发展的一个参考框架。

高水平开放依赖于高标准市场经济。我国进入新发展阶段，加快形成以服务贸易为重点的开放新格局，构建更高水平开放型经济新体制，直接依赖于高水平社会主义市场经济体制。一方面，适应扩大服务贸易的现实需求，要加快推进以研发为重点的生产性服务业市场开放，尽快打破服务业市场的行政垄断与市场垄断，以形成统一开放、公平竞争的市场环境；另一方面，适应全球经贸规则加速重构的新趋势，实现制度型开放的重大突破，需要主动推进规则、规制、管理、标准等更大程度与国际对接。

以高水平开放形成全面深化改革的强大动力。开放是最大改革，我国构建高水平社会主义市场经济体制，离不开高水平开放。第一，要把市场在资源配置中的决定性作用做实，由此才能明显提升资源配置效率，拓展并充分发挥增长潜力。第二，在高水平开放中优化营商环境。国际化、便利化、法治化的营商环境是高水平开放型经济新体制的重要特征，也是高水平社会主义市场经济体制的重要标志。要把打造国际一流营商环境摆在突出位置，采取重大举措取得重大进展。第三，在开放新高地采取特别举措，加大竞争中性、市场透明度、环保标准等方面的制度安排，逐步实现与高标准国际经贸规则的对接，推动制度集成创新。

（二）以高水平开放赢得国内发展和国际竞争的主动

进入新发展阶段，实行高水平开放就是要依托我国超大规模市场，吸引和集聚全球优质资源要素，在更高层次的合作与竞争中增强我国经济竞争力与影响力。

首先，要以高水平开放的主动赢得释放内需的主动。市场是稀缺资源，强大的国内市场将为我国到 2035 年基本实现社会主义现代化目标提供重要保障。我国已成为全球第二大商品消费市场，预计在未来几年内还有可能成为全球第一大商品消费市场。以扩大内需为基本导向的高水平开放，就是要以开放的主动推动形成释放 14 亿多人口大市场潜力的重要动力，实现内外市场联通、要素资源共享，构建更加开放的国内国际双循环。

其次，要以高水平开放的主动赢得深化改革的主动。习近平总书记强调："改革和开放相辅相成、相互促进，改革必然要求开放，开放也必然要求改革。要坚定不移实施对外开放的基本国策、实行更加积极主动的开放战略，坚定不移提高开放型经济水平，坚定不移引进外资和外来技术，坚定不移完善对外开放体制机制，以扩大开放促进深化改革，以深化改革促进扩大开放，为经济发展注入新动力、增添新活力、拓展新空间。"[①]改革开放 40 多年的实践充分证明，开放不仅是吸引资源要素集聚的重要条件，也是深化改革的重要动力。当前，随着经济服务化进程加快，高水平对外开放与经济高质量发展相互促进与融合，呈现出新的时代特征。以开放促改革，以改革促开放，建立更高水平开放型经济新体制，已成为我国在新发展阶段的重大任务。

最后，要以高水平开放的主动赢得国际合作竞争的主动。党的十八大以来，我国主动参与和推动经济全球化进程，发展更高

---

① 坚持以扩大开放促进深化改革 坚定不移提高开放型经济水平[N].人民日报，2015-09-16.

层次的开放型经济,不断壮大我国经济实力和综合国力,开放已经成为当代中国的鲜明标识。我国扩大开放的一系列重大举措,已经成为赢得国际合作竞争新优势的重要条件。

（三）加快构建高水平社会主义市场经济体制

2020 年,我在《人民论坛》发表《高水平开放与深层次市场化改革的互促共进》一文。文中我提出,构建高水平社会主义市场经济体制,是我国新时代经济体制改革的目标取向,是推进高水平开放的根本保障。从现实情况看,构建高水平社会主义市场经济体制,既需要充分发挥市场在资源配置中的决定性作用,充分激发国内市场活力,又要在适应国际经贸规则重构中建设高标准市场体系。

第八章
建言海南自由贸易港的 35 年
——从接受央视新闻联播采访时哽咽说起

2018年4月13日庆祝海南建省办经济特区30周年大会后，中央广播电视总台一位记者追上我，采访我聆听习近平总书记"4·13"讲话的感受。采访结束了，记者和我再多聊了一句，没想到这一说就控制不住了。我说着说着，不知不觉就声音也变了，眼泪流了出来。记者一看，赶紧摆摆手，示意摄像同志再次打开镜头。后来，我请同事反复联系记者，不要播出这一段。作为一个学者，动情的一幕还是不播出为好。得到记者的答复是："请迟院长相信《新闻联播》"。

　　第二天，节目播出来了。一位传媒界的老朋友给我发来信息："老迟，这是《新闻联播》最好的采访！"播出当晚，我接到老朋友吉林省政协主席江泽林给我发来的信息："看到您泪洒央视，很受感动。"他还为此作了一首小诗："又听迟君哽咽声，只因怀梦三十年。闻者泪下谁最多，当年天涯独行人。"

　　2022年是我到海南35年整。回想起来，从建省初期老一辈革命家、改革家为建立特别关税区做的努力和探索，到习近平总书记亲自谋划、亲自部署的建设海南自由贸易港，这一切来之不易，值得我们倍加珍惜。

一、"海南好好发展起来是很了不起的"：我为什么到海南？

放眼我国社会主义现代化建设的历史进程，海南这一"更大的特区"的建立，是邓小平同志着眼于改革开放全局布下的一颗重要棋子，其重要战略意图就是希望通过把海南岛全面推向国际市场，实行比特区更"特"的政策，把落后的边陲地区好好发展起来，由此在推进改革开放、加强民族团结、巩固国防、实现祖国和平统一大业中发挥重要而又特殊的作用。

（一）把海南推向国际市场，建立第一个社会主义自由贸易区

1988 年 4 月 13 日，全国人大七届一次会议通过了《关于设立海南省的决定》和《关于建立海南经济特区的决议》。自此，海南开发建设史翻开了崭新的一页，也开启了海南走向大开放的实践探索。

1. 提出建立第一个社会主义自由贸易区

1987 年 10 月底，根据邓小平同志的战略构想，中央财经领导小组会议讨论海南如何大开放。据我所知，会议邀请了海南建省筹备组主要负责人许士杰和梁湘同志列席。当时，他俩就住在我们办公所在的中办厂桥招待所。按照邓小平同志创办海南经济特区的战略设想，从筹备建省之初的需要出发，中央要求有关部门与海南建省筹备组协商尽快拿出方案来。

当时,我所在的办公室领导和我说,中央要开一次财经领导小组会议,请我们研讨小组提出一份材料,按照邓小平同志的战略意图,海南特区应该怎么办? 当时,办公室提出一个题目,即"在海南建立世界第一个社会主义自由贸易区"。但是限于当时的情况,这份建议没有在办公室范围内讨论,只是跟少数人议论以后形成了一份在中央财经领导小组会议上的汇报发言。

2. 中央财经领导小组会议研讨设立第二关税区

1988 年 1 月 18 日和 23 日,中央领导主持两次中央财经领导小组会议,其中对海南建省办经济特区的有关政策发表了重要意见。据了解,主要是三点:一是主要靠市场调节;二是所有制多样化,比例不受限制;三是国外人员、贸易、外汇进出口是自由的。按照中央的要求,海南不仅要开放,而且要比深圳特区更"特",对外更放开、更自由。

如何比深圳特区的开放更"特"? 中央领导同志提出:"海南要设二线海关,是很明确的。海南岛开放的前提,就是要在海南岛的周围设关,使之成为全国关税区之外的第二关税区。这个问题不解决,还讨论什么特殊政策。"中央领导还指出:"海南要设关,这才是特区,只有后面封了,前面才能放开。当然,要做到这一点,要做许多准备工作,但要有个方向。按照这个方向搞,这就特了。"①

当时海南建省筹备组的同志认为,海南刚建省,底子薄,基础差,如果很快划"一线、二线",困难会相当大。基于这个考虑,建

---

① 中共海南省委体制改革研究室,中共海南省委政策研究室. 方针 政策 法规 战略:关于海南建省、办大特区文件资料汇编之三[Z]. 1988 年 10 月.

省筹备组向中央提出来，是不是先学习深圳的经验，允许海南先打基础，经过两三年的准备，把基础设施搞好了，再逐步全面放开。

（二）投身海南，探索大特区大开放

当时，作为成长于改革开放年代的一名青年人，我真的感到海南是一片充满希望的热土。海南岛是一张白纸，一切从头开始，它应该是改革开放最好的一块试验田，在这张白纸上能够写出好的文章，在这片土地上能画出好的图画。

1. 下决心脱下军装，投身大特区

从中央机关到海南工作，我面临的第一个问题就是从军人变成老百姓。中央办公厅、中央组织部下通知给国防大学办理我的转业手续。1987 年 12 月 21 日，我到国防大学转业军人办公室，当时一位姓李的主任对我说："迟福林，你这个情况很特殊啊，中央通知我们给你办转业手续，这样校党委也不用讨论了，就同意你转业了，咱们现在就办手续吧！"不到 10 分钟，国防大学就把我的转业手续办好了。接着，我拿着转业通知书骑了一个多小时自行车，从国防大学赶到了国务院军转办，又带着国防大学的转业通知书和国务院军转办的同意函赶到了北京市公安局。这样，不到一天时间，我从国防大学到军转办，从北京市公安局再到红山口派出所，穿了 20 年的军装，当了 20 年的军人，就这样一下子脱掉了军装，变成了一个老百姓。12 月 21 日办理完转业手续，25 日我就来海南报到了。

2. 国务院出台〔1988〕24 号、26 号文

1987 年 12 月 8 日，国务院 16 个部门的负责人在海口举行座谈会,与建省筹备组讨论海南进一步对外开放的政策条款。1988
年 4 月 14 日,国务院〔1988〕24 号文批转了座谈会纪要;1988 年 5
月 4 日,国务院〔1988〕26 号文正式公布并实施《国务院关于鼓励
投资开发建设海南岛的规定》。

应当说,国务院〔1988〕24 号和 26 号文,给海南发展赋予了一
系列很"特"的优惠政策。比如,国务院〔1988〕24 号文第二条明确
规定,在土地使用方面,海南省国家所有土地实行有偿使用制度,
土地使用权可以有偿出让或转让。国有土地使用权出让,一次签
约期限最长为 70 年,期满后可以申请续约。金融方面,在海南岛
可以设立外资银行、中外合资银行和境外客商投资的财务公司,
并适当放宽其业务经营范围。

二、探索特别关税区的日日夜夜

1988 年海南建省办大特区,所面临的经济社会发展大环境与
20 世纪 70 年代末 80 年代初建立深圳、珠海经济特区大不相同。
全国改革开放进一步深化,很多特殊政策不只是在经济特区,甚
至在许多沿海地区都竞相实施。1988 年 6 月 3 日,邓小平同志在
会见"90 年代中国与世界大会"与会代表时提出:"现在有一个香
港,我们在内地还要造几个'香港',就是说,为了实现我们的发展
战略目标,要更加开放。"①按照这一精神,一建省我们就热火朝天
地研讨特别关税区。

---

① 邓小平文选:第 3 卷[M].北京:人民出版社,1993:267.

（一）省委成立特别关税区研讨小组

1.“创造条件建立第二关税区”

海南省第一次党代会报告提出：“我们在用好、用活、用足现有政策的同时，还必须从海南的实际出发，根据变化了的情况，及时制定和实行更加灵活、更加开放的经济政策，充分而有效地发挥大特区的政策优势。另一方面，放胆发展生产力，必须充分发挥政策优势。我们的政策好不好，重要的是看对境内外投资者有没有吸引力。大力吸引和鼓励境内外投资者来海南开发建设，是我们制定和实行各项经济政策的基本出发点。”报告还提出：“要重点研究和制定有利于境外人员、外汇、货物进出自由的各项具体政策。我们的政策‘特’不‘特’，取决于‘三个自由’的开放程度，只有对外更开放、更自由，才有利于吸引外资。为此，要创造条件建立第二关税区。”①也就是类似于我们今天所说的自由贸易港。

2. 加班加点研讨特别关税区

“实行‘三个自由’的开放政策，切实按国际惯例办事，关键是要创造条件建立海南第二关税区。现在就要抓紧研究有关第二关税区的各项具体政策。”②海南省第一次党代会报告中第一次提出建立“第二关税区”，引起了国内外广泛关注，也引起了全省上下的热议。

---

① 海南特区经济年鉴编辑委员会．海南特区经济年鉴（1989）［M］．北京：新华出版社，1989：4-12.

② 海南特区经济年鉴编辑委员会．海南特区经济年鉴（1989）［M］．北京：新华出版社，1989：4-12.

海南省第一次党代会提出了设立第二关税区的任务,对全省广大干部群众是一个极大鼓舞,民间都在期盼着能有重要突破。省党代会后,省委很快成立研讨小组,对第二关税区(后来称"特别关税区")进行为期数个月的集中研讨。

海南省第一次党代会以后,很快组成了一个由省委书记许士杰牵头的省委特别关税区研讨小组。研讨小组办公室设在省体改办,以省体改办几位处长为主要成员,加上省财税厅、人民银行等相关部门组成,由我兼任研讨小组办公室主任。从 1988 年 9 月开始到当年底,特别关税区研讨小组不分昼夜,深入开展特别关税区政策设计等方面的研讨。许士杰书记非常重视,全程参与,并多次主持省委常委会进行专题讨论。

针对省第一次党代会报告中提出的"创造条件建立第二关税区",从 9 月初开始,省委研讨小组连续组织召开了 6 次常委会、4 次专题研讨会,形成了"特别关税区"的一整套文件,拉开了海南"特别关税区"研讨的序幕。

(二)首份《关于建立海南特别关税区的请示》出炉

经过近 3 个月的集中研讨,终于达成了共识。1988 年 12 月 21 日,海南省委、省政府正式形成了《关于建立海南特别关税区的请示》以及设立海南特别关税区的方案及 9 个附件,准备正式向党中央、国务院提交建立海南特别关税区的请求。当时,我们估计只要一上报,中央就会很快批复。

(三)东南亚考察见闻

为了解决海南一旦放开后外资会不会来的问题,1988 年 12 月 21 日,许书记带着省外办主任、省委办公厅主任以及我共 4 人组成的海南省经济考察团前往泰国、新加坡考察访问。没有想到，考察团抱着试探的态度到访东南亚，迎来的是新加坡、泰国的海南籍华人、华侨对投资建设家乡的极大兴趣和热情。

1. 泰国侨商巨子热情之至

1988 年 12 月 23 日晚上，考察团乘飞机抵达泰国曼谷国际机场，受到了泰中友好协会、泰中促进投资贸易商会、海南同乡会等代表及中国驻泰国大使馆张德维大使的热烈欢迎，开始了对泰国为期 10 天的考察访问。

当时，我们到访了泰国时任总理差猜·春哈旺上将家中，这位总理祖籍是广东澄海，和许书记还算是半个老乡。我们商谈了一个多小时，就海南同泰国的经济合作等问题交换了意见。泰方表态："海南一旦放开，泰国很多人真的会去！"考察团还会见了泰国的时任外长实·沙域诗拉空军上将。泰方高层官员对泰国同海南的经济合作极为关注，并对海南的基础设施建设，特别是飞机场的建设提出了具体的建议。

考察团在访泰期间，与泰国的实业家就他们来海南投资的问题进行了广泛的讨论。考察团与泰中促进投资贸易商会就泰国同海南的经济合作问题深入交换了意见，并共同签订了合资组建《琼泰经济发展有限公司合同书》。考察团还同泰国的盘谷银行探讨如何加强金融方面合作的问题。盘谷银行董事长许敦茂[①]先生表示了尽早到海南办分行的意向。许多泰

---

① 许敦茂，1915 年生于泰国北柳府，原籍广东省饶平，曾担任泰国国民议会议长、泰国社会民族主义党主席等要职。由于政绩卓著，曾先后 8 次荣获"泰国之王"的赐勋。1972 年以后，多次率代表团访问中国，为加深中泰两国的互相了解和友谊做了大量工作。

国实业家对到海南投资很感兴趣，并就投资中的具体问题同代表团进行了磋商。

向海南同乡介绍海南的现状和发展，加强他们同海南的联系和合作，是我们访泰的重要目的之一。泰国的海南籍华人、华侨特别多，当时约有 100 万人。泰国的海南同乡对考察团的来访十分高兴，专门成立了以吴多福①先生为主席的欢迎海南经济代表团。28 日下午，考察团同海南同乡的 30 多位代表人士举行座谈。许书记向他们详细介绍了海南的情况，回答他们提出的问题，听取他们对海南建设的意见。当晚，海南同乡举行了有近 400 人参加的盛大欢迎晚宴，表达他们对家乡的感情。气氛十分热烈，许书记挨桌向海南同乡敬酒，晚宴一直到很晚才结束。

2. 新加坡金融家：第一天宣布，我第二天就去办银行！

1989 年 1 月 2 日早上，考察团乘机离开曼谷前往新加坡，对新加坡进行了为期 5 天的考察访问。在新加坡，重点考察金融业。

令我印象特别深刻的是大企业家、金融家、新加坡华联银行集团主席连瀛洲②老先生。他十分热情地接待了我们，请了 10 多位部长和我们共同参加他主办的晚宴，连老先生在晚宴上宣布："我对海南岛有兴趣，我希望海南建立特别关税区以后我马上进

---

①　吴多福，原籍海南琼山，旗下有通城集团，主要业务包括名牌手表、地产、产业主要分布在加拿大、中国香港。

②　连瀛洲，新加坡大华银行创始人，1928 年创立华兴公司，经营进出口贸易兼船务代理，事业稳步发展。1949 年，与数名马来西亚华商成立华联银行，进入金融业，2001 年华联银行与大华银行合并。

去,也请政府支持!"老先生当时已经是84岁高龄了,那几天一直陪着我们。他一再表示,他要尽早率员来海南省进行实地考察,抓紧确定双方合作的具体事项。

考察团在新加坡期间,还先后与新加坡中华总商会、新加坡琼州会馆及新加坡澄海同乡会进行了座谈。许书记向他们介绍了海南的投资环境和发展规划,认真听取他们对海南开发建设的意见和建议。新加坡的海南同乡对家乡的开发建设十分关心,不少人表示准备回乡投资办企业。5日晚,琼州会馆特地为考察团举行有200多人参加的欢迎晚宴。我记得,当时人头攒动,不得已限定每个姓氏派几位代表参加,大家对家乡的开发建设充满了热情。

今天回想起那一幕,在东南亚的海南籍华人、华侨,是海南与东南亚的重要桥梁,是海南发展在海外的一支重要力量。海南充分发挥华人、华侨的作用,大有可为。

等我们1月15日回到海口,才知道连瀛洲老先生带着夫人前脚也到了海南。我陪着许书记到琼苑宾馆拜访老先生,老先生第一句话就问:"老许,你们批了没有?我来办银行来了!"许书记很无奈,只能和老先生说,需要等一等。所以,连瀛洲老先生想办的文华银行没有办成,变成了后来的文华酒店。直到现在,每次我经过文华酒店的时候都特别有感触。

（四）中改院热火朝天研讨特别关税区

1991年7月1日,即建党70周年那一天,我在中改院建院筹备组会议上,以"改革开放与中国共产党"为题和筹备组成员做了一次交流。从建院那一天起,中改院就为海南走向大开放热忱高亢地鼓与呼,在党领导中国人民开创的改革开放时代中自觉贡献力量。

1. 建院当天高规格研讨

1991 年 11 月 1 日,建院第一天,中改院就举行了"中国(海南)改革发展研究院成立大会暨海南对外开放战略研讨会",重点研讨海南设立特别关税区。可以说,这个会议在海南改革开放进程中具有特殊的意义。

这次研讨会的层次很高,有来自中央部委的领导,有海南省的领导,以及著名专家学者。这次会议,不仅在海南引起很大反响,而且在全国反响也很大。在那个特殊年份,这次会议又一次掀起了岛内外关于海南实行大开放的热烈讨论,新华社、《人民日报》《海南日报》,以及香港的《明报》、《文汇报》等都对此做了大篇幅报道。这次研讨会的贡献在于进一步明确了海南的唯一选择就是加快改革开放的步伐,建立特别关税区,坚定不移地实行"大开放"的方针。

2. 北京人民大会堂召开特别关税区研讨会

1992 年 5 月 30 日,中改院在北京人民大会堂海南厅举办《建立海南特别关税区可行性研究报告》咨询会,旨在寻求实现海南建省办全国最大经济特区的重要战略突破。会上,我扼要介绍了中改院起草的《建立海南特别关税区可行性研究报告》基本框架,得到了大家的一致赞同,认为报告阐述的建立海南特别关税区的基本思路,是正确的、可行的,并就完善这一报告提出了许多宝贵意见。

专栏 8.1：《建立海南特别关税区可行性研究报告》主要框架

1992 年 5 月，中改院形成了《建立海南特别关税区可行性研究报告（讨论稿）》后，先后在北京人民大会堂、海口召开了"建立海南特别关税区可行性研究报告咨询会""建立海南特别关税区国际咨询会"，广泛征求了海南省和中央有关部门以及中外专家的意见。在听取咨询意见的基础上，课题组对研究报告又进行了修改，并于 1992 年 12 月形成了研究报告修订稿。

研究报告分为 5 个部分：（一）建立海南特别关税区的基本含义。说明建立海南特别关税区的含义及其实行的政策原则。（二）建立海南特别关税区提出的背景。从多方面说明建立海南特别关税区的必要性。（三）建立海南特别关税区的方案建议。从海关、物资、外贸、金融、财政、税收等 8 个方面提出了建立海南特别关税区的初步方案。（四）建立海南特别关税区的可行性分析。从海南的地理条件、资源优势、投资环境和社会管理条件诸方面就建立海南特别关税区的可行性进行分析。（五）建立海南特别关税区的意义评价。阐明建立海南特别关税区对于海南经济发展、促进中国对外开放和推动中国统一的意义。

资料来源：中国（海南）改革发展研究院. 建立海南特别关税区可行性研究报告[R].1992.

（五）南方谈话后再掀"再造香港"热潮

1992 年，邓小平同志发表南方谈话，针对人们思想中普遍存在的疑虑,解答了长期困扰人们的姓"资"姓"社"问题,重申了深化改革、加速发展的必要性和重要性,掀起了新一轮改革开放的热潮。当时,省里提出贯彻邓小平同志重要谈话的精神,改革开放的步子再大一些、胆子再大一些。对海南来说,要在"再造社会主义香港"上采取重大的举措,就是建立特别关税区,实现大开放战略的突破。在这样的背景下,海南特别关税区又一次成为海南街谈巷议的热点,而且迅速取得了上上下下、方方面面的共识。

1. 提出贯彻南方谈话 12 条意见

1992 年初,深圳有同事打电话给我,告诉我邓小平同志在深圳视察的消息。我一听,马上兴奋起来。我通过各种途径确定有此事之后,中午 12 点左右到邓鸿勋书记的办公室,向他建议召开省委常委会讨论。他马上把当时的省委办公厅主任找来说:"明天就开常委会,请迟福林做汇报。"

我很激动,感觉又迎来了一次机会,于是赶快组织省体改办的同事加班讨论,连夜起草了《以邓小平同志谈话为指导加快海南特区改革开放步伐》的稿子,准备了半个小时到一个小时的汇报。我们理解,邓小平同志发表的重要谈话是对党的基本路线的精辟阐述,是进一步加快改革开放的重要指导思想。我们要以邓小平同志这一重要谈话为指导,紧紧抓住当前的有利时机,进一步解放思想,在改革开放方面迈出更大的步伐。从现在起,要认真抓好建立特别关税区的各项前期准备工作,尽快把海南特别关税区的研究和准备工作提上议事日程。

2. 向中央第二次请示

1992 年上半年,经省委常委会几次讨论,形成了决策。8 月 8

日,海南省委、省政府再次形成了《关于建立海南特别关税区的请示》(琼发〔1992〕21 号)。这份文件指出,建立海南特别关税区,就是充分利用海南独特的地理条件和资源优势,实行"一线放开、二线管住"的特别关税制度,并相应采取世界上通用的自由港经济政策,建立社会主义市场经济体制,大量吸引外来资金,以高投入带动高增长,推动海南经济全面高速发展,实现中央把海南建成全国最大经济特区的战略构想。

三、产业开放的建言与探索:从琼台农业合作到国际旅游岛

由于海南特别关税区研讨的叫停及条件和环境的某些重要变化,从 20 世纪 90 年代中期到 90 年代末,海南经济社会发展面临着巨大压力,其中 1995—1997 年成为建省办经济特区以来经济增速较慢的几年(见图 8.1)。

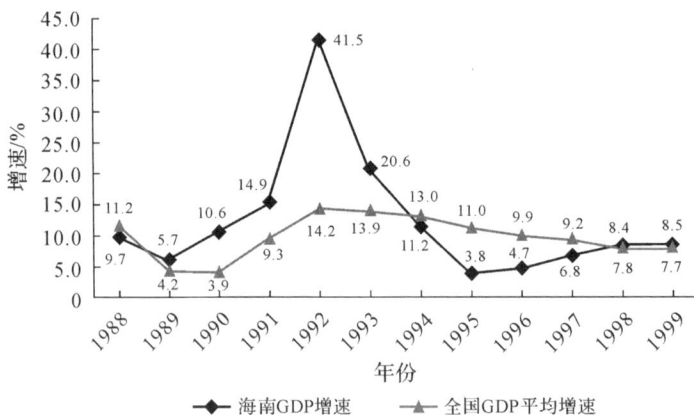

图 8.1 1988—1999 年海南 GDP 增速和全国平均水平比较

资料来源:《中国统计年鉴 2021》《海南统计年鉴 2021》。

注:上年＝100。

在 20 世纪 90 年代中期我国全力争取加入 WTO 的特定背景下,海南何去何从,成为各方关注的焦点。作为一个落后的岛屿经济体,海南不开放是没有出路的。在这个背景下,中改院适时提出,海南扩大开放的重点要从区域开放转向产业开放,以产业开放拉动产业发展与产业升级。

(一)提出琼台农业项下自由贸易的建议

海南建省头几年,台湾方面尤其是企业家对投资海南有很高的热情。但出于某些原因,琼台经济的全面合作难以突破。这个时候,我提出能不能以农业合作为先导,分步推进琼台经济合作进程。例如,1997 年我提出了"实行琼台农业项下自由贸易"的建议。

1. 建省初期琼台经济合作一度成为热潮

20 世纪 80 年代末,台湾经济开始转型,产业需要升级换代,台湾岛内的劳动密集型产业需要转移出去,为中小企业的更新创造条件;同时,众多的中小资本需要输出到岛外有资源开发潜力的地方。海南与台湾人文、气候、自然条件相近,海南的土地面积、可种植面积比台湾还要大,养殖、种植的条件在某些方面比台湾还要好,成本低很多。就海南而言,岛内丰富的农业、工业和旅游业资源亟待开发,需要大量的外资投入。加上海南实行比其他经济特区"更特"的开放政策,因此对台商有很大的吸引力。我记得 1988 年 8 月 26 日,香港某一报纸刊登了题为《海南将设立台湾投资区,鼓励台胞成片承包开发》的报道。

我记得"台湾经济建设委员会"主任郭婉容女士在她上任的第一份报告中,用相当篇幅谈台湾和海南的农业、渔业合作,提出台湾对海南实行全面农业、渔业技术合作的一揽子方案。当年，台湾主流媒体以整版篇幅公布了台湾对海南实行全面农业、渔业技术的援助计划。但是，后来出于多种原因，这个计划并未能实施。

海南建省办经济特区最初几年，海南与台湾的合作与交流与日俱增，台商在海南的投资逐年增加。据统计，到 1994 年，在海南注册的境外企业，包括我国香港、台湾，以及新加坡和其他国家和地区的外资企业，达 1.6 万多家，其中香港投资居第一位，台湾投资仅次于香港，而香港投资当中有相当一部分实际上是台湾的资本。

2. 主持召开琼台经济合作研讨会

1994—1996 年，为促进琼台合作，中改院与有关机构多次合作召开琼台经济合作研讨会。其中，有几次重要的会议由我主持，并提出相关建议。当时我的主要观点是以农业合作为先导，推进琼台经济的全面合作。

1994 年 3 月 10—11 日，中改院与海南省台办、琼台（港澳）经济合作促进会共同主办了"海南台湾经济金融发展研讨会"。我向会议提交了一篇题为《在加快市场化改革中促进琼台经济合作》的论文。

1994 年 12 月，由中改院、香港科技大学、海南社会科学联合会和琼台（港澳）经济合作促进会共同举办的"海南现代农业发展研讨会"召开，来自台湾、香港、广东、广西、福建的 100 多位农业专家和代表参加。会议期间，海南省委书记、省长会见了与会的专家代表，并就发展海南现代农业问题和与会专家代表进行了探讨。

在这次会议上,我还提出了加强和发展琼台农业合作的 10
项建议。1995 年 2 月,我在《海南日报》发表了《以农业合作为先
导,推进琼台经济的全面合作》的理论文章。主要的观点是:现代
农业对海南的全面发展具有全局性的作用,琼台合作以农业为先
导,既符合实际又具有经济合作的全局意义。应借鉴台湾的经
验,在加快海南现代农业发展进程中,走出一条经济发展与环境
保护相结合的"绿色道路"。

3. 提出推进琼台经济合作进程,引起两岸多方关注

1995 年 2 月,中改院组织召开琼台经贸合作研讨会。在会
上,我做了"全面推进琼台经济合作"的主题发言,提出全面推进
琼台经济合作的相关建议,包括加强和发展琼台农业合作、努力
扩大旅游合作、率先实行"三通"等。经过一段时间的反复思考,
我于 1997 年提出"实行琼台农业项下的自由贸易"的建议。1998
年初,中改院专门组成琼台农业项下的自由贸易课题组,并于 3
月形成《关于实行琼台农业项下自由贸易的建议报告》。很遗憾,
出于多种原因,这个建议被搁置了。

(二)洋浦模式和"洋浦风波"

洋浦经济开发模式是海南走向大开放历程中的一次重要实
践探索。这次实践探索主要分为两个阶段:第一个阶段是海南建
省办经济特区初期,国务院批准设立洋浦经济开发区,探索外商
"成片开发、综合补偿"的模式,建设"特区中的特区";第二个阶段
是在进入新世纪后,洋浦开发由外商成片开发转为政府主导开发
模式。

1. 逼出来的"洋浦模式"

洋浦是世界上少有的天然良港，三面环海，海岸线绵延 119 公里，港湾宽阔，不聚泥沙，水深逾 20 米，避风条件得天独厚，出了码头就是航道。若在海岸线建成多个泊位，年吞吐量可达 2000 万吨。问题是，洋浦开发面临突出的资金难题。当时，根据初步测算，光"七通一平"就需要 100 多亿元，而海南 1988 年全年财政收入虽然有了很大的增长，但也仅仅不到 4.2 亿元，国家一年给予海南的低息贷款仅有 2 亿元①。

1988 年，海南省委、省政府在谋划海南发展战略时，考虑将洋浦开发作为特区建设的突破口，准备采取"引进外资、成片承包、系统开发、综合补偿"的思路，利用外资进行全面开发，在洋浦地区一次性划出 30 平方公里区域，期限 70 年，由外商成片承包、系统开发。

1988 年 5 月，海南建省后的第二个月，许士杰书记和梁湘省长去香港访问。当时和日本熊谷组（香港）有限公司（以下简称"熊谷组"）总经理于元平会面，商谈洋浦合作开发相关事宜。不久后，于元平总经理带领有关专家到洋浦考察，和省政府达成了初步协议：海南省以每公顷 3 万元人民币的地价，将洋浦开发区约 30 平方公里的土地租让给熊谷组使用 70 年。在最初两年的基础设施建设中，熊谷组将投资约 50 亿港币。洋浦将建成一个以技术先进的重工业、轻工业为主导，第三产业相应发展，技工贸相结合，热带风光与新型经济结构相协调的外向型综合性港湾城

---

① 洋浦模式：改革开放的珍贵样本［N］．海南日报，2013-04-26．

市。这就是著名的"洋浦模式"。

应当说，"洋浦模式"是在海南建省以后一穷二白的困难条件下"逼"出来的。这一模式汇聚最高层次的开放度、最优惠的政策、最大的自主权，是海南经济特区最"特"发展模式的集中体现。其内涵是政府出让土地，外商成片开发，实行封闭式隔离管理的自由港政策，"一线放开、二线管住"。国家主权事务由中方掌控，外商在守法依规前提下，享有充分的开发自主权。洋浦，这个默默无闻的渔村，一时之间成为中外瞩目的一颗新星。

2. "洋浦风波"始末

洋浦开发建设是海南建省办经济特区初期走向大开放的一面重要旗帜，也是那一段历史时期我国改革开放的重要风向标，却经历了备受瞩目的"洋浦风波"。洋浦 30 多年来开发建设的坎坷崎岖，我至今仍历历在目。

1988 年下半年，香港各大报纸连篇累牍地报道于元平准备来海南开发建设。20 世纪 80 年代熊谷组在香港还是比较有名气的，很多重要的建筑都是由熊谷组建设的。因此，海南上上下下十分兴奋，对洋浦开发的形势也比较乐观。省里成立了洋浦开发区协调小组，由梁湘省长兼任组长，洋浦成为热火朝天的开放开发前沿。不承想，1989 年全国两会期间，一场意料不到的风波突然袭来，打乱了原有的计划。

洋浦采取外商一次性承包开发 30 平方公里的土地，这在新中国史上还是第一次。所以，当时有全国政协委员认为，这是出卖主权。1989 年 3 月 22 日，有政协委员在全国政协七届二次会议的大会发言中指责"洋浦模式"是拱手将大片土地送给外商。

他们提出，"以这样低的地价，这样大的面积，这样长的时间，在中国本土上出现这块'租界'，我们不赞成"，"此举若成为事实，将成为中国近代史上之新国耻"。这个大会发言，在政协会上引起强烈反响，新闻媒体纷纷报道这一事件。

1989 年 4 月 28 日，中央领导在《关于海南省设立洋浦经济开发区的汇报》中做出批示："我最近了解情况后，认为海南省委的决策是正确的，机会难得，不宜拖延。但须向党外不同意见者说清楚，手续要迅速周全。"①

今天回想起来，当年的"风波"其实是一场误会。发言的委员事后不但不反对洋浦开发，而且还积极地为开发洋浦献计献策。

1992 年邓小平南方谈话后，3 月 9 日国务院正式批准设立"洋浦经济开发区"，"洋浦模式"开始变成现实。

3. "洋浦模式"终结

1993—1995 年，是开发商投资基础设施的密集期，累计投资 40 亿元人民币。洋浦土地开发公司一边大搞基础设施建设，一边高价出让土地。遇上炒房热后，面对不断高涨的土地价格，熊谷组改变了最初发展沿海型重化工业的初衷，开始高价倒卖土地，洋浦开发区迅速卷入了炒地皮的狂热之中。令人意想不到的是，随之而来的"房地产泡沫"破裂，给洋浦带来了巨大的冲击。

与此同时，全国其他省份大开放政策的相继实施，直接影响了洋浦的招商引资。1994 年中央取消了洋浦汽车免税政策，1995 年取消了开发区内非生产性建材的免税政策，1996 年又取消了区

---

① 深切的关怀 巨大的鼓舞——邓小平同志与海南［N］. 海南日报，2014-08-22.

内居民进口消费品半税政策,1997 年国家恢复高新技术产业和符合产业政策的内外资企业进口设备关税优惠政策[①],使得原来赋予洋浦的"一枝独秀"的政策优势日趋淡化。这些政策条件的改变,使得洋浦在招商引资方面的优势逐渐丧失;即便仍然享有一些优惠政策,但面对全国各地开放政策的激烈竞争,洋浦已经失去了过去的优势地位。

(三)提出建立洋浦自由工业港区

随着洋浦开发由外资成片开发转到政府主导开发,中改院通过调研,提出洋浦应服务于南海资源开发战略,其产业发展定位应为油气综合加工业。

1. 洋浦产业定位:油气综合加工业

2000 年 3 月 11 日,在中改院在北京举办的"海南'十五'发展战略座谈会"上,时任全国政协副主席、中改院董事局名誉主席陈锦华就提出:"海南的天然气究竟要怎么搞?我总觉得洋浦要好好利用,那么大的面积,基础设施也搞了,要利用起来搞些不污染的产业,不然那个地方这么下去,对海南的形象也不好。"

于是,2000 年下半年,中改院组织了 10 多位专家,成立了"海南岛天然气基地建设暨南海资源开发战略研究"课题组,对"海南油气综合开发利用"课题进行研究。2001 年初,中改院课题组提出《南海开发计划与海南战略基地建设——对我国"十一五"规划的建议(18 条)》。在这份建议中,我们提出把洋浦建成我国新型工业港区。2002 年,中改院课题组研究形成《洋浦经济开发区应

---

① 苏群. 十年回首看洋浦[N]. 中华工商时报,2002-05-22.

成为海南油气综合开发产业集中发展的新兴地区》报告，明确提出把油气综合加工作为洋浦经济开发区的主导产业。同时，还提出发展洋浦油气综合加工产业急需解决几个主要问题。

2. 建言建立洋浦自由工业港区

我们早在研究海南经济特区进一步发展方案时，就曾经提出建立"洋浦自由港"，建议采用土地使用权有偿转让的开发方式，同时利用半岛的有利地形，用铁丝网一线拉开，设若干通道实行全封闭。2005 年以后，适应形势的变化，中改院课题组提出努力把洋浦建设成区位优势突出、具有国际竞争优势、以服务南海油气加工为目标的现代自由工业港区。

2005 年 4 月，中改院课题组对洋浦发展定位进一步研究，形成了《建设洋浦自由工业港区》的建议报告；10 月，又形成了《洋浦自由工业港区总体设计》。

所谓"洋浦自由工业港区"，就是在洋浦经济开发区范围内，以油气综合开发为重点，以实行自由港区的发展模式为目标，把洋浦建成具有国际竞争力的现代化油气综合开发基地和新型工业基地，使其成为我国对外开放程度最高的自由工业港区。

（四）国际旅游岛上升为国家战略

20 世纪 90 年代中后期，中改院研究提出：在我国加入 WTO 的大背景下，产业开放成为对外开放的重大任务。海南需要抓住产业开放机遇，以产业开放拉动产业升级。2000 年后，中改院一再提出国际旅游岛的相关建议，我本人也在不同场合为此呼吁建言。终于，历经将近 10 年，国际旅游岛上升为国家战略。

从 2000 年提出"海南国际旅游岛"构想起,我就带着中改院的研究团队提出并形成国际旅游岛的思路建议。2001 年,中改院提出"建立海南国际旅游岛的框架建议",以书面形式正式提出了国际旅游岛的内涵及配套政策;2002 年 2 月,我在海南省政协三届五次会议上提交了"建立海南国际旅游岛的建议",提出海南国际旅游岛的内涵、意义、机遇与背景及相关建议;2002 年 6 月,中改院形成了《建立海南国际旅游岛可行性研究报告》,系统论证建立海南国际旅游岛的可行性,并就国际旅游岛对海南经济社会发展的作用进行了预测。

2007 年 4 月 26 日召开的中共海南省第五次党代会明确提出:"要以建立国际旅游岛为载体,全面提升旅游开发开放水平。"这是海南省委第一次正式做出建设国际旅游岛的决策。就在省第五次党代会召开后不久,按照海南省政府主要领导的要求,中改院成立专门的课题组,经过 2 个多月的研究,形成《推进海南国际旅游岛建设(方案建议)》。该报告提出了建设国际旅游岛的现实背景、基本内涵、总体目标、总体布局、政策框架及综合配套改革问题。2007 年 6 月,由国家发改委牵头的中央六部委来海南就建设国际旅游岛问题进行调研,海南省政府将该报告作为向中央六部委联合调研组汇报的主要材料。

2009 年 12 月 31 日,国务院发布《关于推进海南国际旅游岛建设发展的若干意见》,标志着海南国际旅游岛建设正式上升为国家战略。让我倍感欣慰的是,10 年来孜孜不倦地为这件事鼓与呼,没有白费,构想终于变成现实。

四、建言海南自由贸易港

（一）建言海南全岛设立自由贸易港

海南的"大开放"，不是一般意义的对外开放，是立足海南地理和区位优势、按照国际惯例办事的全方位开放，是服务国家重大战略、率先构建开放型经济新体制的深层次开放。正是基于这个判断，党的十八大前后，中改院提出了建立"海南自由贸易港"的相关建议。

1. 建立自由贸易港的战略选择

2017年6月，在"打造国际旅游岛升级版"的基础上，省委、省政府希望中改院对海南的发展战略做更深入的研究。6月底，我刚从韩国出差回到海口，在机场就接到省委主要领导的电话。他说："省里希望中改院充分发挥改革智库的作用，对海南深化改革开放可以提出大胆、超前的建议。"

第二天一早，我就组织研究力量开始专题讨论。经过反复思考、论证，加班加点，利用不到半个月的时间，于7月中旬向省委、省政府正式提交了《以更大的开放办好最大的经济特区——关于海南扩大开放、深化改革的建议（40条）》。2017年7月18日，我就这份报告向省委做了专题汇报。该报告鲜明地提出，"把建立自由贸易港作为海南实现更大开放的重大战略选择"，并建议把建立海南自由贸易港作为贯彻落实党的十九大精神的重大举措。

2017年7月底，中央有关部委和海南省在北京召开海南发展战略专题研讨会，当时有20多位官员和学者参加。我派中改院研究人员带着修改后的《以更大开放办好最大的经济特区——关于海南全面深化改革的建议(44 条)》去参加会议。会议的内容事先并不清楚。会议一结束,我的同事就给我电话说会议研讨的第一个议题就是自由贸易试验区和自由贸易港的区别与联系。我听到这个消息,意识到海南又将迎来一次重大历史机遇,走向大开放的"海南梦"又有希望了。一想到这里,我激动得整晚都睡不着,又体会到了初来海南时的那股冲劲儿。第二天一早,我就组织人员讨论研究,主题就聚焦在"海南自由贸易港"上面。

到了 8 月 3 日这天,也就是我 66 岁的生日,中改院主动形成了《建立海南自由港——方案选择与行动建议(16 条)》,报送到省委。此后,省委主要领导请我们增加"中国特色"相关建议。这样,又增加了 4 条,最终形成了《建立海南自由港——方案选择与行动建议(20 条)》。

2. 主动通过内参建言

2017 年 10 月 18 日,党的十九大报告明确提出"赋予自由贸易试验区更大改革自主权,探索建设自由贸易港"。当时,这引起了全国乃至全世界的关注。上海洋山港、浙江舟山港、深圳盐田港等多地释放出了信号,跃跃欲试。

2017 年底,根据我的了解,关于建立海南自由贸易港,有不同的看法。比如,有的从技术层面认为海南的条件还不太具备,建设自由贸易港的时机不太成熟。有的认为,海南的干部队伍能承担起这个艰巨任务吗? 还有的认为,海南经济基础差,在这么一个欠发达地区、外向度低的省份建立开放程度最高的自由贸易港,能行吗?

针对当时不同的疑虑,我真是忧心忡忡,感到海南不能再失去这一次机遇了。2018年2月8日,在接受新华社采访时,我提出,落实党的十九大报告"探索建立自由贸易港",海南应勇当先锋。为什么?我认为,有4个问题需要深入讨论。第一,建立海南自由贸易港究竟在推动新时代我国对外开放新格局中扮演何种特殊角色?第二,体制模式与政策落地是什么关系?第三,建省办经济特区30年之际建立海南自由贸易港的时机最佳、条件最优、作用更大。第四,海南有能力化解和防范潜在风险。

(二)一锤定音:建设中国特色自由贸易港

走向大开放、建立自由贸易港,是海南30年不懈的探索,是全省上上下下的期盼。对我来说,更是倾注了30年心血的"海南梦"。

庆祝海南建省办经济特区30周年大会后的第3天,时任省长沈晓明找到我说:"省委、省政府想设立海南自由贸易港研究院。老迟,只给个牌子,不给编制,怎么样?下半辈子就做自贸港这件事。我们能够亲身推动自由贸易港的建设,参与这个过程,终身无悔啊!"沈省长的话说得很重。我当即就表了态:"请省长放心,中改院、我本人为这件事情一定竭尽全力!"

2018年6月27日上午,中国特色自由贸易港研究院(以下简称"自贸院")成立大会暨揭牌仪式在中改院举行,沈晓明省长为自贸院成立做出批示。作为自贸院的首任院长,我在成立大会上讲,自贸院的成立,对集聚各方面力量共同推进海南自由贸易试验区、自由贸易港建设十分重要。自贸院将发挥三个"平台"的作用:一是研究平台。重点开展海南自由贸易试验区、自由贸易港的理论与政策研究,为省委、省政府决策提供智力支持。二是网络平台。自贸院坚持"小机构、大网络、平台型"的办院原则,以专家委员会和特聘专家为主,吸引海内外更多知名专家以多种形式为海南自由贸易港建设的研究献计献策、贡献智慧。三是学习交流平台。通过学术研讨会、专题讲座等形式,统一认识、稳定预期、坚定信心、形成合力。

（三）为《总体方案》建言

据我了解,自中国特色自由贸易港落地海南以来,各方面的质疑一直没有停止。比如有的产生疑虑,海南能承担起这个重大使命吗？还有的怀疑,海南搞搞旅游还行,在这么一个经济欠发达、工业基础薄弱、对外开放度又比较低的省份建立开放程度最高的自由贸易港,能行吗？也有人质疑,海南 1988 年建省研讨特别关税区、2009 年建设国际旅游岛,两次重大机遇都没有抓住,这次建设自由贸易港就能做好吗？

1. 2018 年最后一天形成《海南自由贸易港初步设想》

2018 年 10 月 16 日,《中国（海南）自由贸易试验区总体方案》正式印发。该方案内容与国内其他自贸试验区的方案差别不大,在一定程度上影响了各方面对海南建设自由贸易港的预期。那个时候,中央相关部委正在研究海南自由贸易港总体方案,省里在 11 月也成立了海南自由贸易港总体方案起草组,以形成海南省的建议稿提交给中央参考。

2018 年 10 月中旬,中改院组成了由我牵头的"海南自由贸易港总体方案研究"课题组,对海南自由贸易港的战略目标与定位、政策与制度体系、从自由贸易试验区到自由贸易港的行动方案等进行专题研究。当时，我组织研究人员搜集整理并消化大量关于自由贸易港的资料，其中就包括以自贸院的名义委托国内知名专家形成的海南自由贸易港财税、金融、国际旅游消费中心、从"区"走向"港"、法律 5 个专题研究报告。差不多有两个月的时间，就集中做这一件事，这耗费了我很大的精力。

其实，在做这一课题前，我在一次身体检查中查出了肺部有些问题，医生让我必须马上动手术，但是我没答应。与医院商量后，将手术推迟到 2019 年的 1 月 2 日。我心想着一定要在年底前完成总体设想的研究，这件事做完了，我才能安心上手术台。这件事，院里的同事并不知道。

经过数次讨论，12 月上旬，我们初步确定了报告写作框架。之后，我与我的研究团队加班加点，于 12 月 28 日一早形成了《海南自由贸易港初步设想（研究建议 60 条）（征求意见稿）》。当天下午 3 点，我们组织召开了"《海南自由贸易港初步设想》专家座谈会"，就形成的建议报告征求有关专家和相关部门意见。与会专家对这份报告高度认可。

根据专家座谈会的意见，课题组迅速对报告进行了修改，最终于 12 月 30 日晚上，正式形成了《海南自由贸易港初步设想（研究建议 60 条）》。12 月 31 日，也就是 2018 年最后一天正式提交给省委、省政府，也同时报给了相关部委。应当说，这是我 30 年长期思考和积累的成果，也凝聚了我和中改院同事的心血。报告提交后的第二天，也就是 2019 年 1 月 2 日我就住进了医院，4 日上了手术台。

2. 在海南全面深化改革开放专家座谈会上建言

2019 年 11 月初，我接到了省委正式通知，参加 11 月 8 日由国务院主管领导在海口主持召开的海南全面深化改革开放专家座谈会，研究讨论海南自由贸易港的政策和制度体系安排。这次会议规格很高，包括财政部、海关总署等在内的推进海南全面深化改革开放领导小组成员、领导小组办公室、有关部门负责同志都参加了会议。

我在专家座谈会上直言，中央宣布探索海南自贸港建设已近两年，尽管自由贸易港政策和制度体系的探索创新一直在推进，但内外资本和市场主体仍有疑虑、观望，本地百姓中也出现了一些声音。例如，海南的物价太高是长期困扰当地居民的一个问题，尤其是蔬菜、肉类、水果的价格明显高于北京，而海南居民的实际收入又远低于北京。

在这样的背景下，怎么尽快做出海南自贸港建设的"早期安排"？怎么使得老百姓分享自由贸易港建设红利？我提了 4 点建议：第一，建议从 2020 年开始对部分进口商品和服务实行零关税政策。例如，对医疗健康、文化娱乐、旅游、教育、科技研发、会展等现代服务业发展所需原材料、基础设施配套设备和用品进口实行"零关税"；与香港联手打造免税产业链，加快建设具有世界影响力的国际旅游消费中心。第二，建议在人才体制创新上做出"早期安排"，以取得广揽人才的"早期收获"。尽快设立服务于海外中高端人才的海南自贸港移民事务管理机构，保障海外高端人才的住房、医疗、子女教育等服务，并有序放开外籍劳工入琼，为中高端人才提供专业化家政服务。第三，建议以高新技术产业开放的"早期安排"取得"智慧海南"建设的"早期收获"，分类、分级、分流向、分阶段加快推动数据跨境流动自由化便利化，推动海南自贸港数字经济和数字贸易率先发展。第四，我认为按照"加快"的要求，能加快就加快，能做的事情尽快做起来。由此，形成加快推进海南自由贸易港建设的合力。

（四）为自贸港建设重大问题建言献策

习近平总书记"4·13"海南重要讲话已4年多。如何按照总书记的要求加快推进海南自由贸易港建设进程，是摆在海南面前的一项重大课题。我认为，完成好这一特别之事，需要有非常之举，需要在一些重大领域和关键环节实现重要突破。为此，中改院就海南自由贸易港建设进程中涉及的重大问题开展专题研究，积极建言。

1. 为加快海南自由贸易港建设建言

立法是自贸港建设立足当前、事关长远的一件大事。海南自由贸易港立法要对标世界最高水平开放形态，加大创新力度，为制度创新提供法律依据、法律支撑和法律基础。1988年海南省委、省政府向中央提交的关于建立海南特别关税区的请示中，就曾提出建议全国人大授权海南省人大制定《海南特别关税法》，这是当时关于特别关税区立法最早的建议。

2018年6月，中改院在《尽快形成海南自由贸易港总体方案的建议（20条）》中提出要加快推进海南自贸港的立法工作，以特别法的形式明确海南自贸港的法律定位；尽快出台海南自贸港的配套法律规范。要尽快研究制定《海南自由贸易港基本条例》，建议国家赋予海南更大的立法权，这是推进海南自贸港建设与全面深化改革开放举措的客观需要。

从 2019 年 3 月 15 日十三届全国人大二次会议批准启动海南自由贸易港法立法相关工作到 2021 年 1 月 4 日《中华人民共和国海南自由贸易港法（草案）》全文公开向社会征求意见的这段时间，我和我的同事主要做了三个方面的工作：一是服务于全国人大和海南省的立法研究需求，形成海南自由贸易港立法总体思路的研究建议；二是就《中华人民共和国海南自由贸易港法（草案）》，主动建言献策；三是搭建各类研讨平台，为自由贸易港立法广纳各方意见、凝聚社会共识。其中，形成的部分研究成果得到了全国人大主要领导的批示，在服务海南自由贸易港立法决策上起到了一定参考作用。

我们的主要建议是：《海南自由贸易港法》要从服务于将海南打造成为"引领我国新时代对外开放的鲜明旗帜和重要开放门户"的战略目标出发，充分体现对标世界最高水平开放形态的基本要求，突出自由贸易港建设"母法""基本法""授权法""创新法""最高水平开放法"的功能和特点，对自由贸易港建设涉及的重大问题提供原则性、基础性的法治保障。

2. 以特别之举办特别之事，实行特殊的行政体制安排

2019 年 7 月，围绕如何落实习近平总书记强调的"加快进程"的要求，如何实质性解决政策与体制的突出矛盾，理顺海南与中央部委的关系，以支持海南大胆试、大胆闯、自主改，中改院向中央提交了《加快探索建设海南自由贸易港进程 实行特殊的行政体制安排（9 条建议）》。

这份建议提出在全岛建立海南特别经济区的设想。起初提出这个概念的时候,有领导和专家就提出来,这与经济特区、特别行政区有什么区别?我提出:一方面,建立海南特别经济区,核心是要实行特殊的行政体制,是在总结海南建省办经济特区30多年经验的基础上,适应新形势、新目标、新要求,对经济特区行政管理体制的一次重大变革;另一方面,海南特别经济区是在中央统一领导下、在保持基本制度不变的前提下建立中央授权的行政管理体制,这是与香港、澳门特别行政区最大的区别。

3. 让海南本地居民有获得感,分享自贸港红利

2018年5月,我在海南省图书馆为中改院年度改革研究报告《二次开放:全球化十字路口的中国选择》举行一场新书讲座。没想到,讲座中一个海南籍的小伙子突然站起来:"你不要再说了,我们不要这个政策、那个政策,我们要住房、要收入!"这件事给我很大触动。

早在2009年,我就提出在海南全岛建立日用消费品免税区的建议,并分别在全国政协十一届二次会议和五次会议上提交了提案。后来我也在多种场合呼吁允许本岛居民免税购买进口商品。我理解,海南国际性消费中心不仅游客可以享受免税,本岛居民也应当享有这个政策。

2018年10月26日,在"高标准高质量建设海南自由贸易试验区"研讨会上,我建议加快海南免税购物政策的重大调整。例如,争取中央将免税特许经营权下放给海南,所有符合条件的企业都可以经营免税业务;全面放开日用消费品的品种限制,实行离岛免税商品负面清单管理;在确保自用的前提下,放开对本岛居民购买免税产品的限制。

2019 年 10 月 25 日,我在由自贸院主办的"加快探索建设海南自由贸易港研讨会"的主旨演讲中建议,把日用消费品"零关税"作为"早期安排"的重中之重。在我看来,争取中央部委支持,尽快在日用消费品领域实行"零关税"的"早期安排",有利于解决本岛居民收入不高但生活成本却居高不下的突出问题。在这方面,使海南广大城乡居民取得"早期收获",其需求更为迫切、条件也更为成熟。同时,这也是加快建设具有世界影响力的国际旅游消费中心的重大举措。

(五)海南自由贸易港是一篇战略性大文章

《海南自由贸易港建设总体方案》明确提出"将海南自由贸易港打造成为引领我国新时代对外开放的鲜明旗帜和重要开放门户"。这是中央建立海南自由贸易港的重大战略目标。在全球经济政治格局深刻复杂变化的大背景下,充分发挥海南地理区位独特及背靠超大规模国内市场和腹地经济等优势,率先对接国际高水平经贸规则,实施全面深化改革和最高水平开放政策和制度,建设泛南海经济合作先导区,促进区域内生产要素自由便利流动,使海南成为中国深度融入全球经济体系的前沿地带,并在推进区域合作方面发挥独特作用。

如何理解这一重大国家战略?记得有一次,两位老领导问我:"老迟,为什么你对海南自由贸易港建设那么乐观?我倒是给你泼泼冷水,你要认真考虑海南能不能做成。"我在多个公开场合讲,建设海南自由贸易港绝不是海南的"自娱自乐",也不只是一个区域经济发展战略,而是服务国家对外开放大局的国家重大战略。为什么说这是一个国家重大战略?

1. 打造制度型开放新高地。

我理解，这几年中央关于"开放"有"三级跳"。

——2018年国家主席习近平在博鳌亚洲论坛上宣布大幅度放宽市场准入、主动扩大进口等4项重要扩大开放举措，明确提出服务业尤其是金融、汽车等方面扩大开放。[①] 2018年11月5日，国家主席习近平在上海首届中国国际进口博览会上进一步提出，"加快电信、教育、医疗、文化等领域开放进程"[②]。

——2018年，中央经济工作会议提出制度型开放，"要适应新形势、把握新特点，推动由商品和要素流动型开放向规则等制度型开放转变"[③]。

——2020年，从深圳特区40年到浦东开发30年，提出"深入推进高水平制度型开放，增创国际合作和竞争新优势"[④]。党的十九届五中全会提出"实行高水平对外开放"和"建设更高水平开放型经济新体制"。这几年，中央关于高水平开放的部署逐步清晰。

打造面向太平洋和印度洋的重要开放门户。中央12号文件指出："适应经济全球化新形势，实行更加积极主动的开放战略，探索建立开放型经济新体制，把海南打造成为我国面向太平洋和印度洋的重要对外开放门户。"在当前经济全球化面临严峻挑战、

---

① 习近平在博鳌亚洲论坛2018年年会开幕式上的主旨演讲[EB/OL]. 人民网，http://jhsjk. people. cn/article/29917187.

② 习近平出席首届中国国际进口博览会开幕式并发表主旨演讲[N]. 人民日报，2018-11-06.

③ 中央经济工作会议在北京举行 习近平李克强作重要讲话[N]. 人民日报，2018-12-22.

④ 在浦东开发开放30周年庆祝大会上的讲话[N]. 人民日报，2020-11-13.

区域一体化的趋势和作用日益凸显的背景下,将海南自由贸易港打造成为我国面向太平洋、印度洋的重要开放门户,就是要充分发挥海南自然资源丰富、地理区位独特,以及背靠超大规模国内市场和腹地经济等优势,以加强海南与东南亚产业合作为重点,提升海南自由贸易港在区域上的重要影响力。

打造"双循环"的重要枢纽。在我国加快构建以国内大循环为主体、国内国际双循环相互促进新发展格局的特定背景下,就是要充分利用 14 亿多人口的国内大市场,努力把海南自由贸易港建设成"双循环"的重要枢纽;就是要充分利用海南地理区位的独特优势,在促进中国与东盟更深程度经贸合作与更广范围人文交流中发挥重要作用;就是要充分利用海南自由贸易港的高水平开放政策优势,在加快发展以服务贸易为主导的现代产业中走在全国前列。

2. 提出将海南打造成为中国—东盟经贸合作战略枢纽

近几年来,我与我的同事把促进海南自由贸易港与东南亚国家的交流合作作为研究重点之一。我也在多个场合呼吁或建议推进以东南亚为重点的经贸合作。中改院先后提出了《将海南自由贸易港打造成为泛南海经济合作的重要平台(16 条建议)》《推进海南自由贸易港与东南亚区域合作进程——打造"重要开放门户"的重大任务(15 条建议)》《加强海南自由贸易港与东南亚国家的交流合作——打造"重要开放门户"的重大任务(8 条建议)》《复杂多变的南海形势与海南海洋经济发展的战略策略选择》《提升海南自由贸易港对越南的影响力——打造"重要开放门户"的战略重点(20 条建议)》《将海南打造成为中国—东盟经贸合作的战略枢纽(18 条建议)》等多份政策研究报告。此外,2022 年,中改院还投入巨大精力，建立海南自由贸易港—东盟智库联盟、RCEP智库联盟，旨在发挥智库的积极作用，加快东盟主导、中国政府积极推动的全球最大自由贸易区 RCEP 的进程。由此，将海南打造成为中国、东盟经贸合作的战略枢纽。

专栏 8.2：　海南自由贸易港—东盟智库联盟成立

在 2022 年 4 月 21 日举行的博鳌亚洲论坛 2022 年年会全球自由贸易港发展论坛上，海南自由贸易港—东盟智库联盟（ASEAN-HNFTP Think Tank Network）正式成立。

海南自由贸易港—东盟智库联盟由中改院、印尼战略与国际问题研究中心、马来西亚新亚洲战略研究中心、柬埔寨亚洲愿景研究院、柬埔寨皇家科学院中国研究所、菲律宾中华研究学会、越南社科院东南亚研究所、泰国清迈大学东盟研究中心、泰国国立法政大学东亚研究所和老挝国立大学中国研究中心，以及中国特色自由贸易港研究院、中国社会科学院世界经济与政治研究所、外交学院亚洲研究所、中国—东南亚南海研究中心、海南省社科院等 9 个国家的 17 个智库和相关智库学者发起成立。

海南自由贸易港—东盟智库联盟将积极搭建合作研究平台，为促进地区合作提供智力支撑；将搭建对话交流平台，促进地区内交流合作，举办相关论坛和活动，积极营造区域良好合作环境；将搭建信息共享平台，促进战略对接、政策协同、经验互鉴。

结　语
青年人是改革开放的未来

在 2021 年建党百年华诞后,我写了一篇《决定当代中国前途命运的关键一招——学习领悟党的十九届六中全会精神》的文章,发表在《人民论坛》上。党的百年决议中提出的"改革开放是决定当代中国前途命运的关键一招",是我们这一代共和国同龄人的切身体会。

一、改革开放史是建党百年的辉煌一页

2021 年 6 月 30 日,在党的百年生日前夕,我所在的中改院给我举行了一个简短而难忘的仪式,向我颁发"光荣在党 50 年"纪念章。在这次特殊主题的党日活动上,我以"中华民族伟大复兴的关键抉择——改革开放与中国共产党"为主题,与全院党员、员工交流我对改革开放 40 多年的理解。说到这里,我不禁回想起1991 年 7 月 1 日中改院建院筹备人员和海南省体改办共同庆祝建党 70 周年大会的场景。记得那天,我在会上向同志们做了"改革开放与中国共产党"的讲话,并被中改院收录在第一册全院内

部学习资料中。至今我还清楚地记得讲话的要点:"第一,改革开放是中国共产党的伟大使命;第二,改革开放是中国共产党的伟大实践;第三,改革开放是中国共产党领导下建设中国特色社会主义的正确道路;第四,在改革开放中改善和加强中国共产党的领导;第五,在中国共产党的领导下把改革开放继续推向前进。"

回过头来看,我再一次深深体会到:没有改革开放,就没有我国经济社会 40 多年的快速发展;没有改革开放,就没有人民生活水平的极大提高;没有改革开放,就没有中国今天的国际影响;没有改革开放,就没有党日益巩固的领导地位。

二、青年人要了解改革开放的历史

今天,改革开放的事业已经进行了将近半个世纪。未来,扛起改革开放的事业责任,将改革进行到底,关键在于青年人。

说真的,我充分理解现在的青年人,也很难以我们那个年代的标准来要求他们。当一个时代年轻的人群成为社会的主体,他们对体制、政策及自己所处环境的评价,已经有了一套新的参照系,也有他们对经济社会发展的更高预期。前不久,我在排队做核酸时,问旁边一个小伙子:"天天静默在家,你们感觉如何啊?"他回答:"感觉很好,只要有一部手机、一根网线,我特别乐意宅在家里。"我们这一代人经历过 1959—1961 年大饥荒,经历过人民公社、"文化大革命",再经历改革开放的全过程,实在是堪比"敢教日月换新天"。可是,今天的"90 后""00 后",他们生下来的环境、条件、参照系已经有了翻天覆地的变化,他们全面接触互联网、深度接触世界,对美好生活有自己的理解和要求。关键问题在于,如果青年人不了解改革开放史,就容易把现实中的某些问题与改革开放画等号,由此导致对改革开放的某些质疑。因此,如何让他们了解改革开放的历史,如何使得未来的改革符合他们的期望值和坐标系,是全面深化改革的时代之问。

今天,我深刻地感到:只有全面、客观地学习改革开放史,才能够使广大青年人了解改革开放的历史性作用,才能理解党的十九届六中全会提出的"改革开放是决定当代中国前途命运的关键一招",才能树立改革开放精神,将改革进行到底。

三、增强青年人的改革自信

我们这代人,家国情怀太深、执着精神太强,这些最本质、最核心的精神内涵是支撑我们这批人多年从事建言改革的精神力量。记得 2010 年前后,我在一位中央领导主持的座谈会上说,改革开放自信至关重要。因为有了这一条,我们才会增强制度自信、道路自信。

如何增强改革自信?我十分高兴的是,党的十九届四中全会提出包括加强改革开放史在内的"四史"教育。2012 年以来,中改院在财力比较紧张的情况下,仍然投入较大的人力财力,全面地收集改革开放历史信息。2014 年,启动"口述改革历史"访谈,对原改革战线的老领导、老专家及基层实践者进行抢救性访谈,累计访谈 300 多位改革亲历者,收集逾 700 多小时视频,形成逾 800 多万字笔录;2018 年,推出"中国改革开放数据库",收集文字量

100亿；收集改革开放实物史料3万余件，建设"伟大的复兴之路——中国改革开放"史料展。按原国家体改委老主任贺光辉的话，"这是一件功德无量的事"。2021年，中改院与东北大学马克思主义学院联合开设了改革开放史方向的博士点。我相信，假以时日，这些历史资料和工作必将逐步凸显出它的时代价值。

　　过去40多年的实践证明，改革开放是中国经济社会持续发展之源，是中国特色社会主义道路形成发展之源。深化改革，实行高水平开放，才会形成经济社会发展的不竭动力，才会顺利实现第二个百年奋斗目标。在新的历史起点上继续推进改革开放，把改革开放的大旗一扛到底，我相信，新一代青年人一定能担当起这一重要的历史责任。